中古汉语状态形容词研究

余 忠◎著

天津市哲学社会科学研究规划项目（TJZW13-010）成果

南开大学出版社

天津

图书在版编目(CIP)数据

中古汉语状态形容词研究 / 余忠著. —天津：南开大学出版社，2023.4(2023.9 重印)
ISBN 978-7-310-06310-9

Ⅰ.①中… Ⅱ.①余… Ⅲ.①古汉语－形容词－研究

Ⅳ.①H141

中国版本图书馆 CIP 数据核字(2022)第 199137 号

中古汉语状态形容词研究
ZHONGGU HANYU ZHUANGTAI XINGRONGCI YANJIU

南开大学出版社出版发行
出版人：陈　敬

地址：天津市南开区卫津路 94 号　　邮政编码：300071
营销部电话：(022)23508339　营销部传真：(022)23508542
https://nkup.nankai.edu.cn

天津创先河普业印刷有限公司印刷　全国各地新华书店经销
2023 年 4 月第 1 版　　2023 年 9 月第 2 次印刷
230×155 毫米　16 开本　14.75 印张　2 插页　210 千字
定价：86.00 元

如遇图书印装质量问题,请与本社营销部联系调换,电话:(022)23508339

序　一

余忠《中古汉语状态形容词研究》是在他博士学位论文的基础上修改而成的，距离其博士毕业已十余年，如今终于要出版了，我由衷地感到高兴。

先师胡明扬先生就曾说过："汉语是一种非形态语言，而就一种非形态语言而言，词类没有外在的形态标志，或者说缺乏足够的形态标志，这样，词类研究就困难重重。……如果说现代汉语词类研究困难重重，那么古代汉语词类研究就是难上加难了。"（拙著《〈吕氏春秋〉词类研究》序，商务印书馆，2008：1）而状态形容词是汉语中一个重要的词类，但也是一个拿捏分寸极不容易把握的词类。因此，研究这个选题的难度更是可想而知。

当初，余忠的博士学位论文以此为选题，说明他具备克服困难的勇气，因为要研究中古汉语状态形容词，首先就必然要面对中古汉语状态形容词的界定问题和筛选方法，仅此一项就是一个不小的挑战。好在他前期已经做了比较充分的材料整理与基础研究工作，对此问题也形成了比较成熟的想法，具备了继续研究并完成论文的可能性。最终，他的论文顺利完成并通过答辩，得到了评审与答辩专家们的认可与肯定。在此期间，写作的艰辛，余忠虽从未多言；但作为导师的我，从他有些紊乱的头发中，还是能觉察到他的不易，也为他的坚韧感到欣慰。

毕业以来，余忠对其中的一些问题又有了更为深入的思考，对论文做了多次修改。现在看到书稿，较博士论文原稿有了很大提升，增色了不少，其中部分章节也已经作为独立论文公开发表过，从中能看出余忠的学术在不断增进，也日益形成了自己的研究领域。

《中古汉语状态形容词研究》一书在界定中古汉语状态形容词的基础上，详细归纳了中古汉语状态形容词的结构方式、句法功能、音义特征等，并从历时发展的角度考察了中古时期状态形容词与前后时期的异同及传承关系，揭示其中的发展规律，为汉语史的构建提供了参考。具体长处有以下几点：

一是确定了一个以词汇意义为基础、以语法功能为主要依据、以形态特征为辅助手段的中古汉语状态形容词判定标准，并据此筛选出中古文献中的状态形容词 1766 个；二是对中古汉语状态形容词的语法功能进行了十分细致的量化统计，对各小类状态形容词的语法功能都进行了详细的描写，重点分析了 837 例；三是将联绵词与状态形容词结合起来进行研究，对其语音、语义、语法等特征进行了比较全面的归纳总结；四是从历时的角度考察了汉语状态形容词从主观量到程度量的语义演变趋势。

当然，在本书研究的基础上，有些问题也还有进一步研究的空间。比如，将汉语状态形容词的研究置于汉语史的发展之中，研究状态形容词的构词方式、形态特征、语法功能、语义特征等方面在不同历史时期的不同表现，更全面地归纳其发展规律。又如，一些状态形容词小类如"洁白、雪白、众多"等双音式的产生和发展原因、构词方式、语义表现等也值得做进一步的探讨。此外，充分吸收现代语言类型学的研究成果，也是一个值得加以拓展的方向。

总之，本书语料丰富，材料处理得当，数据统计翔实可靠，研究方法切实可行，其研究结论对汉语史的研究有补充作用和参考价值。希望余忠再接再厉，在汉语史研究领域取得更多学术成果。

是为序。

殷国光

2022 年 10 月

序　二

　　余忠同志是我在湖北大学指导的硕士研究生。硕士毕业后，他以优异的成绩考入中国人民大学攻读博士学位，投在殷国光先生门下，他的博士学位论文《中古汉语状态形容词研究》是殷先生指导的。该研究选取东汉至隋代一些古书中的状态形容词进行分析、描写，还上挂下联，研究汉语状态形容词的发展演变，这当然是有意义的研究，其结论具有参考价值，是毋庸置疑的。现在，《中古汉语状态形容词研究》即将由南开大学出版社公开出版，余忠同志希望殷国光先生和我各写一篇序。

　　我想，关于此书的评价问题，殷先生的序言会谈到，因此我不准备谈，我想借此谈谈汉语语法史学科建设对传统训诂学中语法研究成果的吸收问题。多少年来，我们汉语语法史研究对古代语法研究的成果很少加以批判吸收，例如 1964 年中华书局就出版了由郑奠、麦梅翘合编的《古汉语语法学资料汇编》，可是我们研究生的汉语语法史研究论文却几乎没有提及，就是明证。在我看来，这是非常令人遗憾的现象。

　　古人没有系统的语法研究，但这并不能证明古人在传统小学研究中没有关注语法问题。他们在训诂实践中，将自己对于语法的关注附丽在训诂学中。例如《荀子·正名》："名闻而实喻，名之用也。累而成文，名之丽也。用丽俱得，谓之知名。名也者，所以期累实也。辞也者，兼异实之名以论一意也。"这是认识到将不同的"名"组合在一起形成"辞"，是有规则的，是要"兼异实之名以论一意也"。王引之《经义述闻·毛诗上》的"终风且暴"条，批评《毛诗》《韩诗》将"终风"看作"终风且暴"中的一个直接组合形式，《毛诗》理解为"终日风"，《韩诗》理解为"西风"，在王氏父子看来，都是不正确的。文中举出"终温且惠、终窭且贫、终和且平、终善且有"等诗句，证明"终"当作"既"讲，很明显，王氏父子认为这些诗句跟"终风且暴"的句法格式是同一类的，从而证明"终风且暴"的"终"也作"既"讲。"终"可以出现在多种句法格式中，王氏父子之所以选取"终温且惠、终窭且贫、终和且平、终善且有"等看作跟"终风且暴"是同类句法格式，显然是因为他们看出上古汉语中，一个词既可以出现于不同的句法格式，也可以出现于相同的句法格式；人们可以将这些不同的句法格式分离开，也可以将出现于相同的句法格式的不同组合归为一类。

我国从先秦时期起，就零零星星有一些语法研究方面的内容，形成了诸多概念、名称，《古汉语语法学资料汇编》尽管不全，但收录了不少这类名称。研究汉语语法史，需要对这些概念做出科学解释。将这些概念弄清楚，不但可以知道古人对一些语法现象的语感、认识，而且可以提出一些新的研究课题。例如金王若虚《滹南集·论语辨惑五》："子夏曰：'仕而优则学，学而优则仕。'旧说以仕优为优闲有余力，学优为德业优长，岂有一字而二义？不若皆训为有余力也。上蔡曰：学与仕一也，学优则仕亦优，仕优则学亦优，何必读书，然后为学无垢？从而广之曰：仕之与学，皆以优游处为极耳。优游则见理明白，虽万事纷纭、千古治乱，皆能灼知其所以然，而从容以应其变故，能起当今之弊坏，断千古之兴亡。仕而如此，虽不挟策读书，而天下之理已在此矣，岂非学乎？学而如此，虽不莅官行法，而天下之理已在此矣，岂非仕乎？此论甚新，人亦多喜之者。以予观之，不唯于语法不顺，而义亦未完也。夫学之优者，虽不莅官，而施于德业，是亦为政，强名曰仕，犹或可也，不知仕之所以见理明白，灼知千古之治乱者，何从而得之？故有天资通敏，暗合古人者，要不可恃之以为足也。而曰是亦为学，何必读书，可乎？此说果行，则学有时而废矣。予不得不辨。"可见在王若虚看来，"语法"跟"字义"不同，"字义"是单个字的意义，"语法"则是字跟字组配的规则。所谓"旧说"，是指宋代以前的看法，据南朝梁皇侃《论语义疏》和北宋邢昺《论语疏》，它们都是将"仕而优"的"优"理解为优裕，有余力；将"学而优"

的"优"理解为优异，优胜。王氏说这种理解不合上下文"字义"的规则，理由是"岂有一字而二义"。但是这个理由是不是很充分呢？古书上下文中，同一个汉字接连出现时，有不同的字义绝非鲜见，例如《孟子·梁惠王下》"与少乐乐，与众乐乐，孰乐"，两个"乐"连用，字义不同。至于"仕而优则学，学而优则仕"这种格式中的两个"优"是否必须解释为同一个字义，也就是：A而B、B而A这种对举格式中，对举时B是否必须同义；如果正常的语义结构中不允许这种"一字而二义"，那么修辞格式中是否允许这种情况，这都需要再研究。北宋谢良佐（河南上蔡人）《论语说》将"优"理解为优游，悠闲。王氏以为此说"不唯于语法不顺，而义亦未完也"，什么是"于语法不顺"呢？应该是指"优"作"优游，悠闲"讲不能组成这样的句法格式。是否如此呢，也需要进行研究。再如上古汉语第一人称代词有好几个，"吾、我"是两个词，不是一个词的不同的形态反映，它们的区别在哪里？古人有的以为二者无别，不可信。宋赵惪《四书笺义》说："'吾、我'二字，就己而言，则曰吾；因人而言，则曰我。"赵氏之说对不对，需要检验。将这些问题研究清楚，无疑有助于汉语语法史研究。

这里只谈"语法"这个名称的涵义，以为引玉之砖。古人的"语法"一语，跟它相同、相近的名称就有好几个，《古汉语语法学资料汇编》"前言"说，古代跟"语法"涵义相近的名称有"文法、句法、字法、词例、文例、语例、语势、文势、文脉、语脉"等等。这些名称，显然指《荀子》所说"兼异实之名以论一意也"的名称和名称的组合来说的，它们只能是涵义相近，不会完全相同。例如"语法"和"文法"应该是最接近的，但是取名的立足点不同："语法"从语辞的角度取名，"文法"从文辞的角度取名。"语法"有多个含义，《汉语大词典》"语法"条列了三个，跟古代训诂学中"语法"相关的解释是："文理；语脉"。但是"文理；语脉"还很抽象，"语法"是否等同于"文理；文脉"的涵义，都需要进一步确定其具体涵义。

古人在训诂实践中用到的"语法"，有些用例反映了他们对"语法"的理解与今天比较近。我们看几则早期的例子：

例1：春秋时，楚国伍奢因费无极的谗言而被楚王抓起来了，准备杀掉。伍奢的儿子伍尚、伍子胥都是德才兼备的人，费无极担心杀了伍奢，这两个儿子会为伍奢报仇，对楚王不利，于是让楚王宣二子进宫。《左传·昭公二十年》载，费无极的计谋瞒不过伍尚、伍子胥，伍尚对伍子胥说："尔适吴，我将归死。吾知不逮，我能死，尔能报。闻免父之命，不可以莫之奔也；亲戚为戮，不可以莫之报也。奔死免父，孝也；度功而行，仁也；择任而往，知也；知死不辟，勇也。父不可弃，名不可废，尔其勉之，相从为愈。"孔颖达正义："勉谓努力。尔其勉之，今勉力报仇，比于相从俱死为愈也。病差谓之愈。言其胜共死也。服虔云：'相从愈於共死。'则服意相从，使员从其言也。语法：两人交互乃得称相。独使员从己，语不得为相从也。"孔颖达说"语法：两人交互乃得称相"，从而否定服虔之说，理由不充分，服虔之说应该是正确的，"相"不一定只用于"两人交互"的场合。但是孔颖达用到"语法"一语，结合"两人交互乃得称相"可知，这个"语法"指组成言语的规则，上下文中具体指组成一段言语时，其中词的意义特点决定着这个言语片段的组成和理解。

例 2：宋夏僎《夏氏尚书详解》卷二解《舜典》"舜生三十征庸，三十在位，五十载，陟方乃死"："舜居侧，征三十年，然后尧征用之。历试三年，然后居摄。居摄二十八年，尧崩，终丧三年，然后践天子位。则舜践位乃年六十二。今此言舜三十征庸，又三十在位，则是在位始年六十。不同者何也？盖舜在位实年六十二，但作文之体，上既言三十征庸，下又言五十载乃死，不应于此言三十二在位，故取其句读而举其全数，以三十言之。则《诗》三百十一篇，孔子特言《诗》三百，不言十一篇者，亦以下语之法以便为贵，故举其大数，便于句读而已……但韩退之亦知孔氏'升道南方之说'为不然，而以'陟方'为升遐；至'乃死'，则谓作《书》者以此释'陟方'义。其意以谓上既言'升遐'，不应于此又言'乃死'，非下语之法。殊不知扬子亦言黄帝尧舜殂落而死，与此文势相同，安可以语法为疑而曲生意义哉？"

这里"下语之法"意思是铺陈言语的原则、方法，跟文中"语法、文势"涵义相同。有两处说明"语法"，一处是：夏氏推定舜帝摄位时三十二岁，六十二岁时正式即帝位。可是《尚书》却说"舜……三十在位"，差了两年。夏氏的解释是，上下文中前面是"舜生三十征庸"，后面是"五十载陟方乃死"，"三十"和"五十"都是写整数，于是"三十二"也是取其整数"三十"，并不是说舜帝刚好是"三十在位"。这只是夏氏的一种意见，不一定可信，但他注意到古人用数词进行组合时，常常受前后相承的"句"中大都是整数的影响，让其中带有零数的数词组合截零取整，"取其大数"。这说明，"语法"中的遣词造句受整个句子格式的制约。另一处是：韩愈将"陟方"理解为"升遐"，这当然是韩愈个人的看法，"升遐"是帝王死去的婉辞，韩愈以此理解为基础，推定"乃死"跟"升遐"重复，于是以为"乃死"只是《尧典》（此处即今传《尚书》的《舜典》）"陟方"的注释文字。夏氏不同意此说，他以为如果采用韩愈之说，也不能证明"乃死"是注释文字，因为"陟方乃死"跟"殂落而死"是同类的语法格式，既然"殂落"后面可以接"而死"，那么"陟方"后面也可以接"乃死"。这说明，夏氏认识到符合不符合"语法"，不能根据个人的主观看法，而是要看实际语言中有没有这种组合方式。

例 3：《夏氏尚书详解》卷二解《大禹谟》"罪疑惟轻，功疑惟重"："张彦政谓：罪可以刑，可以无刑，则其罪为可疑，轻之可也；可以赏，可以无赏，则其功为可疑，重之可也。解此二句语法甚当，但未甚分明。'与其杀不辜，宁释不经'，谓其罪在可不可之间者，与其杀陷于非辜，宁纵有罪而失于不经，此大舜不忍用刑。"夏氏以为，张彦政"解此二句语法甚当，但未甚分明"。《大禹谟》中，"与其杀不辜，宁释不经"是紧接着"罪疑惟轻，功疑惟重"说的话，在夏氏看来，"与其杀不辜，宁释不经"是进一步解释"罪疑惟轻"的原因的，它跟"罪疑惟轻，功疑惟重"之间有没有"语法"关系，夏氏没有说。但有了这一句，就能通透地理解为什么"罪疑惟轻"。依夏氏的说法，"罪疑惟轻，功疑惟重"是"二句"，不是一句；拿我们今天的术语来说，"罪疑惟轻，功疑惟重"是一种复句，可见在复句的不同分句之间存在着"语法"。也许"与其杀不辜，宁释不经"跟"罪疑惟轻，功疑惟重"之间也被看作是有"语法"关系，但是从夏氏的话看不出来。

例 4：《论语·乡党》："色斯举矣，翔而后集。曰：'山梁雌雉，时哉时哉！'子路共之，三嗅而作。"宋钱时《融堂四书管见》卷五以为"色"指雌雄之色："'色斯举'，与'翚斯飞'之类语法正同。始也但见有色之飞举，中也翔，终也集。"这是认为"色斯举"跟"翚斯飞"是同类句法格式。可见相同的句法格式属于"语法"的范围。当然，"色斯举"跟"翚斯飞"是否同类的句法格式，是需要再研究的。

例 5：金王若虚《滹南集·论语辨惑二》："宰予昼寝……'始吾于人'，此一章而再称'子曰'，胡氏疑其衍文，或非。一日之言子谓，以语法观之，只是一章，其为衍文无疑也。《家语》载夫子之言曰：吾以言取人，失之宰我；以貌取人，失之子羽。斯果夫子之言乎？曰：非也，好事者因《论语》而附会为之耳。夫子所谓始吾于人，听其言而信其行；今也听其言而观其行，因予改之者，特一时忿怒之辞，非谓平居一信人言，遂信其行也。天下之人，行不副言者多矣，使夫子随听而遽信之，所失者岂特宰予邪？言犹可也，至于以貌取人，虽愚夫知其不可，而谓圣人为之乎？夫子之于人，好恶必察，毁誉必试，赐之辨师之堂堂，曾不足以欺之。颜子之愚，犹必退省其私而后信，何独于宰予、子羽而卤莽如是哉？吾固疑非夫子之言也。"王若虚看出《公冶长》的"宰予昼寝"至"于予与改是"是一节，不能分成两节。于是这一节中出现了两个"子曰"，王氏说"一日之言子谓，以语法观之，只是一章，其为衍文无疑也"。"宰予昼寝"这一节"子曰"之后接着又有"子曰"，王氏以为《论语》中没有这样的"语法"，于是怀疑后面的"子曰"是衍文。这说明，王若虚认为在《论语》二十章的每一节中，"子曰"不能紧接着重复出现，这也是"语法"现象。

例 6：《滹南集·论语辨惑二》："子曰：'十室之邑，必有忠信如丘者焉，不如丘之好学也。'或训'焉'为何，而属之下句。'厩焚。子退朝，曰："伤人乎？"不问马。'或读'不'为否，而属之上句。意谓：圣人至谦，必不肯言人之莫己若；圣人至仁，必不至贱畜而无所恤也。义理之是非姑置勿论，且道世之为文者有如此语法乎？故凡解经，其论虽高，而于文势语法不顺者，亦未可遽从，况未高乎？"有人将《公冶长》这一节中相关语句解为"必有忠信如丘者，焉不如丘之好学也"，将《乡党》这一节中相关语句解为"伤人乎不？问马"，王氏以为这样的理解不合"语法",这是认识到词在句子中的搭配不是随意的,而是有它们的搭配规则。

因此,古代"语法"的涵义是值得我们研究汉语语法史的学者咀嚼的。我们对古代类似的语法名称也必须如此咀嚼,这有助于推进汉语语法史研究。将这些研究撇在一边,对于深化汉语语法史研究,是很可惜的事。

很高兴获悉余忠同志《中古汉语状态形容词研究》即将出版,写出上面的一些话,以表达我的祝贺之情。

孙玉文

2022 年 9 月 15 日

于京西五道口嘉园之天趣斋

目　录

第 1 章　绪论 ……………………………………………………… 1

1.1 选题的背景和意义 …………………………………………… 1

1.2 前人研究综述 ………………………………………………… 2

　　1.2.1 中古汉语的界限 ……………………………………… 2

　　1.2.2 汉语词类划分的标准 ………………………………… 3

　　1.2.3 形容词概述 …………………………………………… 4

　　1.2.4 古汉语状态形容词研究 ……………………………… 8

1.3 研究理论与方法 …………………………………………… 16

第 2 章　中古汉语状态形容词概说 ……………………………… 18

2.1 中古汉语状态形容词的界定 ……………………………… 18

　　2.1.1 词义特征 ……………………………………………… 18

　　2.1.2 语法功能 ……………………………………………… 20

　　2.1.3 形态特征 ……………………………………………… 31

2.2 中古汉语状态形容词的分类 ……………………………… 36

　　2.2.1 单音节状态形容词 …………………………………… 37

　　2.2.2 AB 式状态形容词 …………………………………… 38

　　2.2.3 附加式状态形容词 …………………………………… 42

　　2.2.4 AA 式叠音状态形容词 ……………………………… 44

　　2.2.5 ABB 式叠音状态形容词 …………………………… 47

　　2.2.6 AABB 式叠音状态形容词 ………………………… 47

第 3 章　中古汉语状态形容词语法功能研究 …………………… 49

3.1 单音节状态形容词的语法功能研究 ……………………… 49

　　3.1.1 单音节状态形容词作谓语 …………………………… 50

　　3.1.2 单音节状态形容词作其他句法成分……………… 59

　3.2 AB 式状态形容词的语法功能研究……………………… 65

　　3.2.1 AB1 类状态形容词的语法功能研究 …………… 65

　　3.2.2 AB2 类状态形容词的语法功能研究 …………… 81

　3.3 附加式状态形容词的语法功能研究…………………… 84

　　3.3.1 附加式状态形容词作状语………………………… 85

　　3.3.2 附加式状态形容词作其他句法成分……………… 87

　3.4 AA 式状态形容词的语法功能研究……………………… 92

　　3.4.1 AA1 类状态形容词的语法功能研究 …………… 92

　　3.4.2 AA2 类状态形容词的语法功能研究 …………… 102

　　3.4.3 AA3 类状态形容词的语法功能研究 …………… 115

　3.5 ABB 式状态形容词的语法功能研究…………………… 119

　3.6 AABB 式状态形容词的语法功能研究………………… 121

第4章　中古汉语状态形容词语音及语义研究……………… 125

　4.1 前人研究回顾…………………………………………… 125

　4.2 中古汉语状态形容词的语音研究……………………… 127

　　4.2.1 声母研究…………………………………………… 128

　　4.2.2 韵母研究…………………………………………… 133

　　4.2.3 声调研究…………………………………………… 137

　4.3 中古汉语状态形容词的语义特征研究………………… 141

　　4.3.1 描写性特征………………………………………… 142

　　4.3.2 主观性特征………………………………………… 147

　　4.3.3 程度性特征………………………………………… 151

第5章　汉语状态形容词的演变研究………………………… 155

　5.1 结构方式的演变………………………………………… 155

　　5.1.1 先秦时期的状态形容词…………………………… 155

　　5.1.2 近代汉语中的状态形容词………………………… 159

　5.2 构词法的演变…………………………………………… 171

　　5.2.1 语音构词…………………………………………… 171

　　5.2.2 语法构词…………………………………………… 180

　　　5.2.3 构形法的发展 ················· 182

　　5.3 语法功能的演变 ··················· 184

　　　5.3.1 分布功能的演变 ················· 184

　　　5.3.2 组合功能的演变 ················· 187

第 6 章　结语 ······················· 193

语料来源 ························· 199

参考文献 ························· 201

后　记 ·························· 217

第1章 绪论

1.1 选题的背景和意义

无论是在现代汉语还是在古代汉语中，状态形容词都是一个重要的词语类别，它们在语义和修辞方面都赋予汉语以较大的形象性，在语法上也促进了汉语描写句的发展。自秦汉以来，不同时期的学者对汉语状态形容词都进行了研究，取得了一定的成果，这些成果体现出了比较明显的阶段性特征。

第一，解释语义、标注语音。汉魏以后，我国古书注解和训诂专著逐渐发展起来，其中解释语义和标注语音是一个非常重要的方面，相关学者及著作都很多。如以《尔雅》为代表的"雅书"，搜集了大量的叠音词，并对其语义做了详细的描述，所释词语中就有很多属于重叠式的状态形容词；又如毛亨、郑玄等对《诗经》的注释，王逸、洪兴祖等对《楚辞》的注释，李善等对《文选》的注释，等等。这些学者不仅大量注释了状态形容词的语义内涵，而且还由此形成了一种行之有效的针对状态形容词的语义解释方式，即"……貌"或"……然"，这一方式甚至可以帮助我们来归纳中古汉语状态形容词的典型语义特征，并进而用来鉴别古汉语中的状态形容词。

第二，对语义、语法特征等方面做共时的描写，自《马氏文通》肇始，古汉语语法研究成为一个热门领域，汉语词类的研究是其中一个重要内容，此后的许多学者以上古和近代汉语状态形容词为研究对象，不仅描述语义特征，也涉及语法功能、构词方式等语法问题，在一定程度上揭示出了这些时期汉语中状态形容词的语义、语法和构词特点。

　　第三，对某些小类的状态形容词的历史演变所做的研究，可以认为是微观的研究。如石锓先生在这一方面取得了较多的成果，他主要研究了汉语形容词重叠形式的历史发展，指出了不同重叠式的不同演变规律，比较具体地解释了现代汉语中 AA 式、ABB 式、AABB 式、A 里 AB 式等重叠式的历史来源，而形容词的重叠形式几乎都属于状态形容词。

　　根据这一研究现状可知，前人时贤对于古汉语中状态形容词的研究虽然已经取得了很多成果，但仍存在几个方面的不足：一是上古时期的研究基本都只是随文释义；二是研究范围主要集中在上古和近代两个时期；三是研究对象主要是在形式上相对容易辨别的重叠式状态形容词；四是没有对古汉语状态形容词提出明确的界定标准；五是缺乏对古汉语状态形容词语音特征的研究。

1.2　前人研究综述

1.2.1 中古汉语的界限

　　汉语历史悠久，根据其不同发展阶段的特点，汉语史也可以分为不同的历史阶段。目前关于汉语史分期的观点比较多，其中中古汉语的上限一般都认为是东汉，争议比较少；下限主要有两个，一是隋，二是晚唐五代。

　　关于汉语史的分期较早的是王力先生在《汉语史稿》中提出的观点，即：

　　（1）公元三世纪以前（五胡乱华以前）为上古期（三、四世纪为过渡阶段）；

　　（2）公元四世纪至十二世纪（南宋前半期）为中古期（十二、十三世纪为过渡阶段）；

　　（3）公元十三世纪至十九世纪（鸦片战争）为近代（自 1840 年鸦片战争到 1919 年五四运动为过渡阶段）；

（4）二十世纪至今（五四运动以后）为现代。

王力先生的分期比较严格，此后的学者对此观点不断做出了修正和完善。

太田辰夫《汉语史通考》中说："'中古'一词，中国多指魏晋南北朝、隋唐时期，但从语言史的角度来看，晚唐时代白话的萌芽和形成十分突出，唐代应属'近代汉语'时期，因此本书所称'中古'，不包括唐代在内。隋代历时很短，故不另加考虑，权且划归中古。"①

王云路（2003）认为："参考前辈时贤的意见，我们把中古汉语暂定为东汉、魏晋南北朝、隋，西汉可以看作从上古汉语到中古汉语的过渡期，初唐、中唐可以看作从中古汉语到近代汉语的过渡期。"②

蒋绍愚（2005）则建议把晚唐、五代定为古代汉语与近代汉语的分界。

据学者们的考察，东汉至隋这一时期，汉语的词汇、语法、语音与其前后时期都有一定的差异，王云路先生也说："文言与白话的分离，大量口语词汇的产生，是这一时期语言的主要标志。"③我们对这一时期状态形容词的研究结果也能支持这一观点，此时状态形容词的主要类型仍是 AB 式（葳蕤、青葱）和 AA1 类（离离）、AA2 类（苍苍）叠音词，而唐代开始，新的结构形式如 AA3 类（高高）、ABB 式（纷郁郁）、AABB 式（湉湉纷纷）等形式的状态形容词逐渐普遍起来，传统的结构形式则开始衰落。

因此综合考虑前人时贤的研究成果再结合中古汉语状态形容词的实际情况，我们亦将中古时期定为东汉至隋这一历史时期，西汉属于上古到中古的过渡期，而唐代则属于中古到近代的过渡期。

1.2.2　汉语词类划分的标准

汉语是一种形态不发达的语言，故其词类划分标准是一个比较复杂的问题。马建忠《马氏文通》（1898）借鉴英语的语法体系，把汉语

---

① 〔日〕太田辰夫：《汉语史通考》，江蓝生、白维国译，重庆出版社，1991，第 63 页。
② 王云路：《中古汉语词汇研究综述》，《古汉语研究》2003 年第 2 期，第 70 页。
③ 王云路：《中古汉语词汇研究综述》，《古汉语研究》，2003 年第 2 期，第 70 页。

的词首先划分为实字与虚字两个大类，然后又进一步把实字划分为名字、代字、动字、静字、状字五类；把虚字划分为介字、连字、助字、叹字四类。《马氏文通》虽未直接提出词类划分的标准，但是根据其"正名卷之一"的界说可知，他划分词类是以词汇意义为主要标准的。这是初创阶段的看法，虽然与今天学界普遍采用的功能标准不符，但是其开创意义是巨大的。

自此之后，多位语法学者都对这个问题进行了探讨，如黎锦熙（1924），王力（1955），吕叔湘（1979），邢福义（1981），朱德熙（1982、1985），黄伯荣、廖序东（1991），陆俭明（1994），郭锐（2002）等，取得了很多成果，对于汉语词类划分的标准也有了比较一致的看法，基本上都认为汉语词类划分当以语法功能为主要标准，以词汇意义为主要依据。

不管是现代汉语还是古代汉语，词类划分的主要标准都是词语的句法功能，包括词语的组合功能以及词语作各种句法成分的功能，但是词汇意义也是一个重要的参考依据。总之，功能和意义相结合的标准在古代汉语中也是适用的，我们也正是按照这样的标准来划定中古汉语的状态形容词的。

1.2.3 形容词概述

1.2.3.1 形容词的定义与分类

自从《马氏文通》诞生以来，相关学者们对于形容词的定义分歧不大，一般都认为表示事物属性或状态的就是形容词，但是在对形容词范围和小类的划分上，分歧还是存在的，简要综述如下。

《马氏文通》将形容词分为象静和滋静两种，大致包括全部性质形容词和区别词以及部分单音节状态形容词，而 AB 式联绵字、AA 式重言词、附加式等复音状态形容词则都被归入了状字里面。马氏的分类虽然不够科学，但是开创之功难能可贵。黎锦熙《新著国语文法》（1924）也继承了马氏的分类，把形容词分为四类：性状形容词、数量形容词、指示形容词和疑问形容词。杨伯峻（1998）又继承了黎先生的这个分类思想，把形容词也分为这四类。现在看来，只有性状形容词才是形容词，其余的三类则应分别归入数词和代词。

汉语词类研究的初期不仅划类的标准处于草创阶段，具体词类的小类划分也有不甚明确的地方，随着研究的深入，各词类内部的小类划分也越来越清楚。朱德熙（1956）把汉语的形容词分为简单形式和复杂形式两类，其中复杂形式包括重叠式、带后加成分的形容词、如同"煞白、冰凉、通红、鲜红、喷香"等一类的双音词、以形容词为中心构成的短语，后在《语法讲义》（1982）中又进一步将这些复杂形式的形容词明确为状态形容词，并首次把只能出现在名词和助词"的"前面的那一类形容词独立为一个词类，叫"区别词"。吕叔湘（1979）首次提出"非谓形容词"的概念，吕叔湘、饶长溶（1981）又具体讨论了非谓形容词的各种用法。此后一些学者在给形容词分类的时候也分出"非谓形容词"这个小类，如殷国光（1997）；还有不少学者对非谓形容词做了专门的研究，如徐建华（1987）、李宇明（1996a）、王宝东（1998）等。张国宪（2006c）把形容词分为性质形容词、状态形容词和变化形容词三类，并分别提出了各小类的鉴别标准和语义语法特征。

随着研究的深入，学者们对于汉语形容词的小类划分也逐渐完善，大致分为性质形容词、状态形容词、非谓形容词（或者独立为区别词）三类，对古今汉语形容词的划分都如此。

1.2.3.2　形容词的鉴定标准

对于词类划分的标准，上文已经做过综述，主要有两条，即词汇意义和语法功能，有时还会参考形态特征。学者们一般都是根据这些标准直接划分出形容词，而具体谈形容词鉴定标准的文章比较少，较为常用的标准有鉴定字和组合特征，即可以受程度副词修饰，不能带宾语，如朱德熙（1982）根据这个标准把形容词定义为：凡受"很"修饰而不能带宾语的谓词是形容词[①]。但是张伯江、方梅（1996）不同意朱先生的观点，他们认为依据这样的标准划分出来的形容词除了能受程度副词修饰和后面不能带宾语这规定性的两条之外，就没有什

---

① 朱德熙：《语法讲义》，商务印书馆，1982，第 55 页。

么共同特征了，张、方二位先生认为词的类别必须是综合反映了意义、功能和形式的结果，这三者之间必须具有某种联系，但是朱先生的标准不能反映这种联系。张、方二先生认为现代汉语性质形容词的基本句法功能是可自由作定语，因此主张用可自由作定语这个句法功能来鉴定形容词。我们认为仅凭这一条来鉴定现代汉语形容词，未免失之偏颇，因为现代汉语名词和动词也能经常自由作定语，因此张、方二先生的标准太过宽泛。

郭锐（2002）也提出了划分形容词的标准：很[不]～∧*（很[不]～〈宾〉）[①]，这个标准的意思是能受"很"和"不"的修饰而不能带宾语，这是对朱德熙（1982）标准的补充与发展。

张国宪（2006c）把汉语形容词分为性质形容词、状态形容词和变化形容词三类，并分别提出了对这三类的形式鉴定标准。

性质形容词的形式鉴定标准是：

I.{最·很·比较·稍}+

II. NP_1+比 NP_2+

III._____$_定$+NP$_中$

标准 I 表示性质形容词是能受"最、很、比较、稍"等程度副词的修饰；标准 II 表示性质形容词能够用于比较句；标准III表示性质形容词能够用在定中结构中作定语。这三个标准实际上就是典型性质形容词能够进入的三个句法槽，通过这三个典型的句法槽可以鉴别出现代汉语中大多数的性质形容词。

状态形容词的形式鉴定标准是：

I.*{最·很·比较·稍}+

II. NP$_主$+_____$_谓$

III.*{不·没}+

标准 I 中的程度副词是共选关系，当某个形容副词具备被这些程度副词修饰的可能时就可以肯定它不是状态形容词；标准 II 表示状态形容词都可以作谓语；标准III表示不能够受否定词"不"和"没"的修饰。

---

① 郭锐：《现代汉语词类研究》，商务印书馆，2002，第192页。

这三个标准实际上也是三个句法槽，分别剔除性质形容词、名词和动词，剩下的就是状态形容词了。

张文认为变化形容词就是表示事物性状变化的形容词，它的形式鉴定标准是：

S_1：NP+已经+____+了

S_2：NP+没+

S_1 表示能够与时间副词和体标记"了"共现，S_2 表示能受"没"的修饰。能够同时进入 S_1 和 S_2 的是典型的变化形容词，但是也有少数的心理动词和变化动词也可以进入 S_1 和 S_2，因此 S_3 和 S_4 就是为了过滤这些动词而增加的两个句法槽：

不能进入 S_3：NP_1+很+___+NP_2

能够进入 S_4：NP+很+

张国宪（2007）专门论述了状态形容词的鉴定标准并详细论述了现代汉语状态形容词的语法特征，该文提出的状态形容词的界定标准与张国宪（2006c）相同。

宋亚云（2008）提出了鉴定上古汉语单音节性质形容词的一束标准，但是对于复音词和状态形容词则无能为力。

综上所述，学者们关于汉语形容词的鉴定标准提出了不少意见，但是这些意见基本上只适用于现代汉语或上古汉语的单音节性质形容词，而不能够适用于古汉语的状态形容词。张国宪（2007）提出了现代汉语状态形容词的鉴别标准，同时也认为人类的语言直觉能够初步判断出词语的基本概念类别，如哪些词语表述的是事物，哪些词语表述的是属性，等等，因此人会在语言直觉的引导下将大部分意念中表示"性状"而不是"事物"或"动作"的词语送入句法槽 I 进行过滤，张文所说的这种语言直觉可以理解为一种语感。现代人虽然难以具备如同古人一样的古汉语语感，但是古代汉语中的词语到底是表示事物、动作还是性状，现代人还是可以分清的，因此，我们在界定古汉语状态形容词时，张先生的界定标准可以给我们一定的启发。

1.2.4 古汉语状态形容词研究

根据前人研究成果的侧重点，我们将古汉语状态形容词的研究分为上古、中古、近代和历时演变几个方面来进行综述。

1.2.4.1 上古汉语状态形容词研究

杨建国（1979）详细比较了性质和状态这两种形容词的对立情况，主要探讨了与先秦汉语状态形容词有关的几个问题。该文分为五个部分，第一部分探讨了状态形容词和性质形容词的分野，指出了先秦汉语状态形容词的四种类型：单音节、AA 式、AB 式和 AABB 式状态词。第二部分探讨了先秦汉语状态形容词的内部结构，首先明确了先秦汉语没有 ABB 式和 ABCD 式状态形容词，认为先秦汉语的"纷总总"之类的结构是由单音词"纷"加上叠音词"总总"而构成的词组，还不是词；然后论证了先秦汉语的 AA 式状态词不仅有音节构词，更多的是由两个单音节的状态形容词重叠而构成的。关于 AB 式状态形容词，作者通过列举 A、B 均可单用的例子推测先秦汉语的 AB 式状态形容词不像是由两个音节构成，倒像是由两个词素构成的。关于先秦汉语 AABB 式状态形容词的构成，杨文认为也有两种情况，一是有相应的 AB 式，二是没有相应的 AB 式，后者又分两类，一类是将 AABB 视为整体，不能拆开，另一类是由 AA 和 BB 叠加而成。第三部分探讨了先秦汉语状态形容词的意义特征，即都是用来描摹事物的某种状态，它们的义域中既含有表示事物状态的客观因素，也含有表示人们感受的主观因素，比较适宜于生动描写。第四部分详细讨论了各类状态形容词的语法功能。第五部分讨论了先秦汉语状态形容词的前缀和后缀以及状态形容词带与不带后缀的用法差异。杨先生的文章对于上古汉语状态形容词的研究具体而全面，具有很好的启发作用。

钟如雄（1987）着眼于先秦汉语状态形容词和后缀的复合形式、状态形容词后缀的句法特征及历史演变等问题。钟文认为先秦汉语的形容词是由性质和状态两个对立的概念组成的语法范畴，先秦汉语的附加词素主要有"然、如、若、而、斯、其、焉、乎"等；形容词对后缀是有选择性的，即性质形容词对后缀产生排外性，只有状态形容词才能作为词根与后缀复合成新的状态形容词。该文还进一步探讨了状态形容词后缀在语音上的共通性以及它们的句法特征和历史演变等。

李海霞（1991）从构成、特点、凝固性、意义及用法等四个方面探讨了先秦汉语 35 个 ABB 式形容词词组。在构成上，李文认为：先秦汉语 ABB 式的构成方式不像后代那么多样化。它没有 AB 式的扩展（如慌张→慌张张）；也不像近代"热乎乎"之类，BB 一开始就是作为叠音词缀附着于 A。先秦汉语 ABB 式是单音词 A 加上叠音词 BB 构成的。关于 A 和 B 的特点，李文认为：A 的词性大多为形容词，少数为动词，没有名词性的 A。A 的词性五分之四左右具有状态形容词的性质。先秦汉语的 BB 有明确而实在的意义，尚未虚化，是实词而不是词缀。A 和 BB 的关系是平列的，A 不是意义的重心。在凝固性和稳固性方面，李文认为先秦汉语 ABB 式中的 A 和 BB 各为独立的词，在句中临时组合，固定性差，使用范围窄，寿命短，被分开训释，意义为二者的简单相加，它们就像其姐妹式 ABC 结构一样，宜视为词组。李文认为先秦汉语 ABB 式的作用在于增强语言的生动性，而不在于注重语言的准确性。李文最后还探讨了先秦汉语 ABB 式的语法功能，认为其在句中充当状语和谓语。

郭锡良（2000）认为有相当多的状态形容词是由音变构词产生的重言词和双声叠韵联绵词，也有的是单音词或带词尾的复音词。

张双棣等（2002）认为古代汉语的"状态形容词都是表达静态的描写，即表示'……的样子'。从形式上分析，古代汉语的状态形容词都是双音节或多音节的，可分为三种类型：联绵字、重言、带'然''如''尔''若'等词尾。状态形容词一般不活用作动词，它的主要语法功能是作谓语和状语。"[1]

《诗经》和《楚辞》是先秦文献中状态形容词使用最为丰富的文献，因此有很多学者进行了相关研究。如曹先擢（1980）研究了《诗经》叠字的结构类型、语法功能和语法意义。向熹（1980）对《诗经》中

---

[1] 张双棣、张联荣、宋绍年、耿振生：《古代汉语知识教程》，北京大学出版社，2002，第 245-248 页。

的复音节形容词（如重言、双声叠韵、附加式等）的语法功能和意义进行了详细的分析。赵金铭（1992）对《诗经》中单音节和复音节形容词（含状态形容词）的语法功能做了详细的对比分析。车艳妮（2005）从语义、语法和语用三方面对《诗经》单音节形容词以及重言形容词、联绵形容词和复合形容词三类复音节形容词的语义、语法和语用等方面进行了描写与分析。李树春（2007）详细描写了《楚辞》里的形容词，认为《楚辞》中状态形容词共有 484 个，约占《楚辞》形容词总数的 66.3%，可以将其分为 7 类：A 式（单音节）153 个、ab 式（双音节单纯词）102 个、AB 式（双音节合成词）61 个、aa 式（重言单纯词）126 个、AA 式（重言合成词）51 个、Ax 式（词根+词缀的派生式）1 个、aabb 式 2 个。该文还详细描写了各类形容词的结构特征、语法功能、语法意义和语用特点。

总体来说，上古时期包含《诗经》和《楚辞》两部重要的韵文材料，因此状态形容词的数量和种类都比较多，用法也比较灵活，相关的研究成果也是最多的。

1.2.4.2 中古汉语状态形容词研究

中古汉语状态形容词数量很丰富，但研究成果目前还比较少见，多集中在某些专书形容词研究中，还有较大的研究空间。

马予超（2005）认为《世说新语》中状态形容词一共有 134 个，约占形容词总数的 16.4%；其中单音节状态形容词极少，仅 9 个，约占状态形容词总数的 6.7%，复音节状态形容词比较多，共 125 个，约占状态形容词总数的 93.3%。马文根据音节形式，将《世说新语》中的状态形容词分为 A 式、ab 式、AB 式、aa 式、AA 式、Ax 式、aabb式七类，并且分别描写了这七类状态形容词的句法功能。

笔者的硕士学位论文《〈论衡〉形容词研究》（2007）量化统计了《论衡》中的所有形容词，认为其中的状态形容词一共有 103 个，其结构类型主要为 AA 式叠音词、附加式和 ab 式双音词；语法功能上，AA 式叠音词和 ab 式双音词主要作描写句的谓语，附加式主要作状语。

时宏扬（2007）全面研究了《文选》中的叠音词，探讨了《文选》叠音词的结构特征、语法意义、语用特征等。

此外，一些汉语史研究专著也都谈到了古汉语形容词的发展变化，如王力（1980、1989）、向熹（2010）都论述了形容词词尾"然"在中古的新变化，太田辰夫（2003）则更详细地论述了汉语形容词的划分以及状态形容词的使用特点。

总的来说，中古汉语状态形容词的研究相对比较薄弱，获得的成果也还比较少，可能多数人都认为中古和上古状态形容词差别不大，因此关注不多，但事实并非如此。与上古时期相比，中古汉语状态形容词也有自己的特色，本书正将以此为突破口研究中古汉语的状态形容词。

1.2.4.3 近代汉语状态形容词研究

唐宋以后，诗词曲等韵文高度发达，以古白话为特色的通俗小说也非常成熟，这些语料中都广泛地使用状态形容词，研究论著也比较多。

杨建国（1982）深入讨论了元曲中状态形容词和性质形容词的对立表现，描述了状态形容词结构与用法上的特点。赵建功（1982）详细描写了元人杂剧中各类重叠词的面貌，分别指出了它们在词汇、语法和修辞方面的特点。齐沪扬（1993）讨论了《儿女英雄传》中形容词重叠式的类型、表达上的作用、重叠的特点以及由此而反映出来的问题。许仰民（1991）专门讨论了《金瓶梅词话》中的多音节（三音节和四音节）状态形容词的结构类型、语法作用等。刘晓农（1992）提出，唐五代叠音形容词有一种特殊的用法，即它可以指代它所形容的事物。刘文还指出唐五代叠音形容词有两种，一是单音节形容词相叠；一是音节相叠的形容词。音节相叠的形容词如果需要加重其所表达的事物的性状，则往往还需要加上程度副词，如："林花谢了春红，太匆匆。"这一点比较有启发，即状态形容词在某些场合也可以受程度副词的修饰。文章还认为唐五代词中的 ABB 式叠音词有两种结构类型，一是并列结构，即 A 与 BB 互不包含，并列成词；一是 ABB 式在句中是一种中补的结构关系，即单音节形容词 A 是中心语，叠音形容词 BB 是补充成分。潘攀（1997）讨论了《金瓶梅词话》中 ABB 式和 AABB 式两种类型的构词格，并指出无论什么类别的语素，通过什么构成方式进入这两种格式，构成 ABB、AABB 式词，便都获得了摹状绘景的结构意义和形容词的语法功能。马云霞（1998）详细探讨了元明戏曲中 ABC 式和 ABCD 式绘景词的结构状况。陈烁（2002）研究了《儿女英雄传》中 ABB 式（BB 是语素重叠）和 Abb 式（bb 是音节重叠）两种叠音状态形容词，探讨了它们在内部结构类型、语法功能、意义特色以及修辞特点等各方面的异同。李大星（1989）讨论了《水浒传》中 AA 式、AABB 式和 ABB 式三种状态形容词（包括拟声词）的语法功能、结构关系和结构意义。崔雪梅（2006）考察了《型世言》中 AA 式和 AABB 式状态形容词的语法意义，并将其归纳为三个方面：形成特定状态、表示性质达到适度足够的量和激发主体的能动作用，其中形成特定状态是其核心意义。王红梅（2003）以"三言""二拍"为例探讨了形容词重叠式构成的语义条件，即所表性状、情态轻微含混，A 和 B 语义上要具有相关性，是常用的中性词和褒义词。石锓（2004a）从语义和语音结构等角度证明了元曲中的四音状态形容词是一种逆向变韵重叠词，分析了这种四音词在重叠过程中产生的音变规律，指出了重叠基式在结构上的特点。于红岩（2004a）全面描写了元曲中状态形容词的连用现象，并指出这与元曲突破了诗词格律的限制有关。

于红岩（2004b）穷尽性地探讨了《元曲选》中的所有状态形容词，主要从以下几个方面进行研究。于文第二章分析《元曲选》中状态形容词的来源和产生机制，认为 AA 式和 AABB 式先秦已出现；AB 式出现较晚，中古《论衡》中有一例，但之后直到《敦煌变文集》都未发现，由此推测其大量出现可能是在元代；ABB 式和 ABC 式的源头可追溯到《楚辞》，但当时二者为词组，ABB 式真正出现应不晚于唐五代，ABC 式则始于元代；其他如 ABA 式、AAB 式、ABCD 式、ABBC式和 ABCC 式也最早见于元曲。关于产生机制，于文从语言发展的内部和外部两个方面进行了探讨。内部机制之一是构词法的发展，如复音词产生之初主要是通过语音的内部屈折构词，所以产生大量的双声、叠韵、叠音等新词，而从春秋战国开始，语法造词方式已经成为主要的复音词造词方式。于文认为复音词的结构方式有联合式、偏正式、补充式、支配式、表述式、附加式、重叠式、单纯词、综合式等九种。内部机制之二是书面语到口语的转变,俗语就大量应用于文学作品中。语言外部的机制主要有社会的发展和文学形式的发展,前者导致人们选择口语和俗语,后者导致元曲的出现,而元曲的特点又决定它大量选择衬字,也会造成状态形容词的产生。于文第三、四、五章分别分析了《元曲选》中状态形容词的语音、语法、语用特点,第六章是状态形容词的历史研究,探讨了状态形容词词量的丰富和增加、构词法的发展等问题。

汉语中的许多语言现象都是在近现代时期产生、发展起来的,以上学者所做的各项研究为我们揭示了近代汉语状态形容词的使用状况及变化趋势,为我们了解现代汉语中形容词的来源提供了一系列有益的借鉴。

1.2.4.4 状态形容词的历史演变研究

关于状态形容词历史演变的研究成果主要集中在重叠形式的研究上,其中又以石锓的一系列论文为代表。石锓(2004b)讨论了形容词 ABAB 重叠形式的种类、形成时间、语法结构、语法功能和意义,分析了双音节状态形容词 ABAB 式形成的机制与动因。石锓(2004c)研究了形容词重叠格式 AA、AABB、ABB、A 里 AB 和 ABAB 的产生和演变,考察它们的结构、句法功能和语法意义在不同历史时期的发展变化,总结形容词重叠形式演变的动因、机制和发展趋势。石文认为先秦至两汉魏晋是单音节状态形容词重叠(重言)的产生和发展时期,唐宋是单音节状态形容词重叠向单音节性质形容词重叠过渡的时期,元明清是单音节性质形容词的发展时期。石锓(2005a)以金元曲文和明清小说等语料为依据,论证了现代汉语 A 里 AB 重叠式来源于金元时期的 A'B'AB 逆向变韵重叠式。石锓(2005c)着重分析了 ABB 式形容词在宋代的四种变化,分别是 ABB 句法功能的变化、BB 的语义淡化、主谓式 ABB 的词汇化以及名词重叠结构进入 ABB 式形容词。石锓(2005d)从语法结构、语法功能、语法意义和语音变化等角度全面总结了历史上以及现代学者关于汉语形容词重叠的研究概况。石锓(2007)指出 AABB 式形容词有两种结构方式,一是重叠,如"干净→干干净净"；二是叠加，如"高高+低低→高高低低"。该文还指出，从汉语史的角度看，重叠式 AABB 是由叠加式 AABB 发展而来的，其分界时期是唐代，发展的机制是重新分析和类推。

卢卓群（2000）讨论了形容词重叠式 AA、AABB 和 ABB 式的产生和发展，认为它们在先秦时都已产生，并得到初步发展，唐宋时期是其发展时期，元明以后，向着规范用法的方向发展。卢文认为 AA 式有构词和构形两种形式，并将其分成形容性描写型 AA 重叠式、强调性描写型 AA 重叠式、陈说性描写型 AA 重叠式和指代性描写型 AA 重叠式四个语义类型进行讨论。卢文将 AABB 式按内部结构分为单式四字叠和双式四字叠两种类型，前者是由双音节形容词 AB 重叠而成；后者又分成两类，一是先由单音词 A、B 分别重叠成 AA 和 BB，然后组合成 AABB，二是直接由叠音 AA 和叠音 BB 构成 AABB，并综合讨论了它们的演变过程。卢文认为 ABB 式最早见于《楚辞》，是属于构词方面的问题，同时认为 ABB 式有并列和补充两种类型。

翟会锋（2006）比较了 AA 式状态形容词在古代汉语和现代汉语中作定语的情况，观察了它们在不同的系统里语法要素所具有的价值的异同。

1.2.4.5 古汉语状态形容词研究中存在的问题

通过以上的综述可知，汉语状态形容词的研究已经取得了比较丰富的成果，尤其是上古和近代汉语状态形容词研究已经卓有成效，但进一步研究的空间仍然存在，这主要在于以下五个方面：

一是研究方式重在随文释义，这主要表现在清代以前的传统研究中，这些研究基本只是为了满足阅读古文的需要而进行语义的训释，并未涉及词语的结构方式、语法功能、语音特征等方面，更未提升到词类的观念上来。

二是中古时期状态形容词的研究还太薄弱。中古时期是连接上古和近代的一个重要时期，此时的状态形容词既包含着上古时期的一些特征，但也出现了一些新的现象，有些甚至一直沿用至今。比如，上古时期的语音构词在中古后期已经显出衰落之势，新的语法构词则开始兴起，并在中古后期慢慢普遍起来，形成了与语音构词分庭抗礼的局面；状态形容词的语法功能也有所变化，中古以前以作谓语为主，中古以后作谓语的比例有所减少，而作状语、补语的比例则有所增加。这些新的特征和变化都是值得研究的，本书正是有鉴于此才选取该时期作为研究的时间范围，聊算弥补这一时期研究的不足。

三是状态形容词尤其是古代汉语状态形容词的界定标准还值得研究。关于汉语状态形容词的界定，学者们一直都试图探索一个行之有效的形式标准，如朱德熙先生的《语法讲义》提出鉴定字标准，以能否受"很"的修饰为区分动词与形容词的一个重要参考标准，根据朱先生的意思，凡是不能受"很"修饰且不能带宾语的谓词就是状态形容词，这一标准固然可以界定出现代汉语中的很多状态形容词，但仍然太过宽泛，也很难适用于古代汉语状态形容词的界定。张国宪（2006c）在此基础上提出了以三个句法槽来鉴定现代汉语中的状态形容词，但这仍然不完全适用于古代汉语。因此，我们从词的词汇意义出发，以此为基础，首先考察中古文献中注释者用"……貌"来解释的词语，认为"……貌"正是对事物状态的描述，这样的词也大多是典型的状态形容词，然后再结合语法功能和形态特征，提出了一个以词汇意义为依据、以语法功能为主要标准、以形态特征为辅助标准的综合判定标准，以该标准来界定中古文献中的状态形容词。

四是研究的对象以特定小类为主，主要是在形式上相对容易辨别的重叠式状态形容词或联绵词。但从现存资料看来，古代汉语中，状态形容词的类别比较多样，不仅仅有重叠式的和联绵词，还有单音节的、非联绵式的 ab 式双音节的以及附加式的等，不同类型的状态形容词使用特点并不完全一样，这些都是值得研究的；尤其值得注意的是，中古时期出现了一些新的类型的状态形容词，如"众多、洁白"等，它们在语义类型上主要是对程度和量的凸显，与以往状态形容词的语义特点和语法功能不完全相同，对于这类词的形成过程和产生机制目前关注的人还比较少，这很值得探讨。

五是缺乏对古汉语状态形容词语音特征的研究，中古以前的汉语状态形容词中有两个小类是非常活跃的，即重言词和联绵式状态形容词，这两类词在构词方式上都以语音构词为主，然而学者们除了考察联绵词的双声、叠韵等特征之外，对于古汉语中状态形容词的其他语音特征问题如声调、语音特征与语音构词法等都较少提及。

本研究正是从上述几个方面着手，以中古时期为基点，同时也全面搜集不同历史时期的状态形容词，主要对不同类型的状态形容词在语音、语义、语法、结构、构词等方面的特征展开历时研究。重点分析构成联绵式状态形容词两个音节的声、韵、调的结合关系，试图探索古汉语声调的相关问题；同时运用认知语法中对于状态形容词的量的观点，来解释古汉语状态形容词在量性表现上的特点，以及它们与现代汉语状态形容词在量性特征上的差异，试图对汉语状态形容词自古至今量性特征的不同表现做出尽可能细致的描述。相信，我们的研究成果能为汉语史的研究提供有益的补充，为汉语史的建构提供必要的参考。

1.3 研究理论与方法

在理论上，本书主要采用结构主义语言学理论对中古汉语状态形容词的语法分布、构成方式、形态特征等进行详细的分析描写，在共时描写的基础上还会对一些问题进行历时的探讨。除此之外，本书还会运用认知语言学的某些理论对中古汉语的状态形容词进行一些探讨，如将典型范畴理论应用到中古汉语状态形容词的界定上、对中古汉语状态形容词进行量性特征研究等。

在研究方法上，本书注重将以下几点相结合：

（1）定量统计与定性分析相结合，穷尽性的统计是准确描写分析的基础，对语言现象进行全面分析就必须要有准确统计数据的支持。

（2）描写与解释相结合，要想准确地揭示古汉语状态形容词的使用特点与规律就必须要有细致入微的描写，对大量词语的具体描写是解释词语共性和规律的前提与基础。

（3）共时描写与历时比较相结合，在共时描写的基础上，再结合不同历史时期的情况进行比较研究，这样才能把握语言发展的规律。

本书的历时比较主要包括三个方面：一是不同时期状态形容词的历时比较，探索其变化规律；二是不同文体之间状态形容词的使用特点比较；三是同一时期内部如中古内部不同阶段、不同文体之间状态形容词使用特点的比较，探讨它们在同一时期内部的差异与共性。

第 2 章　中古汉语状态形容词概说

2.1 中古汉语状态形容词的界定

汉语的词类划分是一个比较复杂的问题，状态形容词的界定也不例外。典型范畴理论认为："一个词类的确定是凭一些自然聚合在一起的特征，由此，某类词的内部具有非匀质性，有的成员是这类词的典型成员，有些则是非典型成员。典型成员具备这些特征的全部或大部分，非典型成员只具备这些特征的部分或一小部分。"①状态形容词是形容词的一个小类，它也符合典型范畴理论，本节将从词义特征、语法功能和形态特征三个方面仔细分析古代汉语中一批典型状态形容词的典型特征，并力图在此基础上提炼出中古汉语状态形容词的界定方法。为了更好地描述中古汉语状态形容词的典型特征，我们在分析中也适当地加入上古和唐代的一些文献资料，如《诗经》《楚辞》以及杜甫的诗歌等，因为这些文献中的状态形容词都比较丰富，并且与中古时期有许多相似之处，将中古状态形容词与这些前后时期的文献进行比较分析，能够更好地揭示中古时期状态形容词的典型特征。

2.1.1 词义特征

《现代汉语词典》给"词义"下的定义是："词的语音形式所表达的意义，包括词的词汇意义和语法意义。"②词汇意义是指用语音形式

---

① 张国宪：《现代汉语形容词的典型特征》，载沈家煊主编《现代汉语语法的功能、语用、认知研究》，商务印书馆，2005，第 140 页。原载《中国语文》2000 年第 5 期，第 457 页。
② 中国社会科学院语言研究所词典编辑室编：《现代汉语词典》(第 7 版)，商务印书馆，2016，第 213 页。

固定下来的人们对客观事物的认识和评价，语法意义是指词进入语法组合之后由语法结构所赋予的词汇意义之外的意义。词义是词的语法功能的基础，因为一类词之所以具有这样或那样的语法功能，都有其深刻的词义基础，离开词的意义是无法划分词类的。状态形容词的词义就是刻画事物或动作的状态，古汉语状态形容词在语义上主要是对生动性和形象性的体现，注释家在做注时，多用"……貌（皃）"或"……然"的形式，如：

> 百神森其备从兮，屯骑罗而星布。（《文选·张衡〈思玄赋〉》）旧注："森，聚貌。"《说文解字·林部》："森，木多皃。"《后汉书》李贤注："森，众皃也。"

> 鞠巍巍其隐天，俯而观乎云霓。（《文选·张衡〈南都赋〉》）李善注："鞠，高貌也。"

> 蝹若神龙之登降，灼若明月之流光。（《文选·何晏〈景福殿赋〉》）李善注引薛综《西京赋》注："蝹，龙貌。"

> 路逶迤而修迥兮，川既漾而济深。（《文选·王粲〈登楼赋〉》）李善注："逶迤，长貌也。"

> 缔交翩翩，傧从弈弈。（《文选·左思〈吴都赋〉》）李善注："翩翩，往来貌。弈弈，轻靡之貌。"

用这样的形式来解释状态形容词词义的传统在汉代就已经很盛行了，毛亨、郑玄等注释家都广泛使用这一方法，如：

> 彤管有炜，说怿女美。（《诗经·邶风·静女》）毛传："炜，赤貌。彤管以赤心正人也。"郑笺："'说怿'当作'说释'。赤管炜炜然，女史以之说释妃妾之德，美之。"孔颖达疏："此女史彤管能成静女之德，故嘉善此彤管之状有炜炜然，而喜乐其能成女德之美。"

> 我徂东山，慆慆不归。我来自东，零雨其濛。（《诗经·豳风·东山》）毛传："慆慆，言久也。濛，雨貌。"郑笺："此四句者，序归士之情也。我往之东山既久劳矣，归又道遇雨濛濛然，是尤苦

也。"孔颖达疏："既得归矣，我来自东方之时，道上乃遇零落之雨，其<u>濛濛然</u>。"

不同时期的注释家都采用这样的注释形式，言简意赅地指明了古汉语状态形容词在词义上的典型特征，即对事物生动性和形象性的描述。以上各例均是对描写对象的生动性和形象性的体现，这是古汉语状态形容词在词义上的共性，与现代汉语状态形容词主要表达程度量的特征有一定的差别。本节即首先具体分析注释家用"……貌"或"……然"来解释的词，再结合这些词的语法功能和形态特征，排除某些可能不属于状态形容词的例子，然后在此基础上概括出状态形容词的典型特征和判别方法。

2.1.2 语法功能

词的语法功能是指词与词的组合能力以及词在句子中所起的作用等。汉语词类的本质其实就是词的语法功能的分类，所以对于汉语这种形态标记不丰富的语言来说，语法功能在词类划分中有着极其重要的地位。

对于不同结构的状态形容词来说，其语法功能也有细微的差别，但大致说来，它们在语法功能上有如下共同特征。

2.1.2.1 组合特征

中古汉语状态形容词在使用中可以与其他的词并列使用，如：

茂树荫<u>蔚</u>，芳草被堤。(《文选·班固〈西都赋〉》)李善注："《苍颉篇》曰：'蔚，草木盛貌。'"

此处"荫""蔚"连用，为状态形容词与性质形容词的连用。又如：

<u>缤连翩</u>兮纷暗暧，<u>儵眩眃</u>兮反常间。(《文选·张衡〈思玄赋〉》)吕延济注："缤连翩，盛下来貌……儵眩眃，疾皃。"

该句中是单音节状态形容词"缤""儵"与 AB 式双音节状态形容词的连用。又如：

汩硙硙以璀璨，赫燡燡而爥坤。(《文选・王延寿〈鲁灵光殿赋〉》)张载注："皆其形貌光辉也。"李善注："汩，净貌；硙硙，高貌……燡，光明貌。"

此处是单音节状态形容词与 AA 式叠音词的连用，只是这种情况本书视为 ABB 式叠音词，将在下文详细讨论。又如：

翘遥迁延，躈躃蹁跹。(《文选・张衡〈南都赋〉》)李善注："翘遥，轻举貌。迁延，却退貌。《上林赋》曰：'便跚蹩屑。'"

六玄虬之弈弈，齐腾骧而沛艾。(《文选・张衡〈东京赋〉》)薛综注："沛艾，作姿容貌也。"刘良注："沛艾，马行貌。"

修袖缭绕而满庭，罗袜蹑蹀而容与。(《文选・张衡〈南都赋〉》)李善注："缭绕，袖长貌。蹑蹀，小步貌。"

形便娟以婵媛兮，若流风之靡草。(《全汉赋・边让〈章华台赋〉》)费振刚等注："便娟，轻盈美丽貌。婵媛，牵持不舍貌。"

以上各句是 AB 式双音节状态形容词与另一个双音词连用，与之连用的另一个词既可以是状态形容词，也可以是其他词性的词，连用时既可以直接连用，也可以用连词"而""以"等连接。由此可见，中古汉语状态形容词在组合功能上的一个重要特点就是能够以多种方式与其他词并列连用。

在与其他词的组合中，中古汉语状态形容词一般不能受程度副词和时间副词的修饰，不能受"不、弗、勿"等否定词的修饰，这与现代汉语一样。魏晋六朝之前的状态形容词例外较少，近代以后则偶见 AA 式叠音词受程度副词或时间副词修饰的用例，如：

李生园欲荒，旧竹颇修修。(杜甫《晦日寻崔戢、李封》)

大哉乾坤内，吾道长悠悠。(杜甫《发秦州(乾元二年自秦州赴同谷县纪行)》)

入空才漠漠，洒迥已纷纷。(杜甫《喜雨》)

以上几例都引自杜甫诗，唐代其他诗人的作品中也偶尔可见这样的例外，这大概是因为唐代 AA 式叠音词比较繁荣而出现的一种类推用法，并未经常见到。

2.1.2.2 语法分布特征

从语法分布上看，大体上说，从《诗经》以后，状态形容词最典型的分布是作谓语（但不能作比较句的谓语），只是不同类型的状态形容词语法分布又稍有差异。

2.1.2.2.1 单音节状态形容词的分布特征

单音节状态形容词在《诗经》中还是一个非常活跃的群体，但是此后其使用频率就逐渐降低，到近现代汉语中就几乎没有了。它在上古至唐代部分文献中的语法分布统计如下。

表 2-1　单音节状态形容词的语法分布统计（单位：例）

文献	谓语	定语	状语	宾语	合计
《诗经》	30	29	3	0	62
《楚辞》	39	4	8	1	52
东汉赋	43	3	0	0	46
魏晋赋	61	8	8	3	80
杜诗	21	0	3	0	24

从表 2-1 中可以看出，单音节状态形容词最典型的分布特征是作谓语，但不同时期又稍有差异，如《诗经》时期作定语的数量大致与作谓语的数量相当，此后单音节状态形容词的分布则逐渐向作谓语集中。

以下是作谓语例：

裳裳者华，其叶湑兮。（《诗经·小雅·裳裳者华》）毛传："湑，盛貌。"

考盘（一作"槃"）在阿，硕人之薖。（《诗经·卫风·考盘》）毛传："薖，宽大貌。"《经典释文》："薖，若禾反，《韩诗》作'猗'。'猗'，美貌。"

子之昌兮，俟我乎堂兮。（《诗经·郑风·丰》）毛传："昌，盛壮貌。"

以上 3 例都出自《诗经》，古人注释都用"……貌"的形式，其中后两例都是作"主之谓"结构中的谓语。《诗经》中单音节状态形容词数量较多，可以作多种句法成分，此时是状态形容词最繁荣的时期。此后的文献中也有单音节状态形容词出现，如：

> 緪瑟兮交鼓，箫钟兮瑶虡，鸣篪兮吹竽，思灵保兮贤姱。(《楚辞·九歌·东君》) 王逸注："姱，好貌也。"
> 青坛蔚其岳立兮，翠幕黗以云布。(《文选·潘岳〈藉田赋〉》) 李善注："黗，黑貌也。"
> 乐游古园崒森爽，烟绵碧草萋萋长。(杜甫《乐游园歌》) 清·仇兆鳌注："崒，山危峻貌。"

以下是作定语例：

> 嘒彼小星，三五在东。(《诗经·召南·小星》) 毛传："嘒，微貌。"
> 彼姝者子，何以畀之？(《诗经·鄘风·干旄》) 毛传："姝，顺貌。"

以上两例出自《诗经》，作定语的大部分在定中之间都有"彼"字连接，以下是其他文献中的用例：

> 姱容修态，緪洞房些。(《楚辞·招魂》) 王逸注："姱，好貌。"
> 屹山峙以纡郁，隆崛岉乎青云。(《文选·王延寿〈鲁灵光殿赋〉》) 张载注："屹犹孽也，高大貌。"
> 貙氓于蓲草，弹言鸟于森木。(《文选·左思〈蜀都赋〉》) 李善注："《汉书音义》曰：'蓲，盛貌。'"

单音节状态形容词作定语的用例主要见于《诗经》，在其后的文献中比较少见，这主要是因为《诗经》时期单音节状态形容词数量较多，可以作多种句法成分，正处于最繁荣的阶段，此后则逐渐衰落，一些单音节状态形容词甚至完全变成构词语素而不能单独使用。

单音节状态形容词也有少数作状语的用例，如：

> 如彼岁旱，草不溃茂，如彼栖苴。(《诗经·大雅·召旻》)郑笺："'溃茂'之'溃'当作'汇'。汇，茂貌。"

> 双美并进，骈驰翼驱。(《文选·嵇康〈琴赋〉》)李善注："翼，疾貌。"

> 索杜邮其焉在，云孝里之前号。惆辍驾而容与，哀武安以兴悼。(《文选·潘岳〈西征赋〉》)李善注："惆，犹罔罔，失志之貌也。"

从典型特征来看，中古时期单音节状态形容词最主要的语法分布是作描写句的谓语，主要语义是呈现描写对象的生动性。

2.1.2.2.2 多音节状态形容词的分布特征

中古以前多音节状态形容词主要是双音节的，按照结构的不同又可以分为如下几种类型：AB 式双音节状态形容词、AA 式重叠词和附加式状态形容词，下面分别介绍它们的分布特征。

2.1.2.2.2.1 AB 式双音节状态形容词的语法分布

所谓 AB 式双音节状态形容词就是指像"参差、婀娜、嵳嵯"之类的词语，包括联绵词和非联绵词两类，AB 式双音节状态形容词从上古到中古都比较常见，它们在唐以前的主要语法分布是作谓语，自唐开始则逐渐转向其他的句法位置，具体数据如表 2-2 所示。

表 2-2　AB 式双音节状态形容词的语法分布统计（单位：例）

文献	谓语	定语	状语	宾语	补语	合计
《诗经》	9	6	0	1	0	16
《楚辞》	75	1	4	0	2	82
东汉赋	221	2	5	0	0	228
魏晋赋	270	5	4	0	0	279
杜诗	35	7	20	6	3	71

由表 2-2 可知，AB 式双音节状态形容词的主要功能是作谓语，

其次是作状语和定语，唐以后，作状语的比例开始增加。

以下是作谓语例：

> 四牡騑騑，周道倭迟。（《诗经·小雅·四牡》）毛传："倭迟，历远之貌。"

> 披荒榛之蒙茏，陟峭崿之峥嵘。（《文选·孙绰〈游天台山赋〉》）李善注："《字林》曰：峥嵘，山高貌。"

> 高岳前嵂崒，洪河左滢濙。（杜甫《桥陵诗三十韵，因呈县内诸官》）仇兆鳌注："嵂崒，耸峙貌。滢濙，回旋貌。"

有些用例还是"主之谓"结构的形式，这正是古汉语中谓语的典型特征。

以下是作状语例：

> 仆夫悲余马怀兮，蜷局顾而不行。（《楚辞·离骚》）王逸注："蜷局，结屈，不行貌。"

> 靡微风，澹淡浮。（《文选·张衡〈西都赋〉》）李善注："澹淡，盖随风之貌也。"

> 众雏烂熳睡，唤起沾盘飧。（杜甫《彭衙行》）仇兆鳌注："烂熳，熟睡貌。"

以下是作定语例：

> 便娟之修竹兮，寄生乎江潭。（《楚辞·七谏·初放》）王逸注："便娟，好貌。"

> 舒诊婧之纤腰兮，扬杂错之袿徽。（《文选·张衡〈思玄赋〉》）旧注："诊婧，细腰貌。"

> 修纤无垠竹，嵌空太始雪。（杜甫《铁堂峡》）仇兆鳌注："修纤，细长貌。无垠，遍地皆竹也。嵌空，玲珑貌。"

以下是作补语例：

> 往来儵忽，吞人以益其心些。（《楚辞·招魂》）王逸注："儵忽，疾急貌也。"

削成根虚无，倒影垂澹澈^①。（杜甫《万丈潭》）仇兆鳌注：
"《汉·郊祀志》：'登遐倒影。'晋庐山道人《游石门诗序》：'流光
回照，则众山倒影。'郑曰：'澹瀩，犹澹沲也。'《集韵》作瀗，
水带沙往来貌。"

以下是作宾语例：

今夕何夕，见此邂逅（一作"靓"）？（《诗经·唐风·绸缪》）
毛传："邂逅，解说之貌。"《经典释文》："邂靓，解说也，《韩诗》
云：'邂靓，不固之貌。'解音蟹。说音悦。"

高空得蹭蹬，短草辞蜿蜒。（杜甫《义鹘》）仇兆鳌注："蹭蹬，
困顿貌。蜿蜒，卷舒貌。"

铦锋行惬顺，猛噬失跷腾。（杜甫《故武卫将军挽歌三首之二》）
仇兆鳌注："跷腾，壮跃之貌。"

汉语中的谓词性成分也能充当主语和宾语，因此，在状态形容词比较
发达的时代，其中偶尔有一些可以作宾语也是不难理解的。

2.1.2.2.2.2 AA 式叠音状态形容词的语法分布

古汉语中叠音词是状态形容词中最重要的一个小类，一般学者都
认为古汉语中的叠音词绝大部分属于状态形容词，这是争议最小的一
类。叠音状态形容词的语法分布最为灵活。表 2-3 是部分古代文献中
AA 式叠音状态形容词的分布统计表。

表 2-3　AA 式叠音状态形容词的语法分布统计（单位：例）

文献	谓语	定语	状语	宾语	补语	合计
《诗经》	88	49	7	0	8	152
《楚辞》	91	4	10	0	5	110
东汉赋	118	10	0	0	0	128
魏晋赋	168	11	2	0	0	181
杜诗	164	92	209	3	44	512

---

① "澈"一作"瀗"。

由表 2-3 可知，在唐代以前，AA 式叠音状态形容词最主要的语法分布是作谓语，其次是作定语和状语，而到了唐代以后，其语法分布逐渐向其他位置转化，各种语法功能几乎是协调发展。

以下是作谓语例：

> 氓之<u>蚩蚩</u>，抱布贸丝。（《诗经·卫风·氓》）毛传："蚩蚩，敦厚之貌。"

> 灵偃蹇兮姣服，芳<u>菲菲</u>兮满堂。（《楚辞·九歌·东皇太一》）王逸注："菲菲，芳貌也。"

> 亲<u>落落</u>而日稀，友<u>靡靡</u>而愈索。（《文选·陆机〈叹逝赋〉》）李善注："落落，稀貌。靡靡，尽貌。"

> 入空才<u>漠漠</u>，洒迥已<u>纷纷</u>。（杜甫《喜雨》）仇兆鳌注："漠漠，云密貌。纷纷，雨多貌。"

作谓语的 AA 式也可以构成"主之谓"结构，如"氓之蚩蚩"，有时候还能受时间副词的修饰，如"才漠漠、已纷纷"。

以下是作定语例：

> <u>绵绵</u>葛藟，在河之浒。（《诗经·王风·葛藟》）毛传："绵绵，长不绝之貌。"

> <u>滔滔</u>孟夏兮，草木莽莽。（《楚辞·九章·怀沙》）王逸注："滔滔，盛阳貌也。"

> <u>蔼蔼</u>翠幄，嫋嫋素女。（《文选·左思〈吴都赋〉》）李善注："蔼蔼，盛貌。"

> <u>翳翳</u>桑榆日，照我征衣裳。（杜甫《成都府》）仇兆鳌注："《归去来辞》：'景翳翳以将入。'翳翳，朦胧之貌。"

由于 AA 式叠音词本身属于双音词，所以其作定语时，定中之间无须用"之"来凑足音节。

以下是作状语例：

> <u>肃肃</u>宵征，夙夜在公。（《诗经·召南·小星》）毛传："肃肃，

疾貌。"

繁滋族类，乘居匹游，<u>翩翩</u>然有以自乐也。(《文选·张华〈鹪鹩赋〉》)李善注："翩翩，自得之貌。《毛诗》曰：'翩翩者雏。'"

丰肴衍衍，行庖皤皤。<u>愔愔</u>醧燕，酣湑无哗。(《文选·左思〈魏都赋〉》)李善注："《韩诗》曰：'愔愔夜饮。'薛君曰：'愔愔，和悦之貌也。'"

风含翠筿娟娟净，雨裛红蕖<u>冉冉</u>香。(杜甫《狂夫》)仇兆鳌注："娟娟，美好貌。冉冉，渐至貌。"

根据表 2-3 的统计，中古时期作状语的 AA 式叠音状态形容词比较少，仅有上述"翩翩然"和"愔愔"两例，唐以后则十分常见。

以下是作补语例：

驱马<u>悠悠</u>，言至于漕。(《诗经·鄘风·载驰》)毛传："悠悠，远貌。"

高山崔巍兮，水流<u>汤汤</u>。(《楚辞·七谏·初放》)王逸注："汤汤，流貌。"

"驱马悠悠""水流汤汤"等虽然被看作补语，但如果将"驱马""水流"等谓词结构看作主语的话，那么这些作补语的状态形容词也可以看作作谓语的，这些现象都说明状态形容词的谓词性比较强，作谓语是比较自由灵活的。

2.1.2.2.2.3 附加式状态形容词的语法分布

附加式指的是附加词头或词尾而组成的词，如"沛然、莞尔"等，这在上古时期是一个比较重要的状态形容词小类，能产性较高，主要语法分布是作状语和谓语，中古以后有逐渐向作状语转移的倾向，至现代汉语中有些则干脆变成了副词，如"忽然、默然"等。附加式在部分古代文献中的分布特征如表 2-4 所示。

表 2-4　附加式状态形容词的语法分布统计（单位：例）

文献	谓语	定语	状语	合计
《诗经》	37	19	8	64
东汉赋	5	1	14	20
魏晋赋	7	1	12	20
杜诗	26	6	58	90

据表 2-4 可见，附加式状态形容词的分布位置比较固定，只有谓语、定语和状语三种，表现出较强的谓词性。

由于《诗经》时期状态形容词词尾最为发达，故先看《诗经》的情况：《诗经》中常见的状态形容词词头有"有"，词尾有"然、焉、若"等，另有"其"既可作词头又可作词尾，下面分别讨论。

词头"有"：

《诗经》中加词头"有"而构成状态形容词的有 47 例，其中作谓语 27 例，作定语 19 例，作状语 1 例，举例如下。

作谓语：

彤管有炜，说怿女美。（《邶风·静女》）毛传："炜，赤貌。"

作定语：

有扁斯石，履之卑兮。（《小雅·白华》）毛传："扁扁，乘石貌。"

作状语：

有渰萋萋，兴雨祁祁（一作"祈"）；雨我公田，遂及我私。（《小雅·大田》）毛传："渰，云兴貌。"孔颖达疏："言太平之时，有渰然既起，萋萋然行者，雨之云也。"

词尾"然""焉"和"若"：

《诗经》中词尾"然"和"焉"各 1 例，均为状语，"若"有 3 例，均为谓语，举例如下。

好人提提，<u>宛然</u>左辟，佩其象揥。(《魏风·葛屦》)毛传："宛，辟貌。"

睠言顾之，<u>潸焉</u>出涕。(《小雅·大东》)毛传："潸，涕下貌。"

桑之未落，其叶<u>沃若</u>。(《卫风·氓》)毛传："沃若，犹沃沃然。"

词缀"其"：

《诗经》中的词缀"其"既可以作词头，又可以作词尾，它作词头构成的状态形容词有 7 例，均作谓语，作词尾构成的状态形容词有 5 例，均作状语，举例如下。

北风其凉，雨雪<u>其雱</u>。(《邶风·北风》)毛传："雱，盛貌。"

溱与洧，<u>浏其</u>清矣。(《郑风·溱洧》)毛传："浏，深貌。"

《诗经》时期的附加式状态形容词与后代有所不同，此时词头和词尾都比较丰富，且构成的词的语法分布也比较灵活，是附加式状态形容词最繁荣的时期。两汉时期的状态形容词词尾有"然、尔、若"等，六朝以后则几乎只剩下"然"了，举例如下。

作谓语：

或崾嶙而缳连，或<u>豁尔</u>而中绝。(《文选·张衡〈南都赋〉》)

嘉卉灌丛，<u>蔚若</u>邓林。(《文选·张衡〈西京赋〉》)薛综注："灌丛、蔚若，皆盛貌也。"

斯游恐不遂，把酒意<u>茫然</u>。(杜甫《重过何氏五首之五》)

"蔚若"现在看来还不像是一个词，"若"倒更像是比况动词，它作词尾的用例在《诗经》之后的文献中很少见到，这可能正好说明，它本质上不是一个典型的词尾，而是比况动词，《诗经》中作词尾只不过是它的临时用法。

作状语：

主人之辞未终，西都宾<u>矍然</u>失容。(《文选·班固〈东都赋〉》)李善注：《说文》曰：'矍，惊视貌也。'"

乃<u>莞尔</u>而笑曰："若客所谓，末学肤受，贵耳而贱目者也！"（《文选·张衡〈东京赋〉》）薛综注："莞尔，舒张面目之貌也。"

或所曾共游一涂，同宴一室，十年之外，<u>索然</u>已尽。（《文选·陆机〈叹逝赋〉》）李善注："索，尽貌。"

<u>怡然</u>敬父执，问我来何方。（杜甫《赠卫八处士》）

作状语是"然"尾附加式的主要语法功能，并且还有逐渐向状语集中的倾向。到现代汉语中，则几乎都作状语，许多词甚至干脆变成了副词，如"蓦然、索然"等。

作定语：

武有大启土宇，纪禅<u>肃然</u>之功。（《文选·张衡〈东京赋〉》）
释域中之常恋，畅<u>超然</u>之高情。（《文选·孙绰〈游天台山赋〉》）
<u>眇然</u>贞观初，难与数子偕。（杜甫《夏日叹》）

作定语自始至终都不是附加式状态形容词的主要语法分布，这与这个小类逐渐向副词转化的规律是相一致的。

综上可知，中古以前汉语中状态形容词的主要语法分布是作谓语，这是它在分布功能上最典型的特征；在四个小类成员中，AB 式双音词和 AA 式叠音词是其最典型的成员，它们显示出最强的状态形容词性；附加式是最不典型的成员，它有逐渐向副词转化的倾向。

2.1.3 形态特征

汉语虽然是一种缺乏形态标志的语言，但并不是说汉语就完全没有形态标志，比如重叠、附加词头或词尾等都可以算是形态特征。清儒以来传统的研究中，多将能够重叠、联绵、附加词头和词尾的语言结构称作形容词。据郑奠、麦梅翘（1964:151）所引，王筠、阮元、马瑞辰、王引之等学者均持类似看法。

2.1.3.1 重叠

在现代汉语中，名词、动词、形容词、数量词等都可以重叠，但是在古代汉语中，尤其是中古以前的汉语中，能够重叠的绝大多数都是状态形容词。根据向熹（1987）的统计，《诗经》中共有 AA 式重言词 359 个，其中有 352 个属于形容词①，我们对《诗经》之后一些文献的统计结果也与此类似，详见表 2-5（表中数据为出现的次数）。

表 2-5　叠音词的词性（单位：例）

文献	AA 式总次数	属于状态形容词的 AA 式
《楚辞》	364	363
班固赋	37	34
魏晋赋	88	83

由表 2-5 可知，中古以前的 AA 式叠音词基本上都是状态形容词，这一点基本已成共识。那么这些 AA 式重叠之前的单字 A 在相近的时期内有多少可以作单音节形容词使用呢？再看表 2-6（表中数据为词的个数）。

表 2-6　叠音词的构成特征（单位：个）

文献	AA 式总个数	A 可作形容词单用	A 只能叠用
《离骚》《九歌》	37	28	1
班固赋	33	13	4
左思赋	67	42	5

由表 2-6 可知，大部分 AA 式叠音词重叠之前都可以作单音节形容词使用，且 A 与 AA 意思大致相同或相近，如：

（1a）路曼曼其修远兮，吾将上下而求索。（《楚辞·离骚》）

（1b）乱曰：曼余目以流观兮，冀壹反之何时。（《楚辞·九章·哀郢》）王逸注："曼，犹曼曼，远貌。"

（2a）直冲涛而上濑，常沛沛以悠悠。（《文选·左思〈吴都赋〉》）刘渊林注："沛沛，行貌。"

（2b）美要眇兮宜修，沛吾乘兮桂舟。（《楚辞·九歌·湘君》）王逸注："沛，行貌。"

_____

① 向熹：《诗经语言研究》，四川人民出版社，1987，第 209 页。

（3a）天子乃以三揖之礼礼之。*穆穆*焉，皇皇焉，济济焉，将将焉，信天下之壮观也。（《文选·张衡〈东京赋〉》）

（3b）御房*穆*以华丽，连阁焕其相徽。（《文选·张衡〈南都赋〉》）

（4a）*蔼蔼*翠幄，嫺嫺素女。（《文选·左思〈吴都赋〉》）李善注：“蔼蔼，盛貌。”

（4b）梗枏幽*蔼*于谷底，松柏蓊郁于山峰。（《文选·左思〈蜀都赋〉》）

以上 4 组中，每组的 a、b 两句分别是叠音词和单音词，它们的意思大致相同，这样的情况占有不小的比例，因此可以当作一个检验单音节状态形容词的辅助标准。

2.1.3.2 联绵

联绵词一般具有语音上的特征，如双声、叠韵等，可以称之为部分重叠词，因此，这在古汉语中也可以算是一种形态特征；除此之外，联绵词的结构和意义具有整体性，即构成联绵词的两个音节不能随意分割，两个音节构成的是一个意义的整体，这又包括两个方面的意思：其一是 A 和 B 两个音节完全不能拆开单用，其二是 A、B 两个音节可以单用，但是单用之后的意思与 AB 这个词的整体不同。从词性上来说，联绵词绝大部分都是属于状态形容词，如：

泓澄*奫潫*，涓溶沆瀁，莫测其深，莫究其广。（《文选·左思〈吴都赋〉》）李善注：“奫潫，回复之貌。奫，于旻切。潫，于权切。”

其为广也，其为怪也，宜其为大也。尔其为状也，则乃浟湙潋滟，浮天无岸。*冲瀜沆瀁*，渺弥漫漫。（《文选·木华〈海赋〉》）李善注：“冲瀜沆瀁，深广之貌。”

澄澹*汪洸*，瀇滉困泫。（《文选·郭璞〈江赋〉》）李善注：“皆水深广之貌。《说文》曰：‘汪，广也’，乌黄切。洸，乌宏切。”[余按：李善注“洸，乌宏切”估计是唐代的实际语音，但《广韵》中有“古黄”“乌光”二切，而这个“乌光切”就等同于李善对“汪”的注音“乌黄切”，因此我们认为“汪洸”一词当为影母唐部平声字，属双声兼叠韵联绵词。]

以上四个联绵词"斋濊、沖瀜、沉瀗、汪洸"都是联绵词，也都是状态形容词。联绵词本身就具有音义的整体性特征，从词性上来说，绝大部分联绵词也都是状态形容词，在本书中我们亦称为"联绵式状态形容词"，这也算是一种形态特征，可以作为判定状态形容词的一个辅助手段。

2.1.3.3 附加词头、词尾

古汉语中，有一些专用的词头和词尾可以用来构成附加式状态形容词，这一点是古汉语研究者的共识。《诗经》中词头和词尾都极为丰富，其中用来构成状态形容词的词头主要有"其"和"有"，其中"其"还可以放在形容词之后作为词尾；词尾主要有"然、如、尔、若"等，两汉时期这些词尾还在一些文献中使用，尤其是"然"，直到现代也还存在。单音词（也可以是某些复音词）加上这些词尾之后就变成附加式状态形容词。那么，我们能否反过来说，凡是能加这些词头、词尾的形容词就都是状态形容词呢？如果肯定的回答恐怕过于绝对,但是，如果同一个词在已确认其词义的基础上还可以带如上所述词头、词尾中的两个或两个以上，或者还可以重叠，并且各种变化前后的意义均相近或相关，则此单音词就有极大的可能是单音节状态形容词了，如：

（1a）兰苣发色，晔晔猗猗。（《文选·班固〈西都赋〉》）李善注引《说文》："晔，草木白华貌。"

（1b）奄忽灭没，晔然复扬。（《文选·马融〈长笛赋〉》）李善注："晔，盛貌。"

（2a）自我天覆，云之油油。（《文选·司马相如〈封禅文〉》）李善注："《汉书音义》曰：'油油，云行貌。'《孟子》曰：'天油然作云。'"

（2b）天油然作云，沛然下雨，则苗浡然兴之矣。（《孟子·梁惠王上》）

以上每组例句中的a、b两句分别是重叠和附加词尾的，但意义相同，古汉语中这样的词大量存在，而这正是判断古汉语状态形容词的一个极为有利的条件。

综上可见，重叠形式和附加形式是古汉语状态形容词的典型形态特征，一大批词还可以在意义相同的基础上，自由地选择单音、重叠或附加的形态外貌。

上述词义特征、语法功能和形态特征三个方面既是古汉语状态形容词的典型特征，也可以作为判定古汉语状态形容词的依据，越是与这三方面特征相符合的词语就越是典型的状态形容词。联系这三个方面的典型特征，我们可以归纳出古汉语状态形容词的判定方法：

（1）词汇意义上，它刻画事物或动作的状态，是对生动性和形象性的体现，经常可以用"……貌"或"……然"来解释，这是判定的基础；

（2）语法功能上，它们主要作描写句的谓语，并且做描写句的谓语时比较自由，既可以单独使用，也可以与其他成分联合使用，一般不能受程度副词和时间副词的修饰，不能受"不、弗、勿"等否定副词的修饰，这是判定的主要标准；

（3）形态上，能重叠和能带词头或词尾是其最典型的特征，很多还能在单音、重叠和带词头或词尾这三个方面之间转换，这是判定的辅助手段。

在判定的过程中，三个方面是互相联系的，其中词义特征是基础，在此基础上讨论功能和形态才有意义；语法功能是主要标准，形态特征则起着非常重要的补充作用。不同类型的状态形容词的特点不完全一样，因此在具体操作上，有一些更容易判断出来，如 AA 式叠音词，因为重叠是一个很显著的形态特点；又如 AB 式双音词，其中最主要的是联绵词，在坚持以词义特征为依据的前提下，其两个音节的不可分割性也是一个重要的组合特点。

2.2 中古汉语状态形容词的分类

　　较早对汉语状态形容词进行进一步分类的是朱德熙先生，他首先在《现代汉语形容词研究》（1956）中把汉语形容词分为简单形式和复杂形式两类，其中复杂形式包括重叠式、带后加成分的形容词、如同"煞白、冰凉、通红、鲜红、喷香"等一类的双音词、以形容词为中心构成的短语四种形式；后来在《语法讲义》（1982）中朱先生又进一步将这些复杂形式的形容词明确为状态形容词。朱先生的研究成果为现代汉语状态形容词的分类研究打下了良好的基础，其后的学者也大致是在此基础上对现代汉语状态形容词进行分类的，如王启龙（2003）将现代汉语形容词首先分为一般形容词和特殊形容词，然后又将前者分为单纯形容词和复杂形容词两大类，单纯形容词能受"很"修饰，复杂形容词不能受"很"修饰，复杂形容词又包括 A 类（词根+词缀）、B 类（如"碧绿"等）、C 类（叠音词）三类，这也就是朱德熙先生所说的状态形容词。古代汉语状态形容词与现代汉语既有相似点，也有不同之处，所以学者们对于古代汉语状态形容词的分类也与现代汉语有些不同，虽然也多是从结构类型出发，但往往是采用列举的方式，如杨建国（1979）认为先秦汉语的状态形容词包括单音节、AA 式、AB 式、AABB 式四种；到了近代汉语中，状态形容词的结构类型又增加了不少，如于红岩（2004b）认为《元曲选》中状态形容词有 10 种：AB 式、AA 式、ABB 式、ABC 式、ABA 式、AAB 式、AABB 式、ABCD 式、ABBC 式、ABCC 式。

　　无论是古代汉语，还是现代汉语，状态形容词都有不同的类型，如何分类，词的特点是一方面，同时与研究的视角也有关联，例如，从音节数量来看，可以分为单音节、双音节和多音节状态形容词；从结构方式来看，又可以分为重叠式、附加式等类型。为了研究的方便，我们从结构方式的角度来对中古汉语的状态形容词进行分类，由于单音词不存在结构上的特征，所以单音节的状态形容词单独归为一类，其余的类型是在复音词的基础上分出的，如此一来，中古汉语状态形容词可以分为以下六小类。

2.2.1 单音节状态形容词

单音节状态形容词是古代汉语的一个特有类型，在上古时期尤其是《诗经》和《楚辞》中比较常见，现代汉语中几乎已经绝迹，历来的学者也都认为现代汉语的状态形容词都是复杂形式，自然也就不会有单音词了。中古是一个承上启下的时期，由于受上古汉语的影响，中古时期也存在一部分单音节状态形容词，主要见于诗、赋等韵文中，散文中则几乎未见。经统计，东汉至魏晋南北朝诗、赋、散文[①]中共出现单音节状态形容词 351 次，去掉重复出现的次数，单音节状态形容词共有 171 个，如（词后的数字是该词在所统计的所有文献中一共出现的次数，词后未标数字者表示该词出现 1 次，下同）：

砲、霭6、暖10、晻、般（通斑）、斑2、澐、彪、滮、缤、炳8、勃、粲7、苍、辉、瞠、矗、揣、漼2、黕、髧2、澹2、甐、荡、默、對2、霸、俄、翻、翩、霏、斐、纷36、崩、馥、汩2、洄、灌、徽、翰、浩、皓、颢、熇、赫7、耾、忽、华、皖、夬4、焕5、谹、寂、皎2、曒、揭、嵘、溁、矜、憬、泂、鞠、崛、蹶、婧、块、頍、溃、烂11、磊、儡、泪、麗、厉3、戾、漻、冽2、瞵、溜、沦、漫2、莽2、冰、汨3、绵、缅4、眇2、淼2、藐6、邈、明、滂3、沛、潢、翩3、漂、洎、萋4、械2、骞、萹、悄、蹻、愀、翘、青、嵃、辋、茸2、溶、葳3、芮、飔、森3、翣、搷、潤、倏、儵、踏、晬、佻、暾、婉2、惘、逶、飋、蔚6、潤、蓊、兀、熙、曦2、纚、妠4、闲、歊、欿、欻、轩2、嫚、绚、熏、嵾、焱、烻、薆、杏2、晔5、眙、屹、煜、翼、莺、悠3、黝2、纤、郁31、鸿、鹈、飅、蝹、崭、湛3、涨3、昭2、

蒸 2、灼 3、擢、崪 2、蕞

2.2.2 AB 式状态形容词

所谓 AB 式状态形容词就是指由两个不同音节组成的双音节状态形容词，从结构上来说，又可以分为三个小类，本书记为 AB1、AB2 和 AB3 类。

AB1 类指的是通常所说的联绵词，只不过这些联绵词同时又属于状态形容词，我们称之为联绵式状态形容词，例如"参差、婀娜、缤纷、崔嵬、葳蕤"等。古汉语中联绵词有很大一部分是形容词，据林飞（2007）的统计，《全汉赋》中共有联绵词 1184 个，大大超过《诗经》和《楚辞》中的数量。从词性方面看，林文认为，《全汉赋》中的形容词性（含副词性）联绵词 898 个，占总数的 75.8%，而根据本书的界定标准，汉赋中这些属于形容词的联绵词几乎都是状态形容词。AB1 类词的特点是该词的两个音节具有不可分割性，这又包括两方面的意思：一是 A、B 两个音节完全不能拆开单用，二是 A、B 两个音节可以单用，但是单用之后的意思与 AB 这个词的整体不同。本书所统计的中古时期文献中 AB1 类状态形容词有 835 个，总共出现 1524 次，如：

阿那 5、阿郍、蔓逮、蔓蔚、暧暷、暧昧、碍䃐、碍飍、磜磜、桉衍、庵蔼 3、闇跳、晻蔼、晻暧 2、晻暳、案衍、暗蔼 2、暗暧、拔扈、拔刺、般桓、斑驳 2、颁斌、辩华、半汉、苯蓴、莑茸、骒驎、蔽芾、颙瞂 2、便娟 4、便妍、彪炳、彪休、猋駥、蹦蹥 2、缤纷 12、勃窣、淳溮、驳乐、布濩 4、参差 28、参谭、粲烂 2、灿烂 3、仓卒 8、嘈啐、嘈嘈、恻减、岑嵓、岑崟 4、嶒峣、蹭蹬、权枒、蝉蜎、蝉媛 2、潺湲 6、蝉联、蝉绵、蝉蜎 4、蝉媛、巉岭、瀺灂 3、缠绵 7、澶湉、澶湲、阐缓、徜徉、憪悯、敞罔、诊婧、嘲听 2、趻踔、差池、差驰、瞋菌、蹉跎 3、澄澹、踟蹰 8、踟蹰、踟跦、彳亍、充屈、沖瀜、惆怅 6、绸缪 11、踌躇 6、踌蹊、滀漯、绰约、从容 9、葱茏、丛颖、跐踏 2、踧沑、

踧趹、蹴蹀、崔巍 2、崔嵬 10、崔崒、摧藏、碴嵬、錯错、璀粲、
璀璨 2、磋峨、磋礰、蹉跎 4、嵯峨 11、嵯蔒、嵳峨、嵳峩 2、错
缪、匓匉、魑魋、魑䨻、霮䨺 3、澶漫、荡瀁、忝搴、的皪 4、
的砾、滴沥、涤荡、坲霓、雕啄、迭邆、峷岨、蹀躞、湏汀、澅
湤、婀娜 2、岋峒、烦宛、蕃庑 2、翻纤、泛滥 2、泛淫、泛艳、
方骧、仿像、彷徨 7、髣髴 5、斐披、斐尾、斐韡、斐蕣、沸卉、
沸渭、芬芳 2、玢璘、纷泊、纷敷 3、纷沦、纷纶 4、纷文、纷纭
17、纷缊、蚡缊、氛氲、奋置、丰容、丰融、鄪琅、冯隆、佛郁、
扶疎 2、扶疏 9、扶踈、峬蔚、怫郁 3、佛悦、怫愲 2、莆郁、踾
踧、獢攦、汩活、汩越、固护、灌丛、广潒、瑰玮、诡戾、谷嶅、
颐淡、沆瀁 4、浩汗 2、浩汛、皓溔、滈汗、呵嗽、合沓 2、赫戏
3、瀶瀙、磤隐、泓泫、顄溶 2、惚恍、溜泱、夬衍、浹衍 2、荒
忽、慌罔、恍惚 5、晃朗、滉瀁 2、恢复、㐱䩈、挥霍、辉煌 2、
浍峗、混幷、混沦、豁达、霍濩、灌濩、激曜、炭崀、炭岺、炭
裦、褰炭、戠香、眽睆、漅潗 2、寂历、寂寥 4、寂寞 5、寂漠 3、
浃渫、寒产、寒泸、寒愕 2、寒连 2、巉嶻、僬眇、嶕峣 3、嶕峣、
胶葛、瀿瀇、轇轕 2、绞橤、叫嘐 2、揭蘖、孑蚬、嵽嵲、捷猎 2、
截薛、截巀 2、礜岑、浸潭、径廷、迥眺、洞潒、樛流 2、局促、
桔桀、局踏、崛岲、潏湟、菌蠢、恺悌、垲壒、慷慨 5、苛缛、
嶱碣、铿瞑、崆巆、屺诡、狂攘、嶕朗、旷荡 3、旷瀁、旷瀁、
岿截、屺嵋、暌罘、暌睢、骙瞿、躨跜 2、傀俄、魁碨、溃濩、
焜黄、焜煌 2、拉搚 2、豜䝮、澜汗、澜漫、烂漫 5、烂熳、狼狈
4、狼抗、狼戾、跟蹡、浪孟、牢落 6、浑浪、乐托、礌硙、磊砢
4、磊落 6、碟硌、碟块、垒砢、嶉嵋、垒崓、累跪、劳栎、离娄
2、离搂、离袯、离纚、纚连 2、逦倚、逦迤、历落、丽靡、连娟、
连卷 2、连绵、连翩 7、连拳、连轩、涟洒、联娟、联翩 4、踵塞、
潋滟、跟蹸、聊浪、聊虑、寥寂、寥廓 12、寥朗 2、寥唳、寥落
2、飂戾、缪亮 2、嫽妙 2、嵺嶕、嵺刺、辽阔、辽落、缭绕 2、
蓼扰、林岑、淋浪、淋渗、琳琅、嶙囷、嶙峋、磷乱、璘班、璘
齿、辚囷、鳞沦、綝纚、伶俜、玲珑 5、凌厉、陵迟、崚嶒、流

离4、流涟、蟉虬、浏溧、浏亮、浏睆、飗泪、飗戾、泷漉、隆崇4、隆崛、隆颓、巃嵸4、搂纚、蔞崖、陆离7、陆梁2、硉矹、㔷流、趢趗、擽捋、崘菌、轮菌2、轮囷、砻礭、络幕、络绎、落漠、骆漠2、骆驿6、皱嘐、漫汗、漭沆、漫漭、漫衍、蔓延、蔓衍2、莽荡2、莽擭、漭沆、没滑、昧莫、庬鸿、蒙昧、蒙茏、蒙笼9、朦胧、靡迤2、汩湟、瞑暘、滵溢、羃历、绵联、绵蛮、绵蔓、绵幂、绵挛2、瞴眇、眇䁘、渺弥、濔瀰、茗柯、冥蒙、眳藐、岩龉、嗫哾、蹑蹀、槷刖、忸怩、徘徊49、盘桓9、盘跚3、盘纡、盘蜿、盘旴、盘纡、盘辟、盘礴、蟠蜿、滂浡、滂沲4、滂沸、滂沛8、滂沱2、旁薄、傍徨、彷徨、磅礚、磅硠、磅唐2、咆勃、咆烋、陪鳃、裴回2、沛艾2、濆薄2、濆沦、濆瀑、葐蒀、砰磕、淜沛、漨浡、蓬勃、蓬茸、澎濞、澎湃2、披离、䏘覛、擗摽、睥睨、潎洌、翩翻2、翩翾、鶣鷅、蹁跹2、骈坒、㛹娟、骈田2、缥缭、缥眇、飘窅2、飘眇、飘瞥、飘扬、飘飖12、瞟眇、僄狡、嚬蹙、淲澳、平衍、苹萦、軿訇、岥岮、婆娑8、婆陀、溥漠、沏迭、凄怆、栖迟、崎锜、崎岖3、崎巇、绮丽、绮靡、碛砾、葺袭、埔壏2、芊萰、千眠、阡眠、迁延4、慊縿、跄捍、跄踤、憔悴3、顉頠、巧老、愀怆、翘遥、嵚岑、嵚崎2、嵚巇、嵚崟5、礅硿、穹崇、穹隆2、蔰蔉、崷崒、岨峿、岖嵚2、岖崄、蜷嵟、权奇、礐硞、峿嶙、冉弱、姌袅2、瞵瞲、扰攘2、咗嗺、容裔2、容与13、融泄、靸霅、飒沓、飔擖、飔纚2、飔洒2、飔沓2、飒沓3、馺沓、骚杀、涩譶、森槮、森衰、襂纚、襳襹、唼喋、闪尸、尚阳、勺藻、澜瀹、倏忽6、潚潤、霍昱、倏爚、倐忽3、儵忽2、儵爚、氾艳、傱萃、肃杀、橚矗、橚爽、睢维、睢盱、涾瀌、骀荡、舑毯、潭沲、潭瀹、檀栾、淡漫、嵣㟐、倘佯、腾骧、倜傥5、俶傥、岧嵽、岧峣、岧嶤2、迢递8、苕递、迢峣、苕峣、条昶、条畅、停僮、曈昽、朣胧、氃氋、曈蒙、突兀、突扤、颓唐、退概、涒邻、妥帖、拓落、哇咬、窊隆、溛瀼、崴嵬、圙潾、晼晚、蜿蟺4、蜿蜒2、宛转6、婉娈4、婉转2、蝹蟺、汪洸、汪流、罔象、瀇滉、㟪蜒、威迟2、威蕤4、威委、威夷3、威纡、逶迟、逶迤10、隈一、溾灅、葳蕤5、巍峩、巍峨2、嵔巍、嵬峩2、嵬崫、嵬巢、嵬嶷、委虵4、炜烨、碨磊、碨抰、碨硜、蜲蛇3、煟煌、殟殁2、滃渤、龌龊、兀嵔、勿罔、翕忽、翕习4、溪刻、檄杀、徙倚9、狎猎2、狎躐、鲱鲽、闲奥、嗛呥、崄巇、相羊、庨窲、庨豁、消遥、逍摇、逍遥23、萧洒4、萧飒、萧瑟10、萧索4、萧条13、橚椮、皛溔、歊欻、颉颃2、躞蹀、赑屃、歔欷、盱阅、姁偷2、瞑历、漩澴、泫沄、眩曜、眩眃、绚练、泶漻、滈瀑、映睦、泧漷、眈恤、呀呷、泙渫、睚䁂、烟煴2、淹伊、妍雅、莚蔓、岊崿、奄忽4、奄欻、偃蹇7、掩郁、噞喁、俨雅、黡翳、嬿婉5、泱漭4、泱瀼、鞅掌、洋溢、坱圠3、夭矫4、夭绍、妖蛊、妖冶、摇漾、铫懂、峣屼、峣嶭、峣峥、峣峴、顤顟、䁏眇、窈褭、杳窱、杳筱、窈窕19、窔窱2、偠绍、要妙4、要绍2、耀粲、冶夷、伊郁、猗靡4、猗萎、夷靡2、怡怿3、狋鬌、迤靡、迤涎、迤扬、佁儗、屹崒、屹巑、抑隐、浥郁5、剀费、熠爚2、懿濞、荫翳、緸冤、氤氲、絪缊、泝沦、淫衍2、淫裔、夤缘、隐嶙、隐辚、荥濙、荧晔、萦盈、萦纡、嘤冥、雍容、悠阳、优游3、由衍、淑湙、犹豫、黝纠、黝儵2、蚴虬、纡余2、窳圔、聿皇、聿役、聿越、煜熠、鹹汩、遹皇、郁茀、郁律5、郁陶2、郁伊、灪碨、囦泫、滃濛、蝹蜦、杂沓3、杂沓6、攒仄、造次、崱岃、缯绫、齤齵、展转3、崭岩2、辗转、栈齴、湛淡、湛藻、章灼、昭晰、折盘、峥嵘10、支离2、踯躅13、澌汩、辀张、诪张、窋诧、卓跞、卓荦4、灼烁3、灼爚、擢本、擢崒、崰嶷、嵫厘、崫嵬、嶵嵬2、岝崿、岝嶺、岞崿

从语音结构上看，AB1类状态形容词的两个音节之间往往具有语音上的联系，比如双声、叠韵等，这在下文中将会做具体论述。

AB2类指的是A、B这两个音节可以拆开使用，并且拆开单用的时候，A或B中的一个或两个的意思与AB这个整体相同或相近，也就是说，AB2类是由A和B两个单音词组成的合成词，如“蓊郁、

蓊茸、幽霭、青葱"等。在本书所统计的中古时期文献中，AB2 类状态形容词有 96 个，一共出现 152 次，如：

> 班烂、彬蔚、炳焕、炳晬、苍茫、沉潆、葱青 4、葱翠 2、葱
> 仟、葱蒨 3、澹淡 5、澹泞、繁沸、繁茂 2、繁庑、芳菲 2、芳蕤、
> 菲薇、芬馥 3、芬葩 2、纷蔼、纷烋 2、纷泊、纷葩 4、丰茸、馥
> 郁、浩荡 3、皓皛、赫奕、焕炳 5、奂烂、焕烂 2、回缭、荟蔚、
> 霍绎、皎洁、暾絜、阆朗、纠纷、洌清、流眄、绵邈 3、缅邈 4、
> 眇邈、淼茫、冥蒙、冥邈、冥漠、葩华、沛裔、翩绵、铺荣、萋
> 蒨、峭蒨、青葱 2、霅晔、森蔼、料纷、屯蹇、屯邅 4、迍邅、炜
> 晔、韡晔 4、蓊蔼、蓊茸 2、蓊蔚、蓊郁 2、翕赩 2、葹赫、葹翕、
> 纤缛、萧森 2、遥裔、杳蔼、杳冥 4、窈蔼、窈冥 2、烨煜、夷漫、
> 翳荟、翳蔽、蓊荟、雍熙、幽蔼 2、幽峡、悠邈、纡回、纡郁 2、
> 郁穆、郁毓、煜熿、郁茂 4、郁盘 2、郁蓊 2、郁纡 2、照烂

除此之外，中古时期还有极少数的 AB3 类状态形容词，如"洁白、众多"之类，这类双音词是由 A、B 两个单音节性质形容词构成的，与 AB1 和 AB2 两类不同的是，AB3 类不是对生动性和形象性的凸显，而是对量的凸显，而 AB1 和 AB2 两类双音词表现的都是描述对象的生动性和形象性，是对生动性和形象性的凸显。AB3 类双音节状态形容词在中古仅是零散见到，到近代汉语中才开始逐渐增多，因此不是本书讨论的重点。

2.2.3 附加式状态形容词

所谓附加式状态形容词就是指由一个词根再附加上词头或词尾而组成的，在整个汉语史中，出现过的用以构成状态形容词的词头主要有"有、其"等几个，词尾主要有"然、如、尔、若"等，另外"其"也偶尔可以用作词尾。在《诗经》中词头和词尾都很发达，以上所列的这些基本上都有，这在上文中已经有所介绍，此处不再赘述。到中古以后，词头基本上就已经没有了，只在引用《诗经》时出现过"有"；词尾也大约只剩下了"然""尔""其"和"若"，另外还有一个比较少

见的"焉"。从形式上看，可以组成附加式状态形容词的词根绝大多数都是单音节的，因而加上词缀之后是一个双音节的附加式词，如"赫然、喟然、晔然、莞尔"等；但是也有少数词尾可以加在 AA 式叠音词上，如"皤皤然、欣欣如"等，能够这样用的词语往往也有对应的双音节形式，如"皤然、欣然"都是存在的，因此本书将"AA 然"的形式放在 AA 式叠音词中介绍，本节所说的附加式都是双音节的。经统计，中古时期的语料中附加式状态形容词有 169 个，总共出现 306 次，其中以"然"为词尾的有 121 个，出现 242 次；以"尔"为词尾的有 17 个，出现 23 次；以"其"为词尾的有 17 个，出现 25 次；以"若"为词尾的有 5 个，出现 7 次；以"焉"为词尾的有 5 个，出现 5 次；另外以"有"为词头的出现过 4 次。如：

X 然：

黯然 2、傲然、懊然、悖然、比然、勃然 2、淳然、粲然 2、苍然、恻然 2、鞞然、怅然 5、超然 5、綝然、怆然 2、淡然、惵然、愕然 3、翻然 3、樊然、斐然、浩然 3、皓然 2、赫然、嘿然 2、泓然、忽然 2、欢然 2、矆然、忦然、浑然、豁然、计然、皎然 2、矫然、阿然、窘然、居然 6、卷然 2、眷然、蹶然 4、夔然 3、慨然 13、硁然、块然 2、款然、旷然 3、肖然 2、喟然 10、烂然 3、朗然、辽然、凛然、懔然、泠然、茫然、懑然、蒙然、缅然 2、眇然 4、邈然、缪然、默然 5、穆然、赧然 4、苶然、沛然 2、霈然、飘然 2、魄然 2、凄然、凄然 2、潜然、缺然 2、瑞然、洒然、飒然、潸然 2、审然 6、哂然、实然 2、释然 4、肃然 6、索然 2、坦然、傥然、特然、惕然、恬然 2、徒然 2、颓然、宛然、罔然 2、惘然、巍然、隗然、忨然、兀然、希然、翕然 4、懊然、萧然 4、翛然、忻然、欣然 4、泫然 2、眩然、奄然、俨然、晏然 2、晔然、怡然 4、仡然、屹然、幽然、悠然 4、昭然 3、卓然 2、灼然 2、卒然 4、怃然

X 尔：

蠢尔、澹尔、的尔、顿尔、皓尔、豁尔、霍尔、寂尔、絜尔
2、率尔4、谡尔、闵尔、莞尔、馨尔2、轩尔、翼尔、卓尔2

X其：

纷其5、焕其、杰其、崛其、偏其、缅其、沛其、轩其、凄
其、森其、潇其、宛其、蔚其、俨其3、晔其3、慭其、郁其

X若：

霈若、焕若2、烂若、蔚若、沃若2

X焉：

勃焉、怅焉、忽焉、怒焉、悄焉

有X：

有杕、有渰、有弇、有睟

2.2.4 AA 式叠音状态形容词

不管是在现代汉语还是古代汉语中，AA 式叠音词都是状态形容
词的一个主要类型，自先秦开始这种形式的词语就大量存在。表面上
看，AA 式叠音词就是两个音节相同的双音词，但实际上，这种词的
结构是比较复杂的，从古至今的变化也最大。具体来说，AA 式叠音
词又可以分为三种类型，本书分别记作 AA1 类、AA2 类和 AA3 类。

AA1 类是叠音单纯词，即 AA 是一个整体，单音节 A 不能拆开使
用，或者 A 能够拆开单独使用，但是单用时的意义与 AA 这个整体不
同，这类词与联绵词的情况比较类似，传统语法学界称之为重言词，
如"冉冉、萋萋、楚楚"等。经统计，中古时期的语料中，AA1 类重
言词共有 159 个，共出现 310 次，如：

皑皑3、昂昂2、嗷嗷5、豹豹、彬彬2、采采3、参参2、草
草、泚泚、憧憧2、楚楚、眈眈3、耽耽2、荡荡2、咄咄4、峨
峨10、峩峩10、涐涐、裶裶、纥纥、浐浐、扈扈（同旷）2、桓

桓 4、锽锽、趡趡、回回、嘈嘈 2、哕哕、霍霍 2、懂懂、汲汲 3、
籍籍、哜哜、济济 12、戋戋、寒寒、渐渐、槛槛、将将 3、菁菁、
駉駉、赳赳、啾啾 3、居居、窋窋、琅琅、浪浪、累累、垒垒
2、棱棱（同棱棱）、棱棱、厘厘、离离 13、戾戾、历历、连连 2、
猎猎、淋淋、砅砅、磷磷 2、辚辚、鳞鳞、凛凛 4、懔懔 4、罗罗、
苺苺、脈脈、蒙蒙 2、檬檬（同蒙蒙）、眅眅、绳绳、莫莫 2、幕
幕、泥泥、柅柅、儗儗 2、袅袅 2、裹裹、披披、潎潎、栖栖 2、
祈祈、千千、仟仟（同芊芊）、干干 3、牄牄、骎骎 2、溱溱（同
蓁蓁）、蕲蕲、籧籧、冉冉 9、瀼瀼、戎戎、彤彤、容容、榮榮、
瑟瑟、梢梢、苕苕 7、施施、速速、薪薪、娑娑、裳裳、谈谈、
汤汤 10、慆慆、洮洮、輶輶、町町 3、涂涂、潵潵、往往 3、豐
豐 11、析析 3、狐狐、习习 5、颹颹、仙仙 2、跰跰、枭枭、萧萧、
泄泄 2、燮燮、星星、骍骍、泂泂、轩轩 2、熏熏、峃峃、严严、
鳢鳢、厌厌、泱泱 2、摇摇、咬咬 2、狺狺、齴齴、乙乙、抑抑、
裔裔 2、袬袬（同裔裔）、盈盈 2、营营 2、噌噌 2、䗡䗡（同噌噌）、
呦呦、于于 2、岳岳、昀昀、璪璪 2、札札、蓁蓁 3、榛榛 2、臻
臻 2、振振 2、逐逐、孜孜、镞镞、纂纂 2

AA2 类是叠音合成词，即单音的 A 可以单用，并且单用时与 AA
整体的意思相同或相近，中古以前的 AA 式叠音词中，它是最主要的
一种类型，如"绵绵、悠悠、苍苍、霭霭"等。经统计，中古时期的
语料中 AA2 类叠音词有 235 个，共出现 768 次，如：

砲砲、蔼蔼 13、暖暖 4、晻晻 3、黯黯、勃勃、惨惨、粲粲 7、
苍苍 8、嘈嘈、懆懆、恻恻 3、察察 2、沉沉、沈沈（同沉沉）3、
侈侈、斥斥、崇崇 2、蠢蠢、匆匆、促促、蹲蹲、淡淡、澹澹、
荡荡 16、滴滴然、娥娥、幡幡、翻翻、飜飜、泛泛、泛泛 3、泛
泛、菲菲 3、霏霏 6、斐斐、芬芬 2、纷纷 4、馥馥 2、耿耿 5、活
活、浩浩 7、颢颢、皝皝、赫赫 6、忽忽 2、皇皇 3、喤喤、遑遑、
煌煌 7、恍恍、恢恢 3、辉辉 2、徽徽、浑浑、混混 2、炭炭 4、
辑辑、寂寂 6、皎皎 15、璬璬 4、噭噭 3、揭揭、藉藉、谨谨、冏

冏、炯炯 2、娟娟、涓涓 3、眷眷 6、礚礚、骙骙、愦愦 3、滥滥、烂烂 2、朗朗 2、阆阆、磊磊 2、累累、栗栗、潓潓、寥寥 4、了了 2、列列 2、洌洌、烈烈 6、泠泠 7、铃铃、浏浏 2、飂飂、胧胧、碌碌 2、落落 7、脉脉 2、漫漫 12、芒芒 11、茫茫 4、蒙蒙、靡靡 10、绵绵 13、眇眇 6、淼淼 4、渺渺、藐藐、冥冥 8、眠眠、默默、嘿嘿（同默默）、穆穆 9、岩岩、蠛蠛 2、沛沛 3、蓬蓬、翩翩 16、翩翩然、影影、漂漂、飘飘 8、皤皤 2、皤皤然、恓恓（同凄凄）、凄凄 3、戚戚 7、凄凄 6、萋萋 12、戚戚 2、祁祁 8、谦谦、慊慊 2、嗛嗛、蒨蒨、跄跄、锵锵 3、悄悄 2、翘翘 2、茕茕 6、跧跧、穰穰、扰扰 4、飒飒、骚骚、森森 7、掫掫、诜诜、铄铄然、悚悚、肃肃 20、谡谡、堂堂 2、滔滔 6、迢迢 2、亭亭 13、停停（同亭亭）、彤彤、团团（露滴貌）、抟抟、蜿蜿、婉婉 2、汪汪、微微 2、巍巍 12、韡韡、熙熙 2、纤纤 5、倏倏、萧萧 11、晶晶、屑屑 3、欣欣、欣欣如、莘莘 2、喧喧、瞕瞕、泫泫、炫炫、炎炎、岩岩 7、衍衍、晏晏 2、洋洋 6、夭夭 3、遥遥 5、杳杳 6、鷺鷺、业业、晔晔、烨烨、依依 9、猗猗 6、怡怡 2、奕奕 6、弈弈 4、洇洇 7、洇洇然 2、翊翊、暚暚、翳翳 3、翼翼 11、殷殷、阴阴、愔愔 5、断断、隐隐 8、英英 2、嘤嘤 2、嚚嚚、荧荧、庸庸 8、雍雍 3、颙颙、悠悠 34、油油 4、黝黝、愉愉、虞虞、育育、郁郁 16、悁悁、爰爰、蕴蕴、湛湛 2、昭昭 6、昝昝、晰晰、积积、鼁鼁、烝烝（孝德之厚美）、蒸蒸、幢幢、惴惴 2、卓卓、灼灼 15、濯濯 2、惚惚、尊尊

AA3 类是单音节性质形容词的重叠形式，重叠前后词汇意义没有多少变化，只是重叠后增加了生动性、形象性或程度性。AA3 类叠音词在中古时期仍然处于萌芽阶段，数量还比较少见，如"青青、高高、明明、平平"等。经统计，中古时期的语料中 AA3 类叠音词有 16 个，共出现 48 次，如：

迟迟 7、粗粗、多多、高高 3、光光 2、洪洪、急急、明明 10、平平、浅浅、青青 10、区区、团团（圆形的）3、伟伟、温温 2、

小小 3

2.2.5 ABB 式叠音状态形容词

现代汉语中 ABB 式叠音词比较发达，如"绿油油、红彤彤、白皑皑"等；古代汉语中也有类似的结构，如"郁纷纷、漫浩浩"等。这些结构自《诗经》时代就有，但是仔细观察可以发现，"郁纷纷"之类的 ABB 式与"红彤彤"之类并不完全相同，古代的 ABB 式中 A 与 BB 之间都是并列关系，两者是可以拆开的，而现代的 ABB 式中，A 与 BB 之间多为补充关系，拆开之后意思发生变化或者干脆不能拆开。中古时期的 ABB 式主要也还是并列式，为了历时的传承性，本书还是将中古的并列式看作 ABB 式叠音词。经统计，中古语料中 ABB 式叠音词有 21 个，共出现 24 次，如：

> 曖仟仟、曖微微、黭沉沉、粲奕奕、纷漠漠 2、纷冉冉、纷翼翼、纷郁郁 2、纷彧彧、汨硍硍、赫旰旰、赫㷠㷠、乱纷纷、漫浩浩、莽茫茫、眇翩翩、翩绵绵、郁苍苍 2、郁胧胧、郁芒芒、郁萋萋

2.2.6 AABB 式叠音状态形容词

与 ABB 式类似的是，中古以前的汉语中，也几乎没有与现代汉语中一样的真正意义上的 AABB 式叠音词，而都是 AA 与 BB 两个叠音词并列而成的并列式，中古汉语语料中，这样的 AABB 式有 64 个，共出现 67 次，如：

> 蔼蔼浮浮、蔼蔼萋萋、奉奉萋萋、滮滮沵沵、飑飑纷纷、瀌瀌弈弈、采采粲粲、惨惨惕惕、掣掣泄泄、峨峨嵘嵘、锷锷列列、泛泛悠悠、馥馥芬芬、镐镐铄铄、汗汗洫洫、皓皓旰旰、潚潚沵沵、浩浩洋洋、赫赫震震、鞠鞠㜘㜘、轰轰阗阗、浤浤汨汨、霍霍霏霏、汲汲忙忙、魂魂魄魄、陇陇礚礚、落落穆穆、芒芒瞁瞁、靡靡猗猗、靡靡悁悁、湎湎纷纷、穆穆煌煌、孽孽洋洋、栖栖皇皇、锵锵济济、区区倦倦、瀼瀼湿湿、肃肃习习、汤汤汗汗、巍

巍荡荡、炜炜煌煌、喜喜济济、萧萧肃肃、泄泄淫淫、焱焱炎炎、洋洋习习 2、曜曜振振、晔晔猗猗、奕奕将将、翼翼济济、翼翼与与、隐隐辚辚、隐隐展展、隐隐震震、嘤嘤关关、雍雍喈喈、噰噰喈喈、悠悠忽忽、郁郁葱葱 3、战战惶惶、战战兢兢、战战栗栗、震震填填、震震爓爓

第3章 中古汉语状态形容词语法功能研究

3.1 单音节状态形容词的语法功能研究

从上文的界定可知，中古汉语单音节状态形容词最典型的语法功能是作谓语，只有极少数是作其他成分的。经统计，中古时期文献中单音节状态形容词共有 171 个，共出现 351 次，它们在每部文献中的出现次数及语法分布如表 3-1 所示。

表 3-1 中古汉语单音节状态形容词的分布特征（单位：例）

文献	谓语	定语	状语	主宾语	合计
《论衡》	10	0	0	0	10
《文选》所收诗赋	244	19	16	8	287
东汉赋	26	1	3	0	30
《世说新语》	7	0	0	0	7
《颜氏家训》	1	1	0	0	2
《齐民要术》	2	0	0	0	2
隋诗	13	0	0	0	13

从表 3-1 中可以看出，单音节状态形容词的分布状况有几个明显的特点：一是在文献的文体类型上，它们主要出现在《文选》所收诗赋和东汉赋中，说明韵文是它们出现的最主要的语境，散文中只是零星出现；二是在句法功能分布上，绝大部分作谓语，共有 303 例，占比高达 86%，其次是作定语和状语，分别只占 6%（21 例）和 5%（19例），另有作主语和宾语的，共 8 例，仅占 2%。

3.1.1 单音节状态形容词作谓语

中古时期单音节状态形容词作谓语的共有 303 例，约占其出现总数的 86%。中古散文中出现单音节状态形容词的共 20 例，全部作谓语，如：

荡荡乎民无能名焉！巍巍乎其有成功也！焕乎其有文章也！（《论衡·艺增》）

大人德扩其文炳。小人德炽其文斑。（《论衡·书解》）

《易》曰："大人虎变其文炳，君子豹变其文蔚。"（《论衡·佚文》）

使面黝而黑丑，垢重袭而覆部，占射之者，十而失九。（《论衡·自纪》）

明旦，桓宣武语人曰："昨夜听殷、王清言，甚佳，仁祖亦不寂寞，我亦时复造心；顾看两王掾，辄翣如生母狗馨。"（《世说新语·文学》）

孙兴公云："潘文烂若披锦，无处不善；陆文若排沙简金，往往见宝。"（《世说新语·文学》）

支作数千言，才藻新奇，花烂映发。（《世说新语·文学》）

今日视此虽近，邈若山河。（《世说新语·伤逝》）

袁因作诗调之曰："角枕粲文茵，锦衾烂长筵。"（《世说新语·排调》）

王曰："相王作辅自然湛若神君。公亦万夫之望，不然，仆射何得自没？"（《世说新语·容止》）

被褐而丧珠，失皮而露质，兀若枯木，泊若穷流，鹿独戎马之间，转死沟壑之际。（《颜氏家训·勉学》）

衣色锦布，或蔚或炳。（《齐民要术·卷七·造神曲并酒》）

以上 16 例都是单音节状态形容词独立作谓语，不需要其他的词语与之并列，其余 4 例都是两个单音词的连用，如：

夫以果之细，员圈易转，去口不远，至诚欲之，不能得也，况天去人高远，其气莽苍无端末乎！（《论衡·变动》）

广陵陈子回、颜方，今尚书郎班固、兰台令杨终、傅毅之徒，虽无篇章，赋颂记奏，文辞斐炳，赋象屈原、贾生，奏象唐林、谷永，并比以观好，其美一也。（《论衡·案书》）

以上4例分别是"莽、苍"连用、"斐、炳"连用，它们看起来很像是两个双音词，但是鉴于它们各自有单用例，都属于比较常用的单音词，因此还是当作由两个单音词组成的词组更为合适。

从以上散文中的20例单音节状态形容词来看，单音词单独使用的情况占绝大多数（80%），而两个以上单音词合用的情况只占少数，这或许是因为散文中单音节状态形容词的数量本来就少，所以一般也就不跟其他词联合使用了。

与散文中情况不同的是，韵文中单音节状态形容词通常是与其他结构联合作谓语，共有165例；单独使用的情况反而只是少数，只有118例。

单音节状态形容词与其他结构联合作谓语有以下四种常见形式。

一是直接与另一个单音词连用，如：

秋潦漱其下趾兮，冬雪揣封乎其枝。（《文选·马融〈长笛赋〉》）李善注："郑玄《毛诗笺》曰：'团，聚貌。''揣'与'团'古字通。"李周翰注："揣封犹拥附也。"费振刚等《全汉赋校注》："'揣'通'团'，积聚貌。"

虽轻迅与僄狡，犹愕眙而不能阶。（《文选·班固〈西都赋〉》）李善注："《字林》曰：眙，惊貌，勑吏切。"

又如：

《文选·长笛赋》"留视瞠眙，累称屡赞。"李善注："《字林》曰：'瞠，直视貌。'《苍颉篇》曰：'瞠，直下视貌'，丑庚切。《字林》曰：'眙，惊貌'，勑吏切。"

这些例中，看似"愕眙""瞠眙"均为一个词，实际上二者均可单用，亦可跟其他词组合使用，只是与其他词组合使用时并不稳固，组合的对象很不稳定，如《汉书·张良传》："良愕然，欲欧之。"颜师古注："愕，惊貌也。"《文选·鲁灵光殿赋》："观艺于鲁，觌斯而眙。"张载注："愕视曰眙。"故《西都赋》例亦被认为是两词并列使用，而不是一个双音词。

> 茂树荫<u>蔚</u>，芳草被堤。（《文选·班固〈西都赋〉》）李善注："《苍颉篇》曰：'蔚，草木盛貌。'"

此处"荫""蔚"连用。

> 凤<u>骞</u>䎙于甍标，咸遡风而欲翔。（《文选·张衡〈西京赋〉》）李善注："《楚辞》曰：'凤骞䎙而飞翔'。《说文》曰：'骞，飞貌也。'骞，许言切。"

此处"骞""䎙"连用。

> 其奥秘则蘙蔽暧昧，髣髴退概，若幽星之<u>纚</u>连也。（《文选·何晏〈景福殿赋〉》）李善注："纚，相连之貌，力氏切。"

此处"纚连"看似一个双音词，但是其结合并不固定，且结合后出现的次数很少，故仍认为这里是两个单音词连用。又如《文选·子虚赋》："纚乎淫淫，般乎裔裔。"郭璞注："司马彪曰：皆行貌也。"又如《文选·思玄赋》："前祝融使举麾兮，纚朱鸟以承旗。"这两例都是"纚"单独使用的证明，故可认为《景福殿赋》例是两词连用。

> 其康乐者闻之，则<u>欣</u>愉欢释，抃舞踊溢。（《文选·嵇康〈琴赋〉》）李善注引《说文》曰："欣，笑貌也。"

以上这些句子都是单音节状态形容词与另一个单音词直接连用的例子，虽然有些例子看起来很像是一个双音词，但这些双音结构的结合并不稳定，结合的对象也不固定，且一般都有单用的例证，因此我认为这些用例都是单音节状态形容词与其他词的并列使用，而不是双音词。

二是直接与另一个双音词连用，如：

隐阴夏以中处，霳寥窫以峥嵘。(《文选·王延寿〈鲁灵光殿赋〉》)李善注："霳、寥窫、峥嵘，皆幽深之貌。"

鸿爌炾以燻闎，飂萧条而清泠。(《文选·王延寿〈鲁灵光殿赋〉》)李善注："飂、萧条，清凉之貌。"

缤连翩兮纷暗暧，儵眩眃兮反常间。(《文选·张衡〈思玄赋〉》)

纷屯邅与蹇连兮，何艰多而智寡。(《文选·班固〈幽通赋〉》)

何众文之冏朗，灼倏爚而发明。(《全汉赋·张纮〈瑰材枕赋〉》)龚克昌注："灼，灼灼，鲜明貌。"

郁纷纭以独茂兮，飞英蕤于昊苍。(《文选·嵇康〈琴赋〉》)

邈隆崇以极壮，崛巍巍而特秀。(《文选·嵇康〈琴赋〉》)

纷淋浪以流离，奂淫衍而优渥。(《文选·嵇康〈琴赋〉》)

俯仰纷阿那，顾步咸可欢。(《文选·陆机〈日出东南隅行〉》)

长风万里举，庆云郁嵯峨。(《文选·陆机〈前缓声歌〉》)

南山郁岑崟，洛川迅且急。(《文选·潘尼〈迎大驾〉》)

悲情触物感，沈思郁缠绵。(《文选·陆机〈赴洛道中作二首〉》其一)

芳衢澄夜景，法炬烂参差。(《隋诗·诸葛颖〈奉和通衢建灯应教诗〉》)

仰瞻太清阙。云楼郁嵯峨。(《隋诗·无名释〈太真夫人赠马明生诗二首〉》)

以上这些单音节状态形容词直接与双音词连用的情况有一个比较鲜明的特点，那就是单音词都是在双音词的前面，形成 a+bc 的形式，未见反例，这是由于音节的限制而造成的。因为诗赋等韵文中，只有在 a+bc 的音节组合中，a 才是独立的；如果是在 ab+c 的音节组合中，c 一般是与下文连在一起的，那样也就不符合单音词与双音词直接连用的规律了，如：

盘涽激而成窟，涓泅漇而为魁。(《文选·木华〈海赋〉》)李周翰注："涓泅、漇皆浪卒起皃。"

上例就是 ab+c 且 ab 和 c 都是状态形容词的例子，但是这里的 c（漇）不是连上而是连下的。所以，即使是在 ab+c 或类似 ab+c 的组合中，c 也是紧连下文的。

三是通过虚词与其他结构连接，常见的虚词有"以、而"等。

通过"以"连接的例子如：

建辰旒之太常，纷焱悠以容裔。(《文选·张衡〈东京赋〉》)薛综注："悠，从风貌。"

云师𩅦以交集兮，涑雨沛其洒涂。(《文选·张衡〈思玄赋〉》)旧注："𩅦，阴貌。"

振余袂而就车兮，修剑揭以低昂。(《文选·张衡〈思玄赋〉》)旧注："揭，卬貌。"

氛旒溶以天旋兮，蜺旌飘以飞扬。(《文选·张衡〈思玄赋〉》)李善注："《字林》曰：'溶，水盛貌'，今取盛意。"

中黄晔以发挥，方彩纷其繁会。(《文选·潘岳〈藉田赋〉》)

倒禽纷以迸落，机声振而未已。(《文选·潘岳〈射雉赋〉》)

庭树槭以洒落兮，劲风戾而吹帷。(《文选·潘岳〈秋兴赋〉》)李善注："槭，枝空之貌，所隔切。"

圣德滂以横被兮，黎庶恺以鼓舞。(《全汉赋·崔篆〈慰志赋〉》)龚克昌注："滂，大水涌流貌。"

夫何大川之浩浩兮，洪流淼以玄清。(《全汉赋·蔡邕〈汉津赋〉》)龚克昌注："淼，水广大无边貌。"

冬来秋未反，去家邈以绵。(《文选·陆机〈饮马长城窟行〉》)李善注："邈，远也。"

房栊无行迹，庭草萋以绿。(《文选·张协〈杂诗十首〉》其一)

玄黄犹能进，我思郁以纡。(《文选·曹植〈赠白马王彪〉》)李善注："《楚词》曰：'愿假簧以舒忧，志纡郁其难释。'王逸曰：'纡，屈也。郁，愁也。'"

黼帐祛而结组兮，铺首<u>炳</u>以焜煌。(《文选·傅毅〈舞赋〉》)

纤形赴远，<u>濯</u>以摧折。(《文选·傅毅〈舞赋〉》)李善注："言要之曲折，濯然以摧折，纤曲其形，以踊其身也。濯，折貌，七罪切。"

这些句子中的"以"是连词，其作用与意义大致相当于"而"，主要用来连接两个谓词性成分，所以与单音节状态形容词并列的成分可以是不同的谓词性成分，既可以是复音词，如"容裔、发挥、迸落"等，也可以是单音词，如"绵、绿、纤"等；并且该并列成分不限于状态形容词，还可以是性质形容词，如"绿"，也可以是动词，如"发挥、迸落、横被、交集"等。

通过"而"连接的例子如：

黄神<u>邈</u>而靡质兮，仪遗谶以臆对。(《文选·班固〈幽通赋〉》)李善注："邈，远也。言黄神邈远，无所质问，依其遗谶文，以胸臆为对也。"

皇家<u>赫</u>而天居兮，万方徂而星集。(《全汉赋·蔡邕〈述行赋〉》)

步寒林以凄恻，翫春<u>翘</u>而有思。(《文选·陆机〈叹逝赋〉》)李善注："翘，茂盛貌。《毛诗》曰：'翘翘错薪。'"

庭树<u>槭</u>以洒落兮，劲风<u>戾</u>而吹帷。(《文选·潘岳〈秋兴赋〉》)李善注："戾，劲疾之貌。"

灌莽<u>杳</u>而无际，丛薄纷其相依。(《文选·鲍照〈芜城赋〉》)

方天机之骏利，夫何<u>纷</u>而不理。(《文选·陆机〈文赋〉》)

盘涴激而成窟，溃洄<u>溿</u>而为魁。(《文选·木华〈海赋〉》)李周翰注："溃洄、溿皆浪卒起皃。"

"而"也是一个连接两个谓词性成分的连词，以上例句中与状态形容词并列的都不是状态形容词，而是动词或动词性结构，并且单音节状态形容词都在"而"的前面。

单音节状态形容词与其他词连用时还有一个常见形式是直接与叠音词连用，构成 ABB 的形式，如：

汩硍硍以璀璨，赫烨烨而爥坤。(《文选·王延寿〈鲁灵光殿赋〉》)李善注："汩，净貌。烨，光明貌。"

鞠巍巍其隐天，俯而观乎云霓。(《文选·张衡〈南都赋〉》)李善注："鞠，高貌也。"

这些例子中 A 与 BB 都是并列的关系，且都是状态形容词。本书将这样的 ABB 结构看作早期的 ABB 式叠音词，因此这样的形式将会在下文中再做详细的分析，此处从略。

韵文中的单音节状态形容词作谓语时，除了上述与其他成分连用的形式以外，还有 118 例单独使用，即谓语中心只有一个单音节状态形容词，而不是几个词的并列。单音节状态形容词独立作谓语也有几种常见形式，其中最常见的是用于"若、如、似"等比拟词之前，更能突出状态形容词的描写性特征。如：

焕若列宿，紫宫是环。(《文选·班固〈西都赋〉》)

珍物罗生，焕若昆嵛。(《文选·张衡〈西京赋〉》)

僵禽毙兽，烂若磒砾。(《文选·张衡〈西京赋〉》)

乃睹荔支之树，其形也，暧若朝云之兴，森如横天之彗，湛若大厦之容，郁如峻岳之势。(《全汉赋·王逸〈荔枝赋〉》)费振刚等注："暧，此指树冠成荫如浓云遮盖貌。森，树木丛生众盛貌。湛，树木重重貌。郁，茂盛貌。"龚克昌注："暧，遮蔽，昏暗貌。森，树木丛生繁密貌。湛，深远貌。郁，茂密貌。"

远而望之，粲若罗星出云垂；近而观之，晔若丹桂曜湘涯。(《全汉赋·朱穆〈郁金赋〉》)

丽女盛饰，晔如春华。(《全汉赋·蔡邕〈协和婚赋〉》)

崪若断岸，矗似长云。(《文选·鲍照〈芜城赋〉》)李善注："崪，高峻也。"

艳如宛虹，赫如奔螭。(《文选·何晏〈景福殿赋〉》)

汩若汤谷之扬涛，沛若蒙汜之涌波。(《文选·左思〈蜀都赋〉》)李周翰注："汩、沛，水壮盛皃。"

齰如惊凫之失侣，倐如六龙之所掣。(《文选·木华〈海赋〉》)

李善注："鹬，疾貌。"

　　霅如晨霞孤征，眇若云翼绝岭。(《文选·郭璞〈江赋〉》)李善注："霅，征貌。"

　　對若崇山崛起以崔嵬，髣若玄云舒蜕以高垂。(《文选·左思〈魏都赋〉》)李善注："對，高貌也……髣，垂貌也。"

　　其形也，翩若惊鸿，婉若游龙。(《文选·曹植〈洛神赋〉》)李善注："《神女赋》曰：'婉若游龙乘云翔'，翩翩然若鸿雁之惊，婉婉然如游龙之升。"

　　远而望之，皎若太阳升朝霞；迫而察之，灼若芙蕖出渌波。(《文选·曹植〈洛神赋〉》)

　　蜵若神龙之登降，灼若明月之流光。(《文选·何晏〈景福殿赋〉》)李善注："薛综《西京赋》注曰：'蜵，龙貌。'"

　　近则江汉炳灵，世载其英。蔚若相如，皭若君平。(《文选·左思〈蜀都赋〉》)李善注："《史记》曰：'屈原浮游于尘埃之外，皭然泥而不滓者也。'徐广曰：'皭，踈净之貌也。'"

　　徽如地裂，豁若天开。(《文选·郭璞〈江赋〉》)李善注："徽、豁，开貌。"

以上这些是单音节状态形容词单独作谓语时最为常见的形式，这里的"若"和"如"虽然看起来很像是《诗经》时期的词尾，但实际上是有差别的，真正的词尾是不能脱离词根的，如"桑之未落，其叶沃若"中的"沃若"，是一个整体，"若"完全没有比拟的意思，而上述这些例句中的"若"和"如"都还保留着较强的比拟意思，并且，这几个比拟词还经常成对使用，如上述王逸《荔枝赋》和郭璞《江赋》中都是"若、如"对用、鲍照《芜城赋》中"若、似"对用，成对使用的两个比拟词用途基本一致，也说明它们不是词尾，而是比拟词。

　　单音节状态形容词独立使用的第二种常见形式是其后带上"乎、兮、矣、彼"等虚词，如：

　　若乃积素未亏，白日朝鲜，烂兮若烛龙，衔耀照昆山。(《文选·谢惠连〈雪赋〉》)李周翰注："光色烂然。"

赫乎扈扈，萋兮猗猗。(《全汉赋·朱穆〈郁金赋〉》)费振刚等注:"赫,显耀。萋,茂盛貌。"龚克昌注:"赫,光亮鲜明貌。萋,茂密貌。"

粲乎煌煌，莫非华荣。(《全汉赋·蔡邕〈释悔〉》)

古往今来，邈矣悠哉！(《文选·潘岳〈西征赋〉》)

华莲烂于渌沼，青蕃蔚乎翠潋。(《文选·潘岳〈西征赋〉》)

郁兮茂茂，晔兮菲菲。(《文选·左思〈吴都赋〉》)刘渊林注:"《方言》曰:'凡草生而初达谓之茂。'"张铣注:"郁,多状也。凡草初生之谓茂。晔晔,盛皃。"

宝鼎见兮色纷缊，焕其炳兮被龙文。(《文选·班固〈东都赋〉》)

婉彼幽闲女，作嫔君子室。(《文选·颜延之〈秋胡诗〉》)李善注:"毛苌《诗传》曰:'婉然美貌。'"

缅彼行人，鲜克弗留。(《文选·王粲〈赠文叔良〉》)李善注:"贾逵《国语》注曰:'缅,思貌也。'"

以上例句中的"乎、兮、矣、彼"等虚词如果看作后缀似乎亦无不可，但它们的使用频率并不像《诗经》时期的"然、如、尔、若"那么常见，因此我们还是把它们算作一般的虚词，而不是词缀。

单音节状态形容词完全独立作谓语的情况比较少见，并且往往还需要与其他词对待使用，如:

通天訬以竦峙，径百常而茎擢。(《文选·张衡〈西京赋〉》)薛综注:"擢,独出貌也。"

遵四时以叹逝，瞻万物而思纷。(《文选·陆机〈文赋〉》)李善注:"遵,循也,循四时而叹其逝往之事,揽视万物盛衰而思虑纷纭也。"

悲哉暮秋别，春草复萋矣。(《隋诗·杨素〈赠薛播州诗〉》)

焕大块之流形，混万尽于一科。(《文选·郭璞〈江赋〉》)

碧空霜华净，朱庭皎日光。(《隋诗·杨广〈冬至乾阳殿受朝诗〉》)

龙池潒瀑瀆其隈，漏江伏流溃其阿。(《文选·左思〈蜀都赋〉》)

李周翰注:"濆、濆,皆疾流皃。"

异荂蘦蘦,夏晔冬蕡。(《文选·左思〈吴都赋〉》)张铣注:"晔,荣皃。蕡,盛皃。言草木夏荣冬不彫也。"

以上各例中,前 3 句中的"擢""纷"和"萋"是真正的单音节状态形容词独立使用,没有借助别的附加成分,这样的例子并不经常见到,其中"萋"的前面还接受了时间副词"复"的修饰,这在中古汉语中偶有见到,表明中古时期状态形容词并不完全排斥时间副词的修饰;第 4、5 两句由于韵文格律的需要,将作谓语的单音节状态形容词提到了其主语之前,形成了临时的倒装句式;最后两句中的单音节谓语分别对待使用,尤其是最后一句,"晔"和"蕡"对举明显。

总之,中古汉语单音节状态形容词在使用中有很多限制条件,即使是在其最常见的谓语位置上,也并非完全自由,经常要通过与其他词并列使用、用于比拟词前、与虚词连用或两词对举等句法手段来实现其谓语功能,从这一点上来说,单音节状态形容词不算是最典型的状态形容词。

3.1.2　单音节状态形容词作其他句法成分

虽然单音节状态形容词最典型的语法功能是作谓语,但中古汉语中单音节状态形容词在某些情况下也能充当定语、状语等其他句法成分,甚至还偶尔可以作主语和宾语。

中古汉语单音节状态形容词作定语的一共有 21 例,约占其出现总数的 6%。如:

蹙嶃岩,巨石隤。松栢仆,丛林摧。草木无余,禽兽殄夷。(《文选·班固〈西都赋〉》)李善注:"毛苌《诗传》曰:'嶃岩,高峻之貌也',七咸切。"

轶埃壒之混浊,鲜颢气之清英。(《文选·班固〈西都赋〉》)李善注:"《楚辞》曰:'天白颢颢。'《说文》曰:'颢,白貌',胡晷切。"[余按:"颢"在《西都赋》中作定语,但是在《楚辞》中重叠后作谓语。《说文》:"颢,白皃。从页,从景。《楚辞》曰:

'天白颢颢。'南山四颢，白首人也。"柳宗元《梦归赋》："圆方混而不形兮，颢醇白之霏霏。"此例之"颢"符合状态形容词的典型分布位置。《集韵·皓韵》："颢，或作皓、皞、暠、皞、皞。"可见此处的"颢"可能是假借词，其假借对象"皓"可以单用、重叠或构成附加式，因此这里的"颢"虽然是作定语，但也仍然认为它是状态形容词。]

屹山崪以纡郁，隆崛岉乎青云。(《文选·王延寿〈鲁灵光殿赋〉》)李善注："屹犹孽也，高大貌。"

峻岨塍圿长城，豁险吞若巨防。(《文选·左思〈蜀都赋〉》)刘渊林注："豁，深貌也。"

骛望分寰隧，眍目尽都甸。(《文选·颜延之〈杂体诗〉》)李善注："《仓颉篇》曰：'眍，旷视之貌也。'"

青青之竹形兆直，妙华长竿纷实翼。(《全汉赋·班固〈竹扇赋〉》)龚克昌注："纷，繁多貌。"

莺绮翼而赪拑，灼绣颈而衮背。(《文选·潘岳〈射雉赋〉》)徐爰注："莺，文章貌也。《诗》云：'有莺其羽，翼如绮文。'……灼，盛貌也。"段玉裁《说文解字注》："莺，鸟有文章貌。"

文献中虽再未见"灼"单用时作此意讲的用例，但其重叠或作为语素构成联绵词的情况则比较多，如阮籍《咏怀诗》："夭夭桃李花，灼灼有辉光。"又："灼灼西隤日，余光照我衣。"又《文选·陆云〈为顾彦先赠妇〉》："皎皎彼姝子，灼灼怀春粢。"吕向注："灼灼，盛貌。"又《文选·嵇康〈琴赋〉》："华容灼烁，发采扬明。"刘良注："灼烁，光色貌。"因此，"莺、灼"二词都应当看作状态形容词。

声林虚籁，沦池灭波。(《文选·谢庄〈月赋〉》)李善注："薛君《韩诗章句》曰：'从流而风曰沦。'沦，文貌。"又《诗经》："河水清且沦漪。"陆德明注："顺流而风曰沦。沦，文貌。"又《文选·郭璞〈江赋〉》："或泛滥于潮波，或混沦乎泥沙。"李善注："混沦，轮转之貌。"

可见"沦"有单用或合用之例，当属状态形容词。

　　貙貚于蒌草，弹言鸟于森木。（《文选·左思〈蜀都赋〉》）李善注："《汉书音义》曰：'蒌，盛貌。'"又《汉书·礼乐志》："丰草蒌，女罗施。"颜师古注："孟康曰，蒌音'四月秀蒌'之蒌，盛貌也。"

可见"蒌"有单用作谓语之例，当属状态形容词。

　　粲风飞而猋竖，郁云起乎翰林。（《文选·陆机〈文赋〉》）吕向注："文美如芳蕤之馥馥，似清条之森森，粲然如风飞飙立，郁然如云起。"

　　于赫王宰，方旦居叔。（《文选·颜延之〈应诏燕曲水作诗〉》）

　　明星晨未稀，轩盖已云至。（《文选·鲍照〈咏史〉》）李善注："《毛诗》曰：'明星有烂。'郑玄曰：'明，烂然也。'"［余按：中古以前的"明"与现在的语义不完全一样，中古以前当带有状态形容词性，其后逐渐变成了性质形容词。］

　　文昌郁云兴，迎风高中天。（《文选·曹植〈赠徐干〉》）

　　纷虹乱朝日，浊河秽清济。（《文选·谢朓〈始出尚书省〉》）

　　照灼烂霄汉，遥裔起长津。（《文选·谢灵运〈拟魏太子邺中集〉》）

　　愿垂湛露惠，信我皎日期。（《文选·张华〈杂体诗〉》）李善注："《毛诗》曰：'湛湛露斯，匪阳不晞。'"

　　后读城西门徐整碑云："洦流东指。"众皆不识。吾案《说文》，此字古魄字也，洦，浅水貌。（《颜氏家训·勉学》）

　　以上 21 例都是作定语的，其中只有最后一例在散文《颜氏家训》中，其余的都在诗、赋等韵文中。作定语本不符合中古汉语状态形容词的典型分布规律，然而凡事都有例外，以上这些词虽然处于定语的位置，但是这些词在相同或相近的时期内有的有作谓语的用例，有的可以作为语素构成附加式或重叠式，因此还是将它们看作单音节状态形容词，只不过没有处于典型的句法位置。

中古汉语单音节状态形容词作状语一共有 19 例，约占其出现总数的 5%，全部使用在诗赋等韵文中，如：

纷吾去此旧都兮，骓迟迟以历兹。(《文选·班彪〈北征赋〉》)李善注："杜预《左氏传》注曰：'纷，乱也，谓心绪乱也。'《楚辞》曰：'纷吾乘兮玄云。'"

双美并进，骈驰翼驱。(《文选·嵇康〈琴赋〉》)李善注："翼，疾貌。"

捆降丘以驰敌，虽形隐而草动。(《文选·潘岳〈射雉赋〉》)徐爰注："捆，疾貌也。言雉鸲于高丘之顶，捆然降下向敌，不见其形，而见草动也。捆，一本或作揃。捆，尸艳切。揃，而专切。"

暆出苗以入场，愈情骇而神悚。(《文选·潘岳〈射雉赋〉》)徐爰注："暆，渐出貌也。《楚辞》曰：'暆将出兮东方，向覩草动，冀雉当至，暆然而出，果其所愿，情神愈惊动。'"

惘辍驾而容与，哀武安以兴悼。(《文选·潘岳〈西征赋〉》)李善注："惘，犹罔罔，失志之貌也。"

翻动成雷，扰翰为林。(《文选·木华〈海赋〉》)李善注："翻，动貌……王弼《周易》注曰：'翰，高飞貌。'"

伊天地之运流，纷升降而相袭。(《文选·陆机〈叹逝赋〉》)

纷吾既迈此全节，又继之以盘桓。(《文选·潘岳〈西征赋〉》)

燕图穷而荆发，纷绝袖而自引。(《文选·潘岳〈西征赋〉》)

汩乘流以砰宕，翼飓风之飀飀。(《文选·左思〈吴都赋〉》)刘渊林注："汩：疾也。"

怀仁憬集，抱智麏至。(《文选·颜延之〈皇太子释奠会作诗〉》)李善注："《毛诗》曰：'憬彼淮夷。'毛苌曰：'憬，远行貌。'"

肇允契幽叟，翩飞指帝乡。(《文选·谢瞻〈张子房诗〉》)李善注："《毛诗》曰：'肇允彼桃虫，翻飞维鸟。'薛君《韩诗章句》曰：'翻，飞貌。'"

玄化滂流，荒服来王。(《文选·曹植〈责躬诗〉》)

玄泽滂流，仁风潜扇。(《文选·应贞〈晋武帝华林园集诗〉》)

李善注："曹子建《责躬诗》曰：'玄化滂流。'"

　　职事相填委，文墨<u>纷</u>消散。（《文选·刘桢〈杂诗〉》）

　　<u>悠</u>轻举以远遁兮，讬峻岭以幽处。（《全汉赋·崔篆〈慰志赋〉》）

龚克昌注："悠，随风飞起貌，饰轻举。"

　　<u>纷</u>云兴而气蒸，<u>斑</u>星罗而流精。（《全汉赋·张纮〈瑰材枕赋〉》）

龚克昌注："纷云，状云兴气蒸之貌。斑，通'斑'，状星罗而流精。"

　　现代汉语中，作状语是状态形容词的一个常见语法功能，因为状语通常是由谓词性成分来充当，用以表达谓语中心语的情状，而这正是状态形容词的主要职责，但中古时期的单音节状态形容词毕竟处于衰落阶段，其句法功能除了作谓语之外，其他的都很少见。

　　主语和宾语位置一般都是由体词性成分充当，状态形容词作主语和宾语属于特殊的用法。中古汉语单音节状态形容词作主语的有 1 例，作宾语的有 7 例，共约占其出现总数的 2%。如：

　　金墉郁其万雉，峻<u>嶻</u>峭以绳直。（《文选·潘岳〈西征赋〉》）

李善注："嶻，谓栈嶻，崄貌也。"

以上这一例是作主语的，但是该词在相同或相近的时期内有作谓语的用例，如《全汉赋·扬雄〈蜀都赋〉》："彭门嶋峨，岨嶻竭岢。"又《文选·郭璞〈江赋〉》："厓隒为之渻嶻，碕岭为之岩崿。"李善注："嶻，犹崄也。"这两例中的"嶻"都作谓语，所以我们认为《西征赋》中的"嶻"也是状态形容词，只是由于它处于主语的位置，意义上有一定程度的指称化。

　　以下各例是作宾语的：

　　林壑敛暝色，云霞收夕<u>霏</u>。（《文选·谢灵运〈石壁精舍还湖中作〉》）李善注："霏，云飞貌。"

此例中的"霏"虽然作宾语，但在相近的时期内，"霏"有重叠、单独作谓语等各种用法，语义都接近，故仍看作状态形容词。

如：

"度曲未终，云起雪飞。初若飘飘，后遂<u>霏霏</u>。"薛综注："飘飘、霏霏，雪下貌。"（《文选·张衡〈西京赋〉》）

又如：

"骆驿纵横，烟<u>霏</u>雨散，巧历所不知，心计莫能测。"李善注："骆驿纵横，不绝也。烟霏雨散，众多也。"（《文选·刘孝标〈广绝交论〉》）

初篁苞绿箨，新蒲含紫<u>茸</u>。（《文选·谢灵运〈于南山往北山经湖中瞻眺〉》）李善注："《苍颉篇》曰：'茸，草貌。'然此茸谓蒲华也。《江赋》曰：'擢紫茸茸。'"

"茸"在相近时期内有重叠或作谓语的用法，如《说文·艸部》："茸，艸茸茸皃。"又如《文选·左思〈吴都赋〉》："櫹蔰森萃，蓊茸萧瑟。"再如《文选·张衡〈西京赋〉》："苯蓴蓬茸，弥皋被冈。"

皎皎彼姝子，灼灼怀春<u>粲</u>。（《文选·陆云〈为顾彦先赠妇二首〉其二》）李善注："《毛诗》曰：'今夕何夕？见此粲者。'《国语》曰：'女三为粲。'贾逵曰：'粲，亦美貌。'"

幸籍芳音多，承风采余<u>绚</u>。（《文选·谢朓〈和伏武昌登孙权故城〉》）李善注："马融《论语》注曰：'绚，文貌也。'"

播芳<u>蕤</u>之馥馥，发青条之森森。（《文选·陆机〈文赋〉》）李善注："《说文》曰：'蕤，草木华垂貌。'"

左则中朝有<u>赩</u>，听政作寝。（《文选·左思〈魏都赋〉》）李善注："毛苌《诗传》曰：'赩，赤貌也。'"

蕙风如<u>熏</u>，甘露如醴。（《文选·左思〈魏都赋〉》）李善注："王肃曰：'熏，风至之貌也。'"

以上 7 例作宾语，这些单音词在相同或相近的时期内均有作谓语或重叠后以描述事物状态的用法，因此仍被认作是状态形容词。只不过因为它们处在宾语的位置上，因此所表述的状态都有一定程度的指称化，这是状态形容词的一种特殊用法。

　　总之，中古时期，单音节状态形容词最主要的语法功能是作谓语，其比例占总数的 86%，作状语、定语等只是其次要的语法功能；从组合特征上看，中古时期的单音节状态形容词未见有受程度词修饰的用例，偶尔有受时间词修饰的情况，如《隋诗·杨素〈赠薛播州诗〉》："悲哉暮秋别，春草复萋矣。"中的"萋"受时间词"复"的修饰，这样的情况在中古汉语多音节状态形容词中稍微常见一些。但是，整体看来，不管是从数量上看，还是从语法功能的典型性特征方面来看，中古时期的单音节状态形容词都不是状态形容词中的典型类型，其活跃程度远不能与《诗经》《楚辞》时期相比，此时它正处于加速衰落的进程中。

3.2 AB 式状态形容词的语法功能研究

3.2.1 AB1 类状态形容词的语法功能研究

　　AB 式双音节状态形容词是中古汉语中最重要的状态形容词小类之一，其中又以 AB1 类（即联绵式状态形容词）最为常见，语法功能也相对最为活跃。一般来说，联绵词有三个比较显著的特点：一是字形多变，构成联绵词的两个音节在文字写法上往往是不固定的，经常使用音同或音近的字来转写；二是其两个音节在语音上具有相关性，通常具有双声、叠韵等关系，这一点将在下文中详论，兹不赘述；三是其结构和意义的整体性，即构成联绵词的两个音节是一个意义上的整体，不能随意分割。在本研究调查的典籍中 AB1 类状态形容词一共有 835 个，总共出现 1524 次。表 3-2 是它们在中古时期各个文献中出现的次数及句法功能分布。

表 3-2　中古时期 AB1 类状态形容词的分布特征（单位：例）

文献	谓语	定语	状语	宾语	补语	合计
《论衡》	12	8	2	0	1	23
《文选》所收诗赋	978	40	98	8	6	1130
东汉赋	155	7	14	0	4	180
《世说新语》	44	0	16	2	1	63
《颜氏家训》	10	6	3	2	1	22
《齐民要术》	19	5	5	0	0	29
隋诗	47	7	21	1	1	77

3.2.1.1 AB1 类状态形容词作谓语

自上古以来，作谓语一直是状态形容词最主要的语法功能，这一点前贤已有论述，如杨建国（1979）认为："先秦汉语状态形容词语法功能的最大公约数是它们担当谓语的能力，其次是状语。"[1]郭锡良（2000）把上古时期的状态形容词分为重言式、双声叠韵式、单音、带词缀的复音词四类，并认为它们最主要的语法功能都是作谓语。[2]张国宪（2006c）也说："现代汉语形容词的基本句法功能是对古代汉语的直接继承。"[3]也就是作谓语。根据我们的研究，中古汉语中各类状态形容词最主要的语法功能也都是作谓语。

就联绵式状态形容词来说，作谓语的有 1265 例，占比高达 83%，远远高于其他语法分布所占的比例。联绵式状态形容词作谓语时也有不同的具体情况，既可以独立使用，也可以与其他词直接连用，还可以通过虚词"而、以"等与其他词连用。

联绵式状态形容词独立作谓语是指谓语中心语只有一个词，没有其他词与之并列，如：

> 文章滂沛，不遭有力之将援引荐举，亦将弃遗于衡门之下，固安得升陟圣主之庭，论说政事之务乎？（《论衡·效力》）
>
> 红罗颬纚，绮组缤纷。（《文选·班固〈西都赋〉》）李善注：

---

[1] 杨建国：《先秦汉语的状态形容词》，《中国语文》1979 年第 6 期，第 433 页。

[2] 郭锡良：《先秦汉语名词、动词、形容词的发展》，《中国语文》2000 年第 3 期，第 198 页。

[3] 张国宪：《现代汉语形容词功能与认知研究》，商务印书馆，2006，第 83 页。

"薛综《西京赋》注曰：'颸纚，长袖貌也。'《楚辞》曰：'佩缤纷
其繁饰。'王逸曰：'缤纷，盛貌也。'"

尔乃正殿崔嵬，层构厥高，临乎未央。(《文选·班固〈西都
赋〉》)李善注："崔嵬，高貌也。"

众鸟翩翩，羣兽骈駥。(《文选·张衡〈西京赋〉》)薛综注：
"皆鸟兽之形皃也。"

千乘雷起，万骑纷纭。(《文选·班固〈东都赋〉》)

游鳞瀺灂，菡萏敷披。(《文选·潘岳〈闲居赋〉》)李善注：
"瀺灂，出没貌。"

初便娟于墀庑，末縈盈于帷席。(《文选·谢惠连〈雪赋〉》)
李善注："便娟、縈盈，雪回委之貌。《楚辞》曰：'嫚娟修竹。'
王逸曰：'嫚娟，好貌。'"

绿柏参差，文翮鳞次。萧森繁茂，婉转轻利。(《文选·潘岳
〈射雉赋〉》)

羲和奉辔，弭节西征，翠盖葳蕤，鸾鸣玲珑。(《全汉赋·张
衡〈羽猎赋〉》)

侧径既窈窕，环洲亦玲珑。(《文选·谢灵运〈于南山往北山
经湖中瞻眺〉》)李善注："曹摅《赠石荆州诗》曰：'轗轲石行难，
窈窕山道深。'《甘泉赋》曰：'和氏玲珑。'晋灼曰：'明貌。'"

石浅水潺湲，日落山照曜。(《文选·谢灵运〈七里濑〉》)李
善注："《楚辞》曰：'观流水兮潺湲。'《杂字》曰：'潺湲，水流
貌也。'"

殷因月朔，与众在厅，视槐良久，叹曰："槐树婆娑，无复生
意！"(《世说新语·黜免》)

枝柯扶疏，世罕其比。(《世说新语·汰侈》)

裴政出服，问讯武帝，贬瘦枯槁，涕泗滂沱，武帝目送之曰：
"裴之礼不死也。"(《颜氏家训·风操》)

既图龙蛇之形，复写鸟兽之状，缘势嵚崎，其貌非一。(《齐
民要术·园篱》)

金楼旦巉嵯，玉树晓氛氲。(《隋诗·卢思道〈升天行〉》)

　　赋中联绵式状态形容词独立作谓语的情况并不太常见，以《文选》所收东汉赋为例，这些文献中作谓语的联绵式状态形容词共有 375 例，其中独立作谓语的只有 34 例，占比仅约 9%。这大概有两个原因，一是赋中状态形容词非常常见，所以连用的情况非常突出，独用的反而比较少；二是因为受赋的文体风格的限制，以四、六字为文及铺陈排叙等手法都会导致双音词的大量连用。但是散文和诗中的情况则有些不同，这两种文体中联绵式状态形容词独立作谓语的比例均比较高，例如《文选》收录的诗中作谓语的联绵式状态形容词有 110 例，其中独立作谓语的就有 60 例，《论衡》中独立作谓语的有 6 例，在这些文献中，联绵式状态形容词独立作谓语的比例都达到或超过了一半，这是因为这些文献中状态形容词的数量本来就比较少，所以连用的情况自然就不会经常出现。但总的来说，中古汉语联绵式状态形容词中独立作谓语的还是少数，因为它们更多地分布在赋中，通过各种方式与其他结构连用才是主流。

　　联绵式状态形容词作谓语时与其他的词直接连用的如：

　　　　其山则崆峣嶵嵑，嵣峥嶻剌。（《文选·张衡〈南都赋〉》）李善注："崆峣、嶵嵑，山石高峻之貌。《字书》曰：崆，山貌也。嵣峥，山石广大之貌也。"

　　　　駄娑骀荡，焘霠桔桀。枌诣承光，晲罳庨嵾。（《文选·张衡〈西京赋〉》）薛综注："焘霠、桔桀、晲罳、庨嵾，皆形皃。"

　　　　隆崛崔崒，隐辚郁律。（《文选·张衡〈西京赋〉》）薛综注："山形容也。"

　　　　翘遥迁延，蹢躃蹁跹。（《文选·张衡〈南都赋〉》）李善注："翘遥，轻举貌。迁延，却退貌。《上林赋》曰：'便珊蹩屑。'"

　　　　瞻彼灵光之为状也，则嵯峨嶵嵬，岢巍嶵嵊。（《文选·王延寿〈鲁灵光殿赋〉》）张载注："皆其形也。"李善注："皆高峻之貌。"

　　　　怫愲烦冤，纡余婆娑。（《文选·嵇康〈琴赋〉》）李善注："怫愲、烦冤，声蕴积不安貌。"

　　　　纷文斐尾，慊縿离纚。（《文选·嵇康〈琴赋〉》）李善注："纷文、斐尾，文彩貌。慊縿、离纚，羽毛貌。"

　　骈田犠攦，鲫鰈参差。(《文选·潘岳〈笙赋〉》)李善注："骈田，聚也。犠攦，不齐也。攦，音历。鲫鰈，装饰重迭貌。"

　　尔其山泽，则嵬嶷峣屼，嵺冥郁嵂。(《文选·左思〈吴都赋〉》)刘渊林注："嵬嶷，高大貌。嵺冥、郁嵂，山气暗昧之状。"

　　互岭巉岩，岞崿岖崄。(《文选·嵇康〈琴赋〉》)李善注："皆山石崖巇崄峻之势。"刘良注："并山峻而不齐貌。"

　　清和条昶，案衍陆离。(《文选·嵇康〈琴赋〉》)李善注："案衍，不平貌。《上林赋》曰：'阴淫案衍之音。'衍，弋战切。《广雅》曰：'陆离，参差也。'"

　　趹踔湛灦，沸溃渝溢。(《文选·木华〈海赋〉》)李善注："趹灦，波前却之貌。"

　　蝼蛇姌嫋，云转飘曶。(《全汉赋·傅毅〈舞赋〉》)费振刚等注："蝼蛇，即'逶迤'，回旋曲折貌。姌嫋，纤细柔弱貌。"

　　嶔崟郁律，萃于霞露，暧曃晻蔼，若鬼若神。(《全汉赋·班固〈终南山赋〉》)费振刚等注："嶔崟，山高貌。郁律，险曲貌。暧曃，描写云雾缭绕所形成的幽暗不明状。晻蔼，昏暗貌。"

　　周伯仁道桓茂伦："嵚崎历落，可笑人。"(《世说新语·容止》)

　　故圣人欲其鱼鳞凤翼，杂沓参差，不绝于世，岂不弘哉？(《颜氏家训·名实》)

　　其盘纡茀郁，奇文互起，萦布锦绣，万变不穷。(《齐民要术·园篱》)

　　大夏缅无觌，崇芒郁嵯峨。(《文选·潘岳〈河阳县作二首〉》其二)李善注："秦嘉诗曰：'岩石郁嵯峨。'"

　　悲情触物感，沈思郁缠绵。(《文选·陆机〈赴洛道中作二首〉》其一)

　　西山何其峻？曾曲郁崔嵬。(《文选·陆机〈拟东城一何高〉》)

　　俯仰纷阿那，顾步咸可欢。(《文选·陆机〈日出东南隅行〉》)李善注："张衡《七辩》曰：'蜲蜲之领，阿那宜顾。'"

　　荡子从来好留滞，况复关山远迢递。(《隋诗·贺若弼〈豫章

行〉》）

芳衢澄夜景，法炬烂参差。（《隋诗·诸葛颖〈奉和通衢建灯
应教诗〉》）

几个联绵式状态形容词直接连用作谓语是中古汉语双音节状态形容词
最常见的使用形式之一，比如在《文选》所收东汉赋中，联绵式状态
形容词直接连用作谓语的有 156 例，约占在该类文献中作谓语的联绵
式状态形容词总数的 42%。与联绵式状态形容词直接连用的基本上都
是双音结构，其中绝大部分仍是双音节的 AB 式状态形容词，共同组
成四字结构，上述例句大多如此；也有一部分是与其他单音词连用，
如上述最后 6 例，这样的例句基本上都出自《文选》收录的诗和隋诗
中，并且单音词多数是"郁"，都处于双音词之前。

联绵式状态形容词通过"而"或"以"与其他词或词组并列使用
作谓语的情况也比较常见，仅我们统计的《文选》所收东汉赋中，用
"而"和"以"与其他词（组）并列作谓语的就分别有 42 例和 60 例；《文
选》所收魏晋赋中，这种情况也不少见。

通过"而"与其他词（组）并列作谓语的如：

六玄虬之弈弈，齐腾骧而沛艾。（《文选·张衡〈东京赋〉》）
薛综注："沛艾，作姿容貌也。"

脩袖缭绕而满庭，罗袜蹑蹀而容与。（《文选·张衡〈南都赋〉》）
李善注："缭绕，袖长貌。蹑蹀，小步貌。"

私湛忧而深怀兮，思缤纷而不理。（《文选·张衡〈思玄赋〉》）
旧注："缤纷，乱貌。"

女娥坐而长歌，声清畅而蜲蛇。（《文选·张衡〈西京赋〉》）
薛综注："蜲蛇，声余诘曲也。"

上平衍而旷荡，下蒙笼而崎岖。（《文选·张衡〈南都赋〉》）
李善注："《广雅》曰：崎岖，倾侧也。"

建木灭景于千寻，琪树璀璨而垂珠。（《文选·孙绰〈游天台
山赋〉》）李善注："璀璨，珠垂貌。"

或冉弱而柔挠，或澎濞而奔壮。（《文选·成公绥〈啸赋〉》）

李善注："《说文》曰：'冄弱，长貌。'"

　　长幼杂沓以交集，士女颁斌而咸戻。(《文选·潘岳〈藉田赋〉》)
李善注："颁斌，相杂之貌也。"

　　原隰畇畇，坟衍斥斥。或崴嵬而复陆，或魋朗而拓落。(《文选·左思〈魏都赋〉》)李善注："崴嵬，不平之貌。崴，乌罪切。魋朗，光明之貌。拓落，广大之貌。"

　　欂栌各落以相承，栾栱夭蟜而交结。(《文选·何晏〈景福殿赋〉》)李善注："夭蟜，栾栱长壮之貌。蟜，其夭切。"

　　岁峥嵘而愁暮，心惆怅而哀离。(《文选·鲍照〈舞鹤赋〉》)李善注："《广雅》曰：'峥嵘，高貌。'"

　　珠翠的皪而照耀兮，华袿飞髾而杂纤罗。(《文选·傅毅〈舞赋〉》)李善注："《说文》曰：'的皪，珠光也。'"

通过"而"并列的成分既可以是其他状态形容词，如《南都赋》"罗袜蹑蹀而容与"；也可以是动词，如《景福殿赋》的"栾栱夭蟜而交结"；还可以是其他谓词性结构，如《思玄赋》"思缤纷而不理"。联绵式状态形容词的这种用法主要出现在赋中，这与赋文铺排描写的文体有关，散文和诗中则比较少见。

　　联绵式状态形容词通过"以"与其他结构并列连用作谓语的现象也主要出现在赋中，"以"的作用相当于"而"，主要用来连接两个并列的谓词性成分，这种用法同样与赋的文风有关，如：

　　托乔基于山冈，直墆霓以高居。(《文选·张衡〈西京赋〉》)薛综注："墆霓，高貌也。"

　　上林岑以垒嶵，下崭岩以岩龉。(《文选·张衡〈西京赋〉》)薛综注："三山形貌也。"

　　祥风翕习以飏洒，激芳香而常芬。(《文选·王延寿〈鲁灵光殿赋〉》)李善注："翕习，盛貌。"

　　旋室娉娟以窈窕，洞房叫窱而幽邃。(《文选·王延寿〈鲁灵光殿赋〉》)李善注："娉娟，回曲貌。"

　　冠崒嵂其映盖兮，佩繉纚以辉煌。(《文选·张衡〈思玄赋〉》)

旧注："縼纚，盛貌。辉煌，佩光貌。"

野萧条以莽荡，迥千里而无家。(《文选·班彪〈北征赋〉》)
李善注："《楚辞》曰：'山萧条而无兽。'"费振刚等注："萧条，
凋零、冷落、荒凉。莽荡，旷远貌。"

彤云斐亹以翼棂，曒日炯晃于绮疏。(《文选·孙绰〈游天台
山赋〉》)李善注："斐亹，文貌。"

觅陛殿之余基，裁岐屼以隐嶙。(《文选·潘岳〈西征赋〉》)
李善注："岐屼，颓貌也……隐嶙，绝起貌。"

步栖迟以徙倚兮，白日忽其将匿。(《文选·王粲〈登楼赋〉》)
李善注："《楚辞》曰：'步徙倚而遥思。'"

月瞳胧以含光兮，露凄清以凝冷。(《文选·潘岳〈秋兴赋〉》)

徒观平乐之制，郁崔嵬以离娄，赫岩岩其釜嶺，纷电影以盘
旴。(《全汉赋·李尤〈平乐观赋〉》)费振刚等注："崔嵬，高貌。
离娄，犹言玲珑，雕镂交错貌。"

形便娟以婵媛兮，若流风之靡草。(《全汉赋·边让〈章华台
赋〉》)费振刚等注："便娟，轻盈美丽貌。婵媛，牵持不舍貌。"

孙云："其山崒嵬以嵯峨，其水汹漤而扬波，其人垒砢而英多。"
(《世说新语·言语》)

联绵式状态形容词作谓语时用"以"与其他谓词性结构并列使用是最
常见的一种形式，与用"而"并列一样，并列的成分可以是状态形容
词、动词或其他的谓词性结构。

中古时期联绵式状态形容词作谓语时还有一种比较常见的用法，
那就是在主语与作谓语的联绵式状态形容词之间加上一个"之"字，
这样的情况在《文选》所收东汉赋中有 24 例，在魏晋赋中也经常见
到。如：

振朱屦于盘樽，奋长袖之飏纚。(《文选·张衡〈西京赋〉》)
薛综注："飏纚，长貌也。"

蒂倒茄于藻井，披红葩之狎猎。(《文选·张衡〈西京赋〉》)
薛综注："狎猎，重接貌。"

狭三王之趦趄，轶五帝之长驱。(《文选·张衡〈东京赋〉》)
薛综注："趦趄，局小貌也。"

勔自强而不息兮，蹈玉阶之峣峥。(《文选·张衡〈思玄赋〉》)
李善注："《方言》曰：'峣峥，高貌也。'"

想昆山之高岳，思邓林之扶疏。(《文选·祢衡〈鹦鹉赋〉》)
费振刚等注："扶疏，繁茂分披貌。"

藉皋兰之猗靡，荫修竹之蝉蜎。(《文选·成公绥〈啸赋〉》)
李善注："猗靡，随风之貌。"

崇临海之崔巍，饰赤乌之罤晔。(《文选·左思〈吴都赋〉》)

尔乃开南端之豁达，张笋虡之轮囷。(《文选·何晏〈景福殿
赋〉》)李善注："豁达，门通之貌。轮囷，其形也。"张铣注："轮
囷，多貌。"

六龙俨其齐首，载云车之容裔。(《文选·曹植〈洛神赋〉》)

这种用"之"嵌入主谓之间的现象跟一般的"主之谓"结构有一定的
相似性，这里的联绵式状态形容词也有一定程度的指称化，句首往往
还有一个动词，因此这种例句很容易被看作作宾语。然而事实并非如
此，因为这个句首动词的宾语是其后的那个名词，也就是联绵式状态
形容词的主语，如"奋长袖之飑纚"中，"奋"的宾语是"长袖"，而
"飑纚"又是对"长袖"的描述，其余的例句也与之类似。这样的句式
也是赋中的常见情形，也可以说是六言句式的特点，利用一个虚词"之"
来加强主语和谓语之间的联系，因此在散文和诗中都比较少见。

联绵式状态形容词是状态形容词中最典型的成员，它作谓语时具
有极强的独立性和灵活性，实现其谓语功能的形式也多种多样。

3.2.1.2 AB1 类状态形容词作定语

状态形容词主要是用来描述某个事物或某个动作的情状的，因此
它是一种谓词性的语法结构，作定语不是它的主要语法功能。中古汉
语中 AB1 类状态形容词作定语的总共有 73 例，仅约占总数（1524 例）
的 5%。从表 3-2 的统计来看，散文中作定语的比例要高于诗和赋中
的，散文中共有 19 例，约占散文中状态形容词出现总数（137 例）的

14%，而诗赋中共有 54 例，约占总数（1387 例）的 4%，出自中古时期散文之中的如：

　　<u>仓卒</u>之世，谷食之贵，百姓饥饿，自相啖食，厥变甚于虎。（《论衡·遭虎》）

　　亦或辩口利舌，辞喻横出为胜；或讪弱缀，<u>踵蹇</u>不比者为负。（《论衡·物势》）

　　河发昆仑，江起岷山，水力盛多，<u>滂沛</u>之流，浸下益盛，不得广岸低地，不能通流入乎东海。（《论衡·效力》）

　　屈奇之士见，<u>偶觉</u>之辞生，度不与俗协，庸角不能程。（《论衡·自纪》）

　　夏侯玄以才望被戮，无支离臃肿之鉴也。（《颜氏家训·勉学》）

　　滨荣幽渚，繁宗隈曲；姜蒨陵丘，<u>蔓逮</u>重谷。（《齐民要术·种竹》）

以下各例出自中古时期的诗和赋：

　　越<u>佲嚼</u>之洞穴兮，漂通川之碄碄。（《文选·张衡〈思玄赋〉》）旧注："佲嚼，大貌。"

　　舒<u>诊婧</u>之纤腰兮，扬杂错之桂徽。（《文选·张衡〈思玄赋〉》）旧注："诊婧，细腰貌。"

　　顾尝好<u>俶傥</u>之策，时莫能听用其谋，喟然长叹。（《全汉赋·冯衍〈显志赋〉》）费振刚等注："俶傥，卓异貌。"

　　若乃<u>窈窕</u>淑女，美滕艳姝，戴翡翠，珥明珠，曳离褣，立水涯。（《全汉赋·杜笃〈袚禊赋〉》）费振刚等注："窈窕，美好貌。"

　　悠悠旆旌者，相与聊浪乎<u>昧莫</u>之坰。（《文选·左思〈吴都赋〉》）刘渊林注："昧莫，广大貌。"

　　愿以<u>潺湲</u>水，沾君缨上尘。（《文选·沈约〈新安江水至清浅深见底贻京邑游好〉》）李善注："《杂子》曰：'潺湲，水流貌也。'"

　　肆呈<u>窈窕</u>容，路曜便娟子。（《文选·谢灵运〈会吟行〉》）李善注："《毛诗》曰：'窈窕淑女。'阮籍〈咏怀诗〉曰：'路端便娟子，常恐日月倾。'王逸《楚辞》注曰：'便娟，好貌也。'"

芳襟染泪迹，婵媛空复情。(《文选·谢朓〈同谢咨议铜雀台诗〉》)李善注："《楚辞》云：'心婵媛而伤怀兮。'王逸曰：'婵媛，牵引也。'"

髣髴谷水阳，婉娈昆山阴。(《文选·陆机〈赠从兄车骑〉》)李善注："《楚辞》曰：'时髣髴以遥见。'婉娈，已见上文。"

抑扬百兽舞，盘跚五禽戏。(《隋诗·薛道衡〈和许给事善心戏场转韵诗〉》)

作定语从古至今都不是状态形容词的主要语法功能，中古汉语 AB1 类状态形容词自然也不会例外，上文的统计数据就能说明这一问题。

3.2.1.3 AB1 类状态形容词作状语

中古时期 AB1 类状态形容词作状语的共有 159 例，约占其出现总数的 10%，大约为作定语数量的两倍。其中散文中 26 例，诗赋中 133 例，如：

夫贤圣下笔造文，用意详审，尚未可谓尽得实，况仓卒吐言，安能皆是？(《论衡·问孔》)

四年，甘露下泉陵、零陵、洮阳、始安、冷道五县，榆柏梅李，叶皆沾薄，威委流滴，民嗽吮之，甘如饴蜜。(《论衡·验符》)

时人目夏侯太初"朗朗如日月之入怀"，李安国"颓唐如玉山之将崩。"(《世说新语·容止》)

谢车骑初见王文度，曰："见文度，虽萧洒相遇，其复惜惜竟夕。"(《世说新语·赏誉》)

既前，抚军与之话言，咨嗟称善，曰："张凭勃窣为理窟。"(《世说新语·文学》)徐震堮校笺："勃窣即婆娑之声转。"

林檎树以正月、二月中，翻斧斑驳椎之，则饶子。(《齐民要术·种栗》)

又作鱼池法：三尺大鲤，非近江湖，仓卒难求；若养小鱼，积年不大。(《齐民要术·养鱼》)

孙楚《王骠骑诔》云："奄忽登遐。"（《颜氏家训·文章》）

前在修文令曹，有山东学士与关中太史竞历，凡十余人，<u>纷</u><u>纭</u>累岁，内史牒付议官平之。（《颜氏家训·省事》）

以上是散文中的例子，以下是诗赋中的例子：

百禽㥄遽，<u>骙瞿</u>奔触。（《文选·张衡〈西京赋〉》）薛综注："骙瞿，走貌。"

岂特方轨并迹，<u>纷纶</u>后辟，治近古之所务，蹈一圣之险易云尔哉？（《文选·班固〈东都赋〉》）

<u>骆驿</u>飞散，<u>飖撠</u>合并。（《文选·傅毅〈舞赋〉》）李善注："骆驿，不绝貌。飖撠，屈折貌；与曲度相合并也。"

<u>鶣𩾌</u>燕居，<u>拉搚</u>鹄惊。（《文选·傅毅〈舞赋〉》）李善注："鶣𩾌，轻貌。拉搚，飞貌。"

若乃重巘增起，<u>偃蹇</u>云覆，邈隆崇以极壮，崛巍巍而特秀。（《文选·嵇康〈琴赋〉》）李善注："偃蹇，高貌。言高在上，偃蹇然如云覆下也。"

气似天霄，<u>暧薆</u>云布。（《文选·木华〈海赋〉》）李善注："暧薆，昏闇貌。"

<u>岧峣</u>岑立，<u>崔嵬</u>峦居。（《文选·何晏〈景福殿赋〉》）刘良注："岧峣、崔嵬，危高貌。"

<u>纷纶</u>流于权利兮，亲雷同而妒异。（《全汉赋·冯衍〈显志赋〉》）费振刚等注："纷沦，多貌。"

尔乃周阁迥迎，峻楼临门，朱阙岩岩，<u>磋峨</u>槩云，青琐禁门，廊庑翼翼。（《全汉赋·李尤〈德阳殿赋〉》）费振刚等注："磋峨，高峻貌。"

曲折相连，<u>迤靡</u>相属。（《全汉赋·张衡〈冢赋〉》）费振刚等注："迤靡，相连貌。"龚克昌注："迤靡，斜平之貌。"

于是公子仰首降级，<u>忸怩</u>而避。（《全汉赋·蔡邕〈释悔〉》）费振刚等注："忸怩，很不好意思、惭愧的样子。"龚克昌注："忸怩，惭愧的样子。"

　　佳人从此务，<u>窈窕</u>援高柯。（《文选·颜延之〈秋胡诗〉》）李善注："薛君《韩诗章句》曰：'窈窕，贞专貌。'"

　　<u>逶迤</u>带渌水，<u>迢递</u>起朱楼。（《文选·谢朓〈鼓吹曲〉》）李善注："王逸《楚辞》注曰：'逶迤，长貌也。'"

　　<u>玲珑</u>结绮钱，深沈映朱网。（《文选·谢朓〈直中书省〉》）李善注："晋灼《甘泉赋》注曰：'玲珑，明见貌也。'"

　　<u>郁律</u>构丹巘，<u>崚嶒</u>起青嶂。（《文选·沈约〈钟山诗应西阳王教〉》）李善注："《西京赋》曰：'隐辚郁律。'《鲁灵光殿赋》曰：'崛缯绫而龙鳞。'"

　　嘹亮锐笳奏，<u>葳蕤</u>旌旆飞。（《隋诗·杨广〈还京师诗〉》）

　　<u>飗洒</u>林花落，<u>逶迤</u>风柳散。（《隋诗·杨广〈舍舟登陆示慧日道场玉清玄坛德众诗〉》）

　　疏芜枕绝野，<u>迤逦</u>带斜峰。（《隋诗·卢思道〈春夕经行留侯墓诗〉》）

　　作状语虽然不是 AB1 类状态形容词最主要的句法功能，但是从上古至现代作状语的情况都一直存在，这是 AB1 类状态形容词仅次于作谓语的一项句法功能，这是与状态形容词的谓词性和描述性相一致的，AB1 类词一般都是直接位于谓词前作状语，但是也有少数用虚词连接，如蔡邕《释悔》的"忸怩而避"，也有一些诗句中由于韵律的需要而临时将主语插在状中之间，如杨广诗中的 3 例都是如此。

　　除了作谓语、状语和定语之外，中古 AB1 类状态形容词还有少数可以作补语和宾语，分别有 14 例和 13 例。

　　作补语的如：

　　伯奇用忧，而颜渊用睛，暂望<u>仓卒</u>，安能致此？（《论衡·书虚》）

　　白象行孕，垂鼻<u>辚困</u>。（《文选·张衡〈西京赋〉》）费振刚等注："辚困，同'轮困'，屈曲貌。"

　　日往菲薇，月来<u>扶踈</u>。（《文选·左思〈蜀都赋〉》）张铣注："扶踈，果木茂密皃。"

中夜不能寐，抚剑起踟蹰。(《文选·司马昭〈赠山涛〉》)

忧愁不能寐，揽衣起徘徊。(《文选〈古诗十九首（明月何皎皎）〉》)

展转不能寐，披衣起彷徨。(《文选·曹丕〈杂诗二首〉其一》)

抚襟悼寂寞，怳然若有失。(《文选·潘岳〈悼亡〉》)

蜲蛇姌嫋，云转飘曶。(《文选·傅毅〈舞赋〉》)李善注："飘忽，如风之疾也。"

退逶迤以补过，似素丝之《羔羊》。(《全汉赋·班昭〈针缕赋〉》)费振刚等注："逶迤，通'委蛇'，公正貌。"

尔乃三三四四，相随踉蹡而历僻。(《全汉赋·王延寿〈梦赋〉》)费振刚等注："踉蹡，行不正貌。"龚克昌注："踉蹡，急行貌。"

阿傅御坚，雁行蹉跎。(《全汉赋·蔡邕〈协和婚赋〉》)

因起彷徨，咏左思《招隐诗》。(《世说新语·任诞》)

非唯音韵舛错，亦使其儿孙避讳纷纭矣。(《颜氏家训·音辞》)

瞻寥廓，杳无际，澹群心，留余惠。(《隋诗·牛弘〈昭夏（送神）〉》)

现代汉语中，状态形容词作补语比较常见，但前面一般都有标记，如"手冻得通红""他把黑板擦得干干净净的"都有标记"得"；中古汉语的补语则一般都是直接加在谓词结构之后的，以上各例均如此。

作宾语的例如：

蹶崭岩，巨石隤。松栢仆，丛林摧。草木无余，禽兽珍夷。(《文选·班固〈西都赋〉》)李善注："毛苌《诗传》曰：'崭岩，高峻之貌也，七咸切。'"

愿得展嬿婉，我友之朔方。(《文选·曹植〈送应氏诗二首（其二）〉》)李善注："《毛诗》曰：'嬿婉之求。'"

倾耳聆波澜，举目眺岖嵚。(《文选·谢灵运〈登池上楼〉》)李善注："《洞箫赋》曰：'岖嵚岿崎。'"

欲还绝无蹊，揽辔止踟蹰。(《文选·曹植〈赠白马王彪（其三)》》》李善注："《毛诗》曰：'搔首跳躅。'"

　　遭物悼迁斥，存期得<u>要妙</u>。(《文选·谢灵运〈七里濑〉》)李善注："《庄子》曰：'此之谓要妙也。'"

　　且申独往意，乘月弄<u>潺湲</u>。(《文选·谢灵运〈入华子岗是麻源第三谷〉》)

　　王阳驱九折，周文走<u>岑崟</u>。(《文选·张协〈杂诗十首(其六)〉》)

　　眷顾成<u>绸缪</u>，乃与时<u>髦</u>匹。(《文选·刘谌〈感交〉》)

　　此乃许、父所以<u>慷慨</u>，夷、齐所以长叹。(《世说新语·言语》)

　　恐行迹危露，或致<u>狼狈</u>。(《世说新语·假谲》)

　　或有讳云者，呼<u>纷纭</u>为纷烟；有讳桐者，呼梧桐树为白铁树，便似戏笑耳。(《颜氏家训·风操》)

　　今《史记》并作"<u>徘徊</u>"，或作"<u>彷徨</u>不能无出言"，是为俗传写误耳。(《颜氏家训·书证》)

　　唯余长簟月，永夜向<u>朦胧</u>。(《隋诗·薛德音〈悼亡诗〉》)

作宾语是状态形容词的例外用法，因为宾语一般要求由体词性的成分来充当，谓词要想作宾语一般都要有一定程度的指称化，而状态形容词是对某种事物或动作的情状的描述，"它的意义比名词、动词和性质形容词要空灵"[①]，因此一般难以发生指称化，如上述《颜氏家训》中的两例实际上是对词语的校勘或说明，这是宾语中的特例，词语不需要具有指称性。

3.2.1.4 AB1 类状态形容词受其他词修饰

　　一般都认为，状态形容词表达的是一种静态的情状，没有时间上的延续性，因此"性质形容词能够受时间副词和程度副词的修饰，状态形容词则不能接受这种修饰"[②]。但是，中古时期的 AB1 类状态形容词也有受时间副词或时间名词修饰的特例，偶尔还有受否定副词修饰的例子。如：

　　　　驱车出郊郭，行路<u>正</u>威迟。(《文选·颜延之〈秋胡诗〉》)李

---

① 郭锡良：《先秦汉语名词、动词、形容词的发展》，《中国语文》2000 年第 3 期，第 197 页。
② 张世禄：《古代汉语教程》(修订版)，复旦大学出版社，2000，第 190 页。

善注:"《毛诗》曰:'四牡騑騑,周道倭迟。'毛苌曰:'倭迟,历
远貌。'《韩诗》曰:'周道威夷',其义同。倭,于危切。"

　　侧径既<u>窈窕</u>,环洲亦<u>玲珑</u>。(《文选·谢灵运〈于南山往北山
经湖中瞻眺〉》)李善注:"曹摅《赠石荆州诗》曰:'轇轕石行难,
窈窕山道深。'《甘泉赋》曰:'和氏玲珑。'晋灼曰:'明貌。'"

　　晓星正<u>寥落</u>,晨光复<u>泱漭</u>。(《文选·谢朓〈京路夜发〉》)李
善注:"寥落,星稀之貌也。《字书》曰:'泱漭,不明之貌。'"

　　四面无人居,高坟正<u>嶣峣</u>。(《文选·陶渊明〈挽歌诗〉》)李
善注:"《字林》曰:'嶣峣,高貌也。'"

　　明月澄清景,列宿正<u>参差</u>。(《文选·曹植〈公燕诗〉》)

　　凫鹄啸俦侣,荷芰始<u>参差</u>。(《文选·陆厥〈奉答内兄希叔〉》)

　　梦想犹如昨,寻思久<u>寂寥</u>。(《隋诗·孙万寿〈远戍江南〉》)

以上例句中画线的状态形容词都受到时间词的修饰,其中最常见的时
间词是"正",多次出现,这些例句基本上都出自《文选》收录的诗或
隋诗中,可能是诗句中的一种活用,让具有时间性的临时性状态形容词
暂时表现出延续性来。以下两例是状态形容词受否定副词修饰的特例:

　　王右军道谢万石"在风林中,为自遒上",叹林公"器朗神俊",
道祖士少"风领毛骨,恐没世不复见如此人",道刘真长"标云柯
而<u>不扶疏</u>"。(《世说新语·赏誉》)

　　于是四坐惊散,<u>无不狼狈</u>。(《世说新语·轻诋》)

　　现代汉语中,状态形容词是不能受否定词修饰的,因为现代汉语
中的状态形容词主要凸显的是其程度特性,中古以前的状态形容词主
要凸显的是其生动性特征,因此对否定词也有比较强烈的排斥性。

　　中古时期的 AB1 类状态形容词在分布功能上绝大部分是作谓语,
实现其谓语功能的形式比较多样化,可以自由地选择独立作谓语、与
其他谓词性结构并列作谓语或是组成类似于"主之谓"结构的形式,
具有完全自由地作谓语的能力;在组合功能上,由于它凸显的不是程
度量,故而在某些情况下它能受时间词的修饰,偶尔还能受否定词的

修饰。

3.2.2 AB2 类状态形容词的语法功能研究

AB2 类状态形容词是指由两个单音词构成的双音节合成词，两个音节 A 和 B 都可以单用或有一个可以单用，并且单用时意思与整体相近，在我们所统计的中古时期文献中，AB2 类状态形容词共有 96 个，一共出现 152 次。AB2 类状态形容词的语法功能绝大多数是作谓语，共有 128 例，约占其出现总次数的 84%，作其他句法成分的数量都比较少，分别是作定语 11 例，作状语 4 例，作宾语 5 例，作补语 3 例，另外还有作主语 1 例。例如：

　　天晏，列宿<u>焕炳</u>；阴雨，日月蔽匿。(《论衡·超奇》)

　　草木之生，华叶<u>青葱</u>，皆有曲折，象类文章，谓天为文字，复为华叶乎？(《论衡·自然》)

　　汉兴以来，传文未远，以所闻见，伍唐、虞而什殷、周，<u>焕炳</u>郁郁，莫盛于斯！(《论衡·佚文》)

　　<u>郁蓊菴蔚</u>，櫹爽櫹棽。(《文选·张衡〈西京赋〉》)薛综注："皆草木盛貌也。"

　　饰华榱与璧珰，流景曜之<u>韡晔</u>。(《文选·张衡〈西京赋〉》)薛综注："韡晔，言明盛也。"

　　岛屿<u>绵邈</u>，洲渚冯隆。(《文选·左思〈吴都赋〉》)刘渊林注："绵邈，广远貌。"

　　摘朱冠之<u>艳赫</u>，敷藻翰之陪鰓。(《文选·潘岳〈射雉赋〉》)徐爱注："艳赫，赤色貌。"

　　竹木<u>蓊蔼</u>，灵果参差。(《文选·潘岳〈闲居赋〉》)刘良注："蓊蔼，参差郁茂皃。"

　　览草木之<u>纷葩</u>兮，美斯华之英妙。(《全汉赋·朱穆〈郁金赋〉》)龚克昌注："纷葩，多貌，盛貌。"

　　果竹<u>郁茂</u>以蓁蓁，鸿雁<u>沛裔</u>而来集。(《全汉赋·黄香〈九宫赋〉》)费振刚等注："郁茂，草木茂盛。沛裔，群鸟飞行貌。沛，盛多貌。奝，奝奝，飞貌。"

长怀慕仙类，眩然心<u>绵邈</u>。(《文选·何劭〈游仙诗〉》)李善注："王逸《楚辞》注曰：'绵绵，细微之思也。'又曰：'邈，远也。'"

《广志》曰："荔支，树高五六丈，如桂树，绿叶蓬蓬，冬夏<u>郁茂</u>。"(《齐民要术·五谷、果蓏、菜茹非中国物产者》)

《南州异物志》曰："木有摩厨，生于斯调国。其汁肥润，其泽如脂膏，馨香<u>馥郁</u>，可以煎熬食物，香美如中国用油。"(《齐民要术·五谷、果蓏、菜茹非中国物产者》)

鸿荒<u>眇邈</u>，篆策纲缊。(《隋诗·卢思道〈仰赠特进阳休之诗〉》)

池苑正<u>芳菲</u>，得戏不知归。(《隋诗·卢思道〈后园宴诗〉》)

上林蒲桃合缥缈，甘泉奇树上<u>葱青</u>。(《隋诗·虞世基〈长安秋〉》)

以上是 AB2 类状态形容词作谓语的用例，其谓语功能的实现形式与 AB1 类类似，既可以独立作谓语，如"列宿<u>焕炳</u>""鸿荒<u>眇邈</u>"等；也可以与其他谓词性结构连用，如"果竹<u>郁茂</u>以蓁蓁""<u>郁蓊蔓蒋</u>"等，还可以组成类似于"主之谓"的结构，如"摛朱冠之<u>艳赫</u>""览草木之<u>纷葩兮</u>"等；亦可以受时间副词的修饰，如"池苑正<u>芳菲</u>"。总之，AB2 类状态形容词除了其本身的结构方式与 AB1 类不同之外，它的主要语法功能以及实现其主要语法功能的形式都与 AB1 类状态形容词类似。

以下是 AB2 类状态形容词作定语的用例：

至夫缤纷繁骛之貌，皓旰<u>曒絜</u>之仪。(《文选·谢惠连〈雪赋〉》)

婉娈居人思，<u>纡郁</u>游子情。(《文选·陆机〈于承明作与士龙〉》)

<u>窈蔼</u>潇湘空，翠磵澹无滋。(《文选·王微〈养疾〉》)李善注："窈蔼，深远之貌。"

<u>郁穆</u>旧姻，<u>嬿婉</u>新婚。(《文选·刘琨〈答卢谌诗并书〉》)

想象昆山姿，<u>缅邈</u>区中缘。(《文选·谢灵运〈登江中孤屿〉》)

又如《文选·潘岳〈寡妇赋〉》："遥逝兮逾远，缅邈兮长乖。"吕延济注："缅邈，长远貌。"

滨荣幽渚，繁宗隈曲；<u>萋萋</u>陵丘，蔓逮重谷。(《齐民要术·种竹》)

游遨未云赏，<u>苍茫</u>孤月上。(《隋诗·徐仪〈暮秋望月示学士各释愁应教〉》)

<u>丰茸</u>鸡树密，遥裔鹤烟稠。(《隋诗·卢思道〈河曲游〉》)又如司马相如《长门赋》："罗丰茸之游树兮，离楼梧而相撑。"李德裕《忆药苗》诗："溪上药苗齐，丰茸正堪掇。"欧阳修《山中之乐赋》："荫长松之蓊蔚兮，藉纤草之丰茸。"

关山万里不可越，谁能坐对<u>芳菲</u>月。(《隋诗·卢思道〈从军行〉》)

寥廓风尘远，<u>杳冥</u>川谷深。(《隋诗·孔德绍〈行经太华诗〉》)又如《文选·张衡〈西京赋〉》："奇幻儵忽，易貌分形，吞刀吐火，云雾杳冥。"吕延济注："杳冥，阴昏貌。"

以下是作状语的用例：

靡微风，<u>澹淡</u>浮。(《文选·班固〈西都赋〉》)李善注："澹淡，盖随风之貌也。"

从风离合，<u>澹淡</u>交并。(《全汉赋·崔琦〈七蠲〉》)费振刚等注："澹淡，漂浮貌。"龚克昌注："澹淡，水波动荡貌。"

<u>郁纡</u>将难进，亲爱在离居。(《文选·曹植〈赠白马王彪〉》)

<u>皎洁</u>随处满，流乱逐风回。(《隋诗·王衡〈玩雪诗〉》)

以下是作主语和宾语的用例，其中第一句是作主语的：

青苔日夜黄，<u>芳蕤</u>成宿楚。(《文选·张协〈苦雨〉》)李善注："张景阳《杂诗》曰：'芳蕤岂再馥。'《说文》曰：'芳蕤，草木华盛貌。'"

英雄有<u>屯邅</u>，由来自古昔。(《文选·左思〈咏史八首(其七)〉》)李善注："《周易》曰：屯如邅如。"又如《文选·班固〈幽通赋〉》：

"纷屯遭与蹇连兮，何艰多而智寡。"

　　皇汉逢<u>屯遭</u>，天下遭氛慝。(《文选·陈琳〈拟魏太子《邺中集》诗〉》)

　　况乃遭<u>屯蹇</u>，颠沛遇灾患。(《文选·欧阳坚〈临终诗〉》)李善注："《周易》曰：'屯如遭如。'又曰：'往蹇来连。'《孔丛子》歌曰：'遂迍不复，自婴屯蹇。'"

　　青林结<u>冥濛</u>，丹巘被葱蒨。(《文选·颜延之〈侍宴〉》)李善注："《吴都赋》曰：'迥眺冥濛。'"

以上 6 例都出自《文选》收录的诗中，其中第 1 例作主语，后 5 例作宾语。这些词都有一定程度的指称化，尤其是第 1 例，"芳菼"与"青苔"对举，有比较明显的体词化倾向，第 4 句的动词是"遭"，可以直接作谓宾动词，所以该句的"屯蹇"指称化倾向不太明显。

　　总的来说，AB2 类状态形容词在语法上与 AB1 类并无多大差别，作谓语是它们最常见的句法功能，而实现这个句法功能的形式是比较多样的，在一些特殊情况下，它们都能暂时隐藏时间上的临时性而接受时间词的修饰；它们的最大差异在于结构方式不一样，AB1 类状态形容词是由 A 和 B 两个音节构成的双音节单纯词，而 AB2 类则是由 A 和 B 两个单音词构成的双音节合成词，并且我们所统计到的 96 个 AB2 类状态形容词的结构方式全部是并列式。

3.3 附加式状态形容词的语法功能研究

　　所谓附加式状态形容词就是指由词根加上词头或词尾而构成的状态形容词，中古时期的状态形容词词头只有"有"，只出现过 4 次。中古时期最常见的词尾有"然"，另外"其、尔、若、焉"也时有出现。经统计，中古时期的语料中附加式状态形容词有 169 个，总共出现 306 次，其中以"然"为词尾的有 121 个，出现 242 次；以"尔"为词尾的 17 个，出现 23 次；以"其"为词尾的有 17 个，出现 25 次；以"若"

为词尾的有 5 个，出现 7 次；以"焉"为词尾的有 5 个，出现 5 次；另外以"有"为词头的出现过 4 次。

在语法功能上，总体来说，附加式状态形容词最主要的分布是作状语，共有 181 例，其次是作谓语，有 104 例，另外还有作定语的 13 例，作补语的 8 例。

3.3.1 附加式状态形容词作状语

作状语是中古汉语附加式状态形容词最主要的语法功能，占附加式状态形容词出现总数的 59%，除了以"其"作词尾的 25 例都是作谓语以外，其余形式的附加式都有作状语的用例，如：

陆贾说以汉德，惧以圣威，蹶然起坐，心觉改悔，奉制称蕃，其于椎髻箕坐也，恶之若性。（《论衡·佚文》）

东都主人喟然而叹曰："痛乎风俗之移人也！"（《文选·班固〈东都赋〉》）

安处先生于是似不能言，怃然有间，乃莞尔而笑曰："若客所谓，末学肤受，贵耳而贱目者也！"（《文选·张衡〈东京赋〉》）李善曰："《孟子》曰：'夷子怃然为间也。'赵岐曰：'怃然，犹怅然也。'"

自西京未央、建章之殿，皆见隳坏，而灵光岿然独存。（《文选·王延寿〈鲁灵光殿赋〉》）张载注："岿然，高大坚固貌也。"李善注："《孔丛子》，孔子曰：夫山者岿然高。"

奄忽灭没，晔然复扬。（《文选·马融〈长笛赋〉》）李善注："晔，盛貌。"

东吴王孙輾然而哈，曰："夫上图景宿，辨于天文者也。"（《文选·左思〈吴都赋〉》）刘渊林注："輾，大笑貌。庄周云：齐桓公輾然而笑。楚人谓相笑为哈。"

譬犹池鱼笼鸟，有江湖山薮之思，于是染翰操纸，慨然而赋。（《文选·潘岳〈秋兴赋〉》）

吏道何其迫？窘然坐自拘。（《文选·张华〈答何劭二首〈其

一〉》》)

是时山东眇然狐疑，意圣朝之西都，惧关门之反拒也。(《全汉赋·冯衍〈杨节赋〉》) 费振刚等注："眇然，高远貌。"

于是李潸然流涕曰："赵王篡逆，乐令亲授玺绶。"(《世说新语·品藻》)

见卞令，肃然改容云："彼是礼法人。"(《世说新语·简傲》)

素暴悍者，欲其观古人之小心黜己，齿弊舌存，含垢藏疾，尊贤容众，苶然沮丧，若不胜衣也。(《颜氏家训·勉学》)

江南至今行此分别，昭然易晓；而河北混同一音，虽依古读，不可行于今也。(《颜氏家训·音辞》)

《孟子》曰："今夫麰麦，播种而耰之，其地同，树之时又同；浡然而生，至于日至之时，皆熟矣。"(《齐民要术·大小麦》)

誓将绝沙漠，悠然去玉门。(《隋诗·虞世基〈出塞二首（其二〉》》)

以上是用"然"作词尾的附加式，它们作状语时有的是直接加在谓语之前，如"蹶然起坐""潸然流涕"，也有的是通过虚词"而"与谓语联系在一起，如"辗然而哈""浡然而生"。

以下是用"尔"作词尾的附加式状态形容词作状语的用例：

孔子作《春秋》，二子作两经，所谓卓尔蹈孔子之迹，鸿茂参贰圣之才者也。(《论衡·超奇》)

乃莞尔而笑曰："若客所谓，末学肤受，贵耳而贱目者也！"(《文选·张衡〈东京赋〉》) 薛综注："莞尔，舒张面目之貌也。"

安回徐迈，寂尔长浮。(《文选·嵇康〈琴赋〉》)

公子谡尔敛袂而兴曰："胡为其然也?"(《全汉赋·蔡邕〈释诲〉》) 费振刚等注："谡尔，犹'谡然'，敛息严肃貌。"

尝因行散，率尔去下舍，便不复还，内外无预知者。(《世说新语·德行》)

卫君长为温公长史，温公甚善之。每率尔提酒脯就卫，箕踞相对弥日；卫往温许亦尔。(《世说新语·任诞》)

袁虎<u>率尔</u>对曰："运自有废兴，岂必诸人之过？"（《世说新语·轻诋》）

"X 尔"附加式作状语多数都是直接用在谓语之前，如"卓尔去下舍"，也可以通过虚词连接，如"莞尔而笑"。

以下是以"焉"作词尾的附加式的用例：

<u>悄焉</u>疚怀，不怡中夜。（《文选·谢庄〈月赋〉》）李善注："毛诗曰：忧心悄悄。悄悄，忧貌。"

既乃风飚萧瑟，<u>勃焉</u>并兴。（《全汉赋·蔡邕〈汉津赋〉》）

余五十之年，<u>忽焉</u>已至，永言身事，慨然其多绪。（《全汉赋·张衡〈扇赋〉》）

"X 焉"作状语都是直接加在谓语之前。

以下是以"有"为词头的附加式，两例作状语的都出自张协的诗句，是对《诗经》句式的模仿，不能代表西晋的语言事实。

凄风起东谷，<u>有渰</u>兴南岑。（《文选·张协〈杂诗十首（其九）〉》）李善注："《毛诗》曰：'有渰萋萋，兴雨祁祁。'毛苌曰：'渰，云兴貌。''渰'与'弇'同，音奄。"

<u>有弇</u>兴春节，愁霖贯秋序。（《文选·张协〈苦雨〉》）李善注："张景阳《杂诗》曰：'有弇兴南岑。'"

附加式状态形容词发展到今天基本上只剩下"X"然一类了，偶尔也还有少数的"X 尔"，在现代汉语中基本上是作状语，有些甚至完全变成了副词。

3.3.2 附加式状态形容词作其他句法成分

中古汉语的附加式状态形容词除了经常作状语之外，还有不少可以作谓语，共有 104 例，占其出现总数的 34%，另外还有 13 例作定语，8 例作补语。

附加式虽然主要作谓语，但是其中有些类型是只作谓语的，如"X

其"附加式共有 25 例，都是作谓语：

神明<u>崛其</u>特起，井干叠而百增。(《文选·张衡〈西京赋〉》)
薛综注："崛，高貌。"
寒风<u>凄其</u>永至兮，拂穹岫之骚骚。(《文选·张衡〈思玄赋〉》)
旧注："凄，寒貌。"
迅焱<u>潚其</u>媵我兮，鹜翩飘而不禁。(《文选·张衡〈思玄赋〉》)
吕延济注："潚，疾貌。"
仆夫<u>俨其</u>正策兮，八乘腾而超骧。(《文选·张衡〈思玄赋〉》)
李善注："俨，敬也。"
朱火<u>晔其</u>延起兮，耀华屋而熺洞房。(《文选·傅毅〈舞赋〉》)
苗裔<u>纷其</u>条畅兮，至汤武而勃兴。(《全汉赋·冯衍〈显志赋〉》)
<u>宛其</u>落矣，化为枯枝。(《文选·潘岳〈笙赋〉》)李善注："《毛诗》曰：'宛其死矣。'毛苌曰：'宛，死貌。'"
寮位<u>儡其</u>隆替，名节湌以隳落。(《文选·潘岳〈西征赋〉》)
李善注："《说文》曰：'儡，坏败之貌'，洛罪切。"
窥秦墟于渭城，冀阙<u>缅其</u>堙尽。(《文选·潘岳〈西征赋〉》)
李善注："缅，尽貌也，亡衍切。"
金墉<u>郁其</u>万雉，峻嶻峭以绳直。(《文选·潘岳〈西征赋〉》)

"X 其"都出现在赋中，一定程度上也是对《诗经》句式的模仿，如潘岳《笙赋》则完全是对《诗经》句式的化用；它们大多是与其他谓词连用作谓语。

以下是其他形式的附加式状态形容词作谓语的用例：

古贤之遗文，竹帛之所载<u>粲然</u>，岂徒墙壁之画哉？(《论衡·别通》)
诏书每下，文义经传四科，诏书<u>斐然</u>，郁郁好文之明验也。(《论衡·超奇》)
心涤荡而无累，志离俗而<u>飘然</u>。(《文选·成公绥〈啸赋〉》)
于时日薄虞渊，寒冰<u>凄然</u>！(《文选·向秀〈思旧赋〉》)李善

注："凄，冷也。"

　　纵心皓然，何虑何营？（《文选·谢惠连〈雪赋〉》）

　　吾子洒然，恬淡自逸。（《文选·潘岳〈为贾谧作赠陆机〉》）
李善注："《庄子》曰：'庚桑子之始来也，吾洒然异之。'郑玄《礼
记》注曰：'洒如，肃敬也。'"

　　寒城一以眺，平楚正苍然。（《文选·谢朓〈郡内登望〉》）李
善注："郑玄《毛诗笺》曰：'蒹葭在众草之中，苍苍然也。'"

　　毕公喟然，深思古道，感彼《关雎》，德不双侣。（《全汉赋·张
超〈诮青衣赋〉》）

　　余五十之年，忽焉已至，永言身事，慨然其多绪。（《全汉
赋·张衡〈扇赋〉》）

　　既下，头鬓皓然，因敕儿孙："勿复学书。"（《世说新语·巧
艺》）

　　王大将军往，脱故衣，著新衣，神色傲然。（《世说新语·汰
侈》）

　　年始九岁，便丁荼蓼，家涂离散，百口索然。（《颜氏家训·序
致》）

　　吾已六十余，故心坦然，不以残年为念。先有风气之疾，常
疑奄然，聊书素怀，以为汝诚。（《颜氏家训·终制》）

　　性不耐霜，不得北植，必当遐树海南；辽然万里，弗遇长者
之目，自令人恨深。（《齐民要术·五谷、果蓏、菜茹非中国物产
者》）

　　方陪觐东后，登封禅肃然。（《隋诗·虞世基〈奉和幸江都应
诏诗〉》）

以上是"X 然"作谓语的用例，既有独立作谓语的，如"诏书斐然"
"头鬓皓然"，也有与其他词连用作谓语的，如"志离俗而飘然"，但整
体来说，以独立作谓语的居多。以下是其他附加式作谓语的用例，如：

　　或崚嶙而纚连，或豁尔而中绝。（《文选·张衡〈南都赋〉》）
　　馨尔夕膳，絜尔晨餐。（《文选·束皙〈补亡诗六首（其一）〉》）

荒林纷<u>沃若</u>，哀禽相叫啸。(《文选·谢灵运〈七里濑〉》) 李善注："《毛诗》曰：'桑之未落，其叶沃若。'"

金羁自<u>沃若</u>，兰棹成夷犹。(《隋诗·卢思道〈河曲游〉》)

思尔念尔，<u>怒焉</u>且饥。(《文选·蔡邕〈青衣赋〉》)

以上分别是"X 尔""X 若""X 焉"作谓语的例子，这些形式的附加式作谓语的情况不太常见，主要是对《诗经》句式的沿用或化用，不具有典型性。

中古汉语附加式状态形容词除了作状语和谓语以外，还有少数作定语和补语的用例，如：

作定语：

使夫纯朴之事，十剖百判；<u>审然</u>之语，千反万畔。(《论衡·艺增》)

岁害鸟辂，周、楚有祸；<u>缄然</u>之气见，宋、卫、陈、郑皆灾。(《论衡·变动》)

<u>沛然</u>之雨，功名大矣，而天地不为也，气和而雨自集。(《论衡·自然》)

武有大启土宇，纪禅<u>肃然</u>之功。(《文选·张衡〈东京赋〉》) 薛综注："肃，敬也。谓登封太山，升禅肃然。"

释域中之常恋，畅<u>超然</u>之高情。(《文选·孙绰〈游天台山赋〉》) 李善注："《老子》曰：'虽有荣观，宴处超然。'"

是故仲尼抗浮云之志，孟柯养<u>浩然</u>之气。(《全汉赋·班固〈答宾戏〉》)

以上是"X 然"附加式作定语，其特点是，不管中心语是单音词还是双音词，在定中之间基本上都有一个"之"，这与现代汉语中状态形容词作定语时多加"的"的情况比较类似。

以下分别是"X 尔"和"有 X"附加式作定语的例子：

有<u>卓尔</u>之殊瑰，超诡异之邈绝。(《全汉赋·张纮〈瑰材枕赋〉》)

孙云："'<u>蠢尔</u>蛮荆'，敢与大邦为雠!"(《世说新语·排调》)

有睟睿蕃，爰履奠牧。(《文选·颜延之〈应诏燕曲水作诗〉》)
李善注："《孟子》曰：'仁义礼智根于心，其生色也，睟然于面。'"

《诗》云："有杕之杜。"江南本并木傍施大，《传曰》："杕，
独貌也。"徐仙民音徒计反。《说文》曰："杕，树貌也。"(《颜氏
家训·书证》)

这两种情况在中古时期都比较少见，基本上也是上古的汉语残留，它
们作定语时定中之间的"之"可有可无。

作补语的如：

传曰："太山之高巍然，去之百里，不见螺，远也。"(《论衡·书
虚》)

王长史是庾子躬之外孙，丞相目子躬云："入理泓然，我已上
人。"(《世说新语·赏誉》)

王敦为大将军，镇豫章，卫玠避乱，从洛投敦，相见欣然，
谈话弥日。(《世说新语·赏誉》)

济虽俊爽，自视缺然，乃喟然叹曰："家有名士三十年而不知！"
(《世说新语·赏誉》)

征西密遣人察之，至日，乃往荆州门下书佐家，处之怡然，
不异胜达。(《世说新语·任诞》)

丞相咨嗟称佳，诸从事自视缺然也。(《世说新语·规箴》)

既唉，大汗出，以朱衣自拭，色转皎然。(《世说新语·容止》)

观其运用吐纳，风流转佳，加已处之怡然，亦有以自得，声
名乃兴。(《世说新语·栖逸》)

作补语的只有以上 8 例，都是"X 然"附加式，其中 1 例出自《论
衡》，另外 7 例都出自《世说新语》。从上述用例可以看出，这些补语
与现代汉语的补语并不完全相同，严格说来，上述述补结构其实也可
以看作主谓谓语结构，这些"然"尾附加式也不能算是纯正的补语。
到现代汉语中，附加式状态形容词有所减少，大多变成了副词，作补
语的就更少了。

　　总之，中古时期的附加式最主要的是"然"尾附加式，其余类型基本上都是上古时期的遗留。"然"尾附加式一共有 242 例，主要语法分布是作状语，共有 162 例，占比约 67%；其次是作谓语，共有 63 例，占比约 26%。"然"尾附加式在作状语和谓语时主要都是独立充当这些成分，但在少数情况下它们可以通过虚词"而"与其他成分联合充当状语或谓语，充当谓语时偶尔也能受时间词的修饰，如《文选·谢朓〈郡内登望〉》："寒城一以眺，平楚正苍然。"其他类型的附加式数量都比较少，但 25 例"其"尾附加式和 7 例"若"尾附加式全都作谓语，它们都是上古时期的遗留或是对上古汉语句式的模仿，因此它们的语法分布也就比较单一。

3.4 AA 式状态形容词的语法功能研究

　　AA 式状态形容词（AA 式叠音词）从表面上看就是两个音节相同的双音词，具体来说，AA 式叠音词又可以分为三种类型，即 AA1 类、AA2 类和 AA3 类，这三类结构不同，来源也不完全一样。AA 式叠音词是古汉语状态形容词中的一个最主要的类型，它们虽然主要是作谓语，但是作其他句法成分的情况较之其他类型的状态形容词也更为常见。不仅如此，AA 式叠音词在组合功能上也比较灵活，在较多场合下可以接受其他词的修饰。总之，AA 式叠音词的语法功能最为灵活，其中前两类比较相似，AA3 类与前两类有一定的差异，下面将作具体的分析。

3.4.1 AA1 类状态形容词的语法功能研究

　　AA1 类状态形容词是叠音单纯词，即 AA 是一个整体，单音节 A 不能拆开使用，或者 A 能够拆开单独使用，但是单用时的意义与 AA 这个整体不同，这类词与联绵词的情况比较类似，传统语法学界称之为重言词，如"冉冉、萋萋、楚楚"等。经统计，中古时期的语料中，AA1 类重言词共有 159 个，共出现 310 次。它们的语法分布统计见表 3-3。

表 3-3　中古汉语 AA1 类状态形容词的语法分布（单位：例）

谓语	定语	状语	宾语	补语
182	89	36	1	2

从此表中可以发现，AA1 类状态形容词的最主要语法分布是作谓语，其次是作定语和状语，其语法分布功能比非重叠的状态形容词稍微活跃一些。

3.4.1.1 AA1 类状态形容词作谓语

AA1 类状态形容词作谓语的有 182 例，占其出现总数的 59%，这个比例比其他类型的状态形容词稍微低一些，原因在于 AA1 类状态形容词还有不少可以作定语和谓语。AA1 类状态形容词作谓语也有一些常见的方式，如以类似于"主之谓"的形式作谓语、与其他词连用作谓语或独立作谓语等。

以类似于"主之谓"的形式作谓语在赋中比较常见，在东汉和魏晋赋中一共有 31 例，如：

飞云雾之杳杳，涉积雪之皑皑。（《文选·班彪〈北征赋〉》）
李善注："《说文》曰：'皑皑，霜雪，白之貌也，牛哀切。'刘歆《遂初赋》曰：'漂积雪之皑皑，涉凝露之隆霜。'"
修初服之娑娑兮，长余佩之参参。（《文选·张衡〈思玄赋〉》）
启南端之特闱，立应门之将将。（《文选·张衡〈东京赋〉》）
李善注："《毛诗》曰：'应门将将。'毛苌曰：'将将，严正之貌。'"
前唐中而后太液，览沧海之汤汤。（《文选·班固〈西都赋〉》）
恫河林之蓁蓁兮，伟关睢之戒女。（《文选·张衡〈思玄赋〉》）
李善注："毛苌《诗传》曰：'蓁蓁，至盛也。'"
惟太宗之荡荡兮，岂曩秦之所图。（《文选·班彪〈北征赋〉》）
望常山之嶷嶷，登北岳而高逝。（《全汉赋·班彪〈游居赋〉》）
龚克昌注："嶷嶷，高峻貌。"
玄云黯以凝结兮，集零雨之溱溱。（《全汉赋·蔡邕〈述行赋〉》）

游文章之林府，嘉丽藻之<u>彬彬</u>。(《文选·陆机〈文赋〉》)李善注："《论语》曰：'文质彬彬，然后君子。'孔安国注曰：'彬彬，文质见半之貌。'"

抗罗袂以掩涕兮，泪流襟之<u>浪浪</u>。(《文选·曹植〈洛神赋〉》)李善注："《楚辞》曰：'擥茹蕙以掩涕兮，沾予襟之浪浪。'泪下貌。"

仰神宇之寥寥兮，瞻灵衣之<u>披披</u>。(《文选·潘岳〈寡妇赋〉》)李善注："《楚辞》曰：'灵衣兮披披。'"

觌翔鸾之<u>裔裔</u>，听鸣凤之<u>噰噰</u>。(《文选·孙绰〈游天台山赋〉》)李善注："裔裔，飞貌也。《尔雅》曰：'噰噰，和也，谓声之和也。'"

咏园桃之夭夭，歌枣下之<u>纂纂</u>。(《文选·潘岳〈笙赋〉》)李善注："古咄唶歌曰：'枣下何攒攒，荣华各有时。枣欲初赤时，人从四边来。枣适今日赐，谁当仰视之。'攒，聚貌。'纂'与'攒'古字通。"

与 AB 式双音节状态形容词类似的是，这里的 AA1 类叠音词所组成的类似于"主之谓"的形式也不是真正典型的"主之谓"结构，因为这些结构的前面往往也还有另一个谓词，这个谓词的宾语就是 AA式的主语，所以整个句式又有点类似于兼语式。

AA1 类状态形容词也经常独立作谓语，诗歌和散文中的用例大多为这种情况，如：

穆穆焉，皇皇焉，<u>济济</u>焉，<u>将将</u>焉，信天下之壮观也。(《文选·张衡〈东京赋〉》)李善注："《礼记》曰：'天子穆穆，诸侯皇皇，大夫济济，士将将。'郑玄曰：'威仪容止之貌。'"

造舟清池，惟水<u>泱泱</u>。(《文选·张衡〈东京赋〉》)薛综注："泱泱，水流貌。"李善注："《毛诗》曰：'瞻彼洛矣，惟水泱泱。'"

大夏<u>耽耽</u>，九户开辟。(《文选·张衡〈西京赋〉》)薛综注："耽耽，深邃之貌也。"

廓<u>荡荡</u>其无涯兮，乃今窥乎天外。(《文选·张衡〈思玄赋〉》)

洪钟万钧，猛虡<u>趪趪</u>。(《文选·张衡〈西京赋〉》)薛综注：

"趡趡，张设貌。"

百谷蓁蓁，庶草蕃庑。(《文选·班固〈东都赋〉》) 李善注："《韩诗》曰：'帅时农夫，播厥百谷。' 薛君曰：'谷类非一，故言百也。' 又曰：'蓁蓁者莪。' 薛君曰：'蓁蓁，盛貌也。'"

在山峨峨，在水汤汤。(《文选·傅毅〈舞赋〉》) 李善注："《列子》曰：'伯牙鼓琴，志在登高山，钟子期曰："善哉，峨峨乎若太山。" 志在流水，钟子期曰："善哉，汤汤然若江河。"'"

繁霜峨峨，匪雕匪琢。(《全汉赋·张衡〈温泉赋〉》)

夏屋籧籧。(《全汉赋·崔骃〈七依〉》) 费振刚等注："蘧蘧，高大貌。" 龚克昌注："籧籧，广大深邃的样子。"

辟雍崞崞，规圆矩方。(《全汉赋·李尤〈辟雍赋〉》)

脩干纷错，绿叶臻臻。(《全汉赋·王逸〈荔枝赋〉》)

玄荫眈眈，清流亹亹。(《文选·左思〈吴都赋〉》) 李善注："眈眈，树阴重貌。《韩诗》曰：'亹，水流进貌。'"

兰渚莓莓，石濑汤汤。(《文选·左思〈魏都赋〉》) 李善注："《左氏传》曰：'原田莓莓。' 杜预曰：'若原田之草莓莓然。' 莓，莫来反。"

清露瀼瀼，渌水浩浩。(《文选·何晏〈景福殿赋〉》) 李善注："《毛诗》曰：'零露瀼瀼。' 而羊切。"

怀情徒草草，泪下空霏霏。(《文选·范云〈赠张徐州稷〉》) 李善注："《毛诗》曰：'骄人好好，劳人草草。' 又曰：'雨雪霏霏。'"

彼黍离离，彼稷育育。(《文选·刘琨〈答卢谌诗并书〉》) 李善注："《毛诗》曰：'彼黍离离，彼稷之苗。'"

竹花何莫莫，桐叶何离离！(《文选·范云〈古意赠王中书〉》) 李善注："《毛诗》曰：'葛之覃兮，维叶莫莫。' 又曰：'其桐其椅，其实离离。'"

岂若乘斯去，俯映石磷磷。(《文选·沈约〈新安江水至清浅深见底贻京邑游好〉》) 李善注："《毛诗》曰：'扬之水白石磷磷。'"

旍弓骍骍，舆马翘翘。(《文选·刘琨〈答卢谌诗并书〉》) 李善注李善注："《毛诗》曰：'骍骍角弓。' 毛苌曰：'骍骍，调利也。'"

三皇之时，<u>坐者于于</u>，<u>行者居居</u>，乍自以为马，乍自以为牛，纯德行而民瞳蒙，晓惠之心未形生也。(《论衡·自然》)

是以孔子<u>栖栖</u>，墨子<u>遑遑</u>。(《论衡·定贤》)

有人哭和长舆曰："<u>峨峨</u>若千丈松崩。"(《世说新语·伤逝》)

长史曰："向客<u>嚣嚣</u>，为来逼人。"(《世说新语·赏誉》)

谢镇西道敬仁："文学<u>镞镞</u>，无能不新。"(《世说新语·赏誉》)

王粲《赠杨德祖诗》云："我君饯之，其乐<u>泄泄</u>。"(《颜氏家训·文章》)

《易》曰："良马<u>逐逐</u>。"(《颜氏家训·书证》)

谚曰："椹<u>厘厘</u>，种黍时。"(《齐民要术·黍穄》)

故其《诗》曰："或芸或芓，黍稷<u>儝儝</u>。"(《齐民要术·种谷》)

缨佩既<u>济济</u>，钟鼓何<u>锽锽</u>。(《隋诗·杨广〈冬至乾阳殿受朝诗〉》)

AA1 类叠音词独立作谓语时又可以与其他的词对举使用，如《论衡·定贤》例、《文选·范云〈古意赠王中书〉》例、《文选·傅毅〈舞赋〉》例等，这些对举的词也都是 AA 式叠音词，既有 AA1 类，也有 AA2 类，这一点似乎也可以表明 AA1 类和 AA2 类在语法功能上并无太大差别。

AA1 类叠音词也经常与其他谓词连用作谓语，这种情况也主要出现在赋中，在诗歌和散文中比较少见，如：

飞梁偃蹇以虹指，揭<u>蘧蘧</u>而腾凑。(《文选·王延寿〈鲁灵光殿赋〉》)李善注："崔骃《七依》曰：'夏屋蘧蘧。'"

聆广乐之九奏兮，展<u>洩洩</u>以<u>肜肜</u>。(《文选·张衡〈思玄赋〉》)旧注："洩洩、肜肜，皆乐貌。"李善注："《左氏传》曰：'郑庄公入而赋："大隧之中，其乐也肜肜。"姜出而赋："大隧之外，其乐也洩洩。"'杜预云：'融融，和也。洩洩，舒散也。''融'与'肜'古字通。"

干云雾而上达，状亭亭以<u>苕苕</u>。(《文选·张衡〈西京赋〉》)薛综注："亭亭、苕苕，高貌也。"

时亹亹而代序兮，畴可与乎比伉？（《文选·张衡〈思玄赋〉》）
旧注："亹亹，进貌。"

齐首目以瞠眄，徒眽眽而狋狋。（《文选·王延寿〈鲁灵光殿
赋〉》）张载注："眽眽、狋狋，视貌。"

山峨峨而造天兮，林冥冥而畅茂。（《全汉赋·班彪〈北征赋〉》）

风波薄其氤氲，貌浩浩以汤汤。（《全汉赋·班彪〈览海赋〉》）
龚克昌注："汤汤：大水流急貌。"

郁菣菣以翠微，崛巍巍以戴戴。（《文选·左思〈蜀都赋〉》）

溜泠泠以夜下兮，水潇潇以微凝。（《文选·潘岳〈寡妇赋〉》）

文徽徽以溢目，音泠泠而盈耳。（《文选·陆机〈文赋〉》）

这里所讲的 AA1 类叠音词与其他谓词连用作谓语时，全都是通过连词
"以"或"而"连接起来。其实中古时期也有不少两个 AA 式叠音词直
接连用而组成 AABB 式的用例，但是根据本书的结构安排，这种 AABB
式叠音词将放在下一节中讨论。

总之，AA1 类叠音词最主要的语法分布是作谓语，其谓语功能又
可以通过多种形式来实现：既可以独立作谓语，也可以通过虚词"以"
或"而"与其他谓词并列作谓语，还能以类似"主之谓"的形式作谓语。

3.4.1.2 AA1 类状态形容词作定语

中古汉语中作定语的 AA1 类叠音词有 89 例，约占 AA1 类叠音词
出现总数的 29%，略高于其他类型状态形容词作定语的比例。如：

采采丽容，咬咬好音。（《文选·祢衡〈鹦鹉赋〉》）李善注：
"《韩诗》曰：'采采衣服。'薛君曰：'采采，盛貌也。'《韵略》曰：
'咬咬，鸟鸣也，音交。'"

习习祥风，祁祁甘雨。（《文选·班固〈东都赋〉》）李善注：
"《毛诗》曰：'习习谷风。'"

抑抑威仪，孝友光明。（《文选·班固〈东都赋〉》）李善注：
"《毛诗》：'威仪抑抑。'"

皇道惟融，帝猷显平，泯泯庶类，含甘吮滋。（《全汉赋·蔡
邕〈释悔〉》）龚克昌注："泯泯，整齐一致。"

君臣穆穆，守之以平。<u>济济</u>多士，端委缙綎。(《全汉赋·班彪〈北征赋〉》)

<u>棱棱</u>霜气，<u>蔌蔌</u>风威。(《文选·鲍照〈芜城赋〉》)李善注："棱棱霜气，严冬之貌。蔌蔌，风声劲疾之貌。蔌，素鹿切。"

蔼蔼翠幄，<u>嫋嫋</u>素女。(《文选·左思〈吴都赋〉》)李善注："《埤苍》曰：'嫋嫋，美也。'奴鸟切。"

<u>殷殷</u>寰内，<u>绳绳</u>八区，锋镝纵横，化为战场，故麋鹿寓城也。(《文选·左思〈魏都赋〉》)

<u>严严</u>苦雾，皎皎悲泉。(《文选·鲍照〈舞鹤赋〉》)李周翰注："严严，惨烈皃。"

<u>觚觚</u>精卫，衔木偿怨。(《文选·左思〈魏都赋〉》)李善注："《说文》曰：'觚，亦翄字。'翼，翅也，叔敊切，今音祇。觚，飞貌。"

<u>裁裁</u>列辟，赫赫虎臣。(《文选·应贞〈晋武帝华林园集诗〉》)李善注："《毛诗》曰：'奉璋裁裁。'"

<u>桓桓</u>抚军，古贤作冠。(《文选·卢谌〈赠刘琨并书〉》)李善注："《尚书》曰：'勖哉夫子，尚桓桓。'"

<u>济济</u>京城内，赫赫王侯居。(《文选·左思〈咏史八首(其四)〉》)李善注："《毛诗》曰：'济济多士。'毛苌曰：'济济，多威仪也。'"

<u>冉冉</u>孤生竹，结根泰山阿。(《文选·古诗十九首》)

<u>盈盈</u>楼上女，皎皎当窗牖。(《文选·古诗十九首》)

案世间能建<u>蹇蹇</u>之节，成三谏之议，令将检身自敕，不敢邪曲者，率多儒生。(《论衡·程材》)

《诗》云："<u>营营</u>青蝇，止于藩。恺悌君子，无信谗言。"(《论衡·商虫》)

扬州吏民寻义逐之，窃视，唯作"<u>咄咄</u>怪事"四字而已。(《世说新语·黜免》)

《诗》云："<u>骊骊</u>牡马。"(《颜氏家训·书证》)

若作牧放之意，通于牝牡，则不容限在良马独得<u>骊骊</u>之称。(《颜氏家训·书证》)

《周南》曰："采采卷耳。"(《齐民要术·五谷、果蓏、菜茹非中国物产者》)

桓桓猛将，赳赳英谟。(《隋诗·牛弘等奉诏作〈述帝德〉》)

祈祈亘原隰，济济咸缙绅。(《隋诗·虞世基〈汴水早发应令诗〉》)

AA1 类叠音词既可以直接作定语，也可以在定中之间加入"之"字，这取决于中心语的音节数。直接作定语时主要修饰双音词，虽然也有例外，如"冉冉孤生竹""盈盈楼上女"等，中心语是单音节名词，但是这个名词之前还有一个修饰词。可见，AA1 类叠音词作定语时的中心语倾向于双音节或多音节词；当 AA1 类词修饰单音词时，定中之间一定要加入"之"字，如"蹇蹇之节""骊骊之称"等，具有比较强的音节选择性。

3.4.1.3 AA1 类状态形容词作状语

中古汉语作状语的 AA1 类词有 36 例，占比例约 12%，如：

苟名一师之学，趋为师教授，及时蚤仕，汲汲竟进，不暇留精用心，考实根核。(《论衡·正说》)

孝武皇帝好仙，司马长卿献《大人赋》，上乃仙仙有凌云之气。(《论衡·谴告》)

列真非一，往往出焉。(《文选·左思〈魏都赋〉》)

然而圣上犹孜孜靡忒，求天下之所以自悟。(《文选·何晏〈景福殿赋〉》)李善注："《孟子》曰：'鸡鸣而起，孳孳为善者，舜之徒也。''孳'与'孜'同。郑玄《毛诗笺》曰：'忒，变也。'"

采采不盈掬，悠悠怀所欢。(《文选·陆机〈拟涉江采芙蓉〉》)

我君顺时发，桓桓东南征。(《文选·王粲〈从军诗五首（其二）〉》)李善注："《毛诗》曰：'桓桓于征，遂彼东南。'"

翼翼飞轻轩，骎骎策素骐。(《文选·陆机〈挽歌诗三首（其一）〉》)李善注："《毛诗》曰：'乘其四骆，载骤骎骎。'"

析析就衰林，皎皎明秋月。含情易为盈，遇物难可歇。(《文选·谢灵运〈邻里相送方山诗〉》)

高世远时亦邻居，语孙曰："松树子非不<u>楚楚</u>可怜，但永无栋梁用耳！"（《世说新语·言语》）

谢幼舆谓周侯曰："卿类社树，远望之，<u>峨峨</u>拂青天；就而视之，其根则群狐所托，下聚溷而已！"（《世说新语·排调》）

虽然，刘甚忌之，平生诵何诗，常云："'辇车响北阙'，<u>懵懵</u>不道车。"（《颜氏家训·文章》）

但以莲子押取汁，以匕匙<u>纥纥</u>搅之，不须扬。（《齐民要术·饧》）

容华<u>冉冉</u>谢，衣带朝朝宽。（《隋诗·王胄〈言反江阳寓目灞涘赠易州陆司马诗〉》）

AA1 类状态形容词作状语时都是直接处于谓语之前，对谓语的情状进行描述，这与它作谓语时一样，也是谓词性的体现。

除了作谓语、定语和状语之外，中古汉语 AA1 类叠音状态形容词还 1 例作宾语和 2 例作补语的情况，如：

恪因嘲之曰："豫州乱矣，何<u>咄咄</u>之有？"（《世说新语·排调》）

以上这一句是 AA1 类词作宾语的例子，其实这是一个省略的用法，本句所在的完整段落为：

诸葛瑾为豫州，遣别驾到台，语云："小儿知谈，卿可与语。"连往诣恪，恪不与相见。后于张辅吴坐中相遇，别驾唤恪："<u>咄咄</u>郎君！"恪因嘲之曰："豫州乱矣，何<u>咄咄</u>之有？"答曰："君明臣贤，未闻其乱。"恪曰："昔唐尧在上，四凶在下。"答曰："非唯四凶，亦有丹朱。"于是一坐大笑。（《世说新语·排调》）

联系上下文可知，这里的"咄咄"实际上是承上的一种省略，是对话中常出现的一种情形，属于叠音状态形容词的特殊用法。

以下是作补语的两例：

修长<u>冉冉</u>，硕人其颀。（《全汉赋·蔡邕〈青衣赋〉》费振刚等注："冉冉，柔弱垂立貌。"

虎视眈眈，威彼好時。(《文选·潘岳〈关中诗〉》)李善注："《易》曰：'虎视眈眈，其欲逐逐。'"

中古时期状态形容词作补语还不发达大约跟汉语补语的发展阶段有关，中古时期动结式尚处于产生期，谓词直接作补语的情形还不是很普遍，所以也就不会有太多的状态形容词直接作补语。

在组合功能上，中古时期的 AA1 类叠音词一般不受时间词的修饰，只在某些场合下有些例外，如：

哀柳尚沉沉，凝露方泥泥。(《文选·谢朓〈始出尚书省〉》)李善注："《毛诗》曰：'蓼彼萧斯，零露泥泥。'《广雅》曰：'方，正也。'毛苌曰：'泥泥，沾濡也。'"

缨佩既济济，钟鼓何锽锽。(《隋诗·杨广〈冬至乾阳殿受朝诗〉》)

虽然中古时期其他类型的状态形容词对时间词没有十分强烈的排斥性，但是 AA1 类叠音词则表现得比较明显，它很少受时间词的修饰，这说明它的描述性比较强，在时间上表现出比较强的临时性。

总之，中古时期 AA1 类状态形容词最主要的语法分布是作谓语，它实现其谓语功能有几种常见的形式：一是独立作谓语，这种形式在诗歌和散文中尤为常见；二是通过连词"而"或"以"与其他谓词性结构并列作谓语，这种形式主要出现在赋中，这主要跟赋的句式特点有关；三是以类似于"主之谓"结构的形式作谓语。AA1 类叠音词能以多种形式实现其谓语功能说明它有比较强烈的谓词性。中古的 AA1 类叠音词还可以作定语和状语，作定语时对中心语的音节有比较明确的选择性：一般都要求中心语是双音节名词，若中心语是单音节名词，则定中之间需要加入"之"字；作状语时一般都是直接处于谓语之前，对谓语的情状进行描述。

3.4.2 AA2 类状态形容词的语法功能研究

AA2 类状态形容词是叠音合成词，即单音的 A 可以单用，并且单用时与 AA 整体的意思相同或相近，在中古以前的 AA 式叠音词中，它是最主要的一种类型，如"绵绵、悠悠、苍苍、霭霭"等。经统计，中古时期的语料中 AA2 类叠音词有 235 个，共出现 768 次。

表 3-4　中古汉语 AA2 类状态形容词的语法分布（单位：例）

谓语	定语	状语	宾语	补语
396	257	105	6	4

从表 3-4 中可以看出，AA2 类叠音词的主要语法分布是作谓语，但是它作定语和状语的绝对数量和比例均高于 AA1 类叠音词，它们的语法功能更为灵活。

3.4.2.1 AA2 类状态形容词作谓语

AA2 类叠音词作谓语的有 396 例，约占其出现总数的 52%，仍然是其主要语法分布。在谓语功能的实现方式上，AA2 类与 AA1 类类似，在不同的文体中，实现方式稍有不同：在赋中主要有三种形式，即独立作谓语、通过连词"而"或"以"与其他谓词性结构并列作谓语和以类似于"主之谓"的形式作谓语；而在散文和诗歌中主要是独立作谓语。

以下是散文和诗赋中独立作谓语的用例：

《论语》曰："大哉，尧之为君也！<u>荡荡</u>乎，民无能名焉。"（《论衡·艺增》）

使材士未尝见，巧女未尝为，异事诡手，暂为卒睹，显露易为者，<u>犹愦愦</u>焉。（《论衡·程材》）

儒生<u>栗栗</u>，不能当剧；将有烦疑，不能效力，力无益于时，则官不及其身也。（《论衡·程材》）

河水<u>沛沛</u>，比夫众川，孰者为大？（《论衡·自纪》）

历数冉冉，庚辛域际，虽惧终徂，愚犹<u>沛沛</u>，乃作《养性》

之书，凡十六篇。(《论衡·自纪》)

汉朝<u>郁郁</u>，厥语所闻，孰与亡秦？(《论衡·佚文》)

绿池泛<u>淡淡</u>，青柳何<u>依依</u>。(《文选·潘岳〈金谷集作诗〉》)
李善注："《韩诗》曰：'昔我往矣，杨柳依依。'薛君曰：'依依，
盛貌。'"

瞻彼崇丘，其林<u>蔼蔼</u>。(《文选·束皙〈补亡诗六首(其五)〉》)
李善注："蔼蔼，茂盛貌。"

秋河曙<u>耿耿</u>，寒渚夜<u>苍苍</u>。(《文选·谢朓〈暂使下都夜发新
林至京邑赠西府同僚〉》)李善注："耿耿，光也。《毛诗》曰：'蒹
葭苍苍。'"

龙骥<u>翼翼</u>，扬镳踟蹰。(《文选·嵇康〈杂诗〉》)李善注："《毛
诗》曰：'四牡翼翼。'"

谢太傅寒雪日内集，与儿女讲论文义，俄而雪骤，公欣然曰：
"白雪<u>纷纷</u>何所似？"(《世说新语·言语》)

庾子嵩目和峤："<u>森森</u>如千丈松，虽磊砢有节目，施之大厦，
有栋梁之用。"(《世说新语·赏誉》)

戴公见林法师墓，曰："德音未远，而拱木已积。冀神理<u>绵绵</u>，
不与气运俱尽耳！"(《世说新语·伤逝》)

四海<u>悠悠</u>，皆慕名者，盖因其情而致其善耳。(《颜氏家训·名
实》)

如环饼面，先刚溲，以手痛揉，令极软熟；更以膏汁溲，令
极泽<u>铄铄</u>然。(《齐民要术·饼法》)

《广志》曰："荔支，树高五六丈，如桂树，绿叶<u>蓬蓬</u>，冬夏
郁茂。"(《齐民要术·五谷、果蓏、菜茹非中国物产者》)

获麻之法，穗<u>勃勃</u>如灰，拔之。(《齐民要术·种麻》)

长风<u>萧萧</u>渡水来，归雁连连映天没。(《隋诗·卢思道〈从军
行〉》)

须君劳旋罢，春草共<u>萋萋</u>。(《隋诗·卢思道〈赠刘仪同西聘
诗〉》)

洛阳之水，其色<u>苍苍</u>。(《隋诗·祠洛水歌》)

以上是散文和诗歌中 AA2 类叠音词独立作谓语的用例，有的时候还在后面带上一些词尾，如"荡荡乎""愤愤焉"，这里的"乎"和"焉"仍应看作形容词词缀，只不过属于仿古的用法。此时只有词尾"然"可以自由使用，如《齐民要术·饼法》中的"烁烁然"，中古时期的文献中经常可以见到"然"的这种用法。

以下是赋中 AA2 类叠音词独立作谓语的用例：

> 大夏<u>耽耽</u>，九户开辟。(《文选·张衡〈西京赋〉》)薛综注："屋之四下者为夏。耽耽，深邃之貌也。都南切。"

> 于东则洪池清藻，渌水<u>澹澹</u>。(《文选·张衡〈东京赋〉》)李善注："《高唐赋》曰：'水澹澹而盘纡。'《说文》曰：'澹澹，水摇貌也。'"

> 我有嘉宾，其乐<u>愉愉</u>。(《文选·张衡〈东京赋〉》)薛综注："愉愉，和悦之貌也。"

> 桃枝<u>夭夭</u>，杨柳<u>猗猗</u>。(《全汉赋·崔骃〈大将军临洛观赋〉》)

> 死兽<u>藉藉</u>，聚如山。(《全汉赋·崔骃〈七依〉》)龚克昌注："藉藉：交横杂乱貌。司马相如《上林赋》：'它它藉藉，填坑满谷。'"

> 尔乃周阁迴迎，峻楼临门，朱阙<u>岩岩</u>，礒峨集云，青琐禁门，廊庑<u>翼翼</u>。(《全汉赋·李尤〈德阳殿赋〉》)

> 君臣<u>穆穆</u>，守之以平。(《全汉赋·蔡邕〈释悔〉》)

> 珍树<u>猗猗</u>，奇卉<u>萋萋</u>。(《文选·左思〈魏都赋〉》)李善注："毛苌《诗传》曰：'猗猗、萋萋，茂盛貌也。'"

> 清露<u>瀼瀼</u>，渌水<u>浩浩</u>。(《文选·何晏〈景福殿赋〉》)

> 丰肴<u>衍衍</u>，行庖<u>皤皤</u>。(《文选·左思〈魏都赋〉》)李善注："《周易》曰：'鸿渐于磐，饮食衍衍。'王肃曰：'衍衍，宽饶之貌也。'皤皤，丰多貌也。"

AA2 类叠音词独立作谓语不是赋中最常见的形式，从上述各例中可以看出，AA2 类叠音词独立作谓语时主要出现在赋文的四言句中，而这不是赋文的最典型的句式。AA2 类词在赋文中作谓语最常见的形式是与其他谓词并列或是组成类似于"主之谓"的形式。

以下是 AA2 类词与其他词连用作谓语的用例，最常见的是利用连词"而"或"以"连接，也有少数不用连词的。

以下是用"而"连接的：

排飞闼而上出，若游目于天表，似无依而洋洋。（《文选·班固〈西都赋〉》）李善注："王逸《楚辞》注曰：'洋洋，无所归貌。'"

齐首目以睖眄，徒眽眽而狋狋。（《文选·王延寿〈鲁灵光殿赋〉》）张载注："眽眽、狋狋，视貌。"

时亹亹而代序兮，畴可与乎比伉？（《文选·张衡〈思玄赋〉》）旧注："亹亹，进貌。"

遂排金扉而北入，霄霭霭而晻暧。（《文选·王延寿〈鲁灵光殿赋〉》）

山峨峨而造天兮，林冥冥而畅茂。（《全汉赋·冯衍〈显志赋〉》）

崇皇朝之辉光，映豹豹而灼灼。（《全汉赋·班昭〈蝉赋〉》）

子笑我之沈滞，吾亦病子屑屑而不已也。（《全汉赋·崔骃〈达旨〉》）费振刚等注："屑屑，忙碌不安定貌。"

情眷眷而怀归兮，孰忧思之可任？（《文选·王粲〈登楼赋〉》）李善注："《韩诗》曰：'眷眷怀顾。'"

风萧瑟而并兴兮，天惨惨而无色。（《文选·王粲〈登楼赋〉》）

亲落落而日稀，友靡靡而愈索。（《文选·陆机〈叹逝赋〉》）李善注："落落，稀貌。靡靡，尽貌。"

嘉颖离合以尊尊，醴泉涌流而浩浩。（《文选·左思〈魏都赋〉》）

风萧萧而异响，云漫漫而奇色。（《文选·江淹〈别赋〉》）李善注："荆轲歌曰：'风萧萧兮易水寒。'《尚书大传》，帝唱曰：'卿云烂兮，体漫漫兮。'"

愿假梦以通灵兮，目炯炯而不寝。（《文选·潘岳〈寡妇赋〉》）李善注："《楚辞》曰：'夜炯炯而不寐。'炯，公冷切。"

以下是用"以"连接的：

海鳞变而成龙，状蜿蜿以蜿蜿。（《文选·张衡〈西京赋〉》）

薛综注："蜿蜿、蝹蝹，龙形貌也。"

章陵郁以青葱，清庙肃以<u>微微</u>。(《文选·张衡〈南都赋〉》)

李善注："微微，幽静貌。"

常<u>翘翘</u>以危惧，若乘奔而无辔。(《文选·张衡〈东京赋〉》)

李善注："《毛诗》曰：'予室翘翘。'毛苌曰：'翘翘，危也。'"

风波薄其褰褰，貌<u>浩浩</u>以汤汤。(《全汉赋·班彪〈览海赋〉》)

龚克昌注："浩浩，水盛大貌。"

纷<u>屑屑</u>以<u>暧暧</u>，昭灼烁而复明。(《全汉赋·崔骃〈七依〉》)

龚克昌注："屑屑，这里指舞姿迅疾的样子。暧暧，昏暗不明貌。"

序列宿之焕烂，咸垂景以<u>煌煌</u>。(《全汉赋·黄香〈九宫赋〉》)

坟垒垒而接垄，柏<u>森森</u>以攒植。(《文选·潘岳〈怀旧赋〉》)

李善注："森森，一作榛榛。"

夜<u>漫漫</u>以悠悠兮，寒<u>凄凄</u>以凛凛。(《文选·潘岳〈寡妇赋〉》)

李善注："夜漫漫，已见上文。《楚辞》曰：'去白日之昭昭，袭长夜之悠悠。'《毛诗》曰：'秋日凄凄。'"

直冲涛而上濑，常<u>沛沛</u>以<u>悠悠</u>。(《文选·左思〈吴都赋〉》)

刘渊林注："沛沛，行貌。悠悠，亦行貌。"

迎隆冬而不凋，常<u>晔晔</u>以<u>猗猗</u>。(《文选·左思〈蜀都赋〉》)

李善注："晔晔、猗猗，已见《西都赋》。"

无论是"而"连接还是"以"连接的，AA2 类词作谓语时都既可以处于连词之前，也可以处于连词之后，与其并列的对象既可以是 AA2 类词，也可以是 AA1 类词或是其他的复音谓词性结构，比较灵活。还有少数是 AA2 类词与其他谓词性结构直接连用作谓语而不要虚词连接的，如：

<u>泛泛</u>乎<u>滥滥</u>，随天转琁，容容无为。(《全汉赋·桓谭〈仙赋〉》)

龚克昌注："泛泛，漂泊不定的样子。滥滥，水满溢状。"

孔子曰"师挚之始，《关雎》之乱，<u>洋洋</u>乎盈耳哉！"(《论衡·案书》)

天不可阶仙夫稀，《柏舟》<u>悄悄</u>吝不飞。(《文选·张衡〈思玄赋〉》）旧注："悄悄，忧貌。"

　　然而此乐愔愔雅致，有深味哉！（《颜氏家训·杂艺》）

以上这些例句都是 AA2 类词与其他词直接连用，前面的几例还加了词尾 "乎"。其实 AA 类词与其他词直接连用的情形也不止这些，在讲 AA1 类词与其他词连用作谓语时也提到过，中古之前的 ABB 式和 AABB 式实际都是直接并列连用，只是本书将另辟章节讨论这种现象，所以这里所说的 AA 类词与其他词直接连用是不包含 ABB 式和 AABB 式的。

　　AA2 类词作谓语时还有一种常见形式是"主之谓"形式，如：

　　瞻崑崙之巍巍兮，临萦河之洋洋。（《文选·张衡〈思玄赋〉》）旧注："巍巍，高貌。"李善注："《毛诗》曰：'河水洋洋。'毛苌曰：'洋洋，盛大也。'"

　　布绿叶之萋萋，敷华蘂之蓁蓁。（《文选·张衡〈南都赋〉》）李善注："毛苌《诗传》曰：'蓁蓁，茂盛貌。'"

　　六玄虬之弈弈，齐腾骧而沛艾。（《文选·张衡〈东京赋〉》）薛综注："弈弈，光明。"

　　越安定以容与兮，遵长城之漫漫。（《文选·班彪〈北征赋〉》）李善注："《楚辞》曰：'遵赤水而容与。'又曰：'路曼曼其修远。''漫'与'曼'古字通。"

　　咨孤蒙之眇眇兮，将圮绝而罔阶。（《文选·班固〈幽通赋〉》）

　　余有事于淮浦，览沧海之茫茫。（《全汉赋·班彪〈览海赋〉》）龚克昌注："茫茫：旷远貌。"

　　瞻淇澳之园林，善绿竹之猗猗。（《全汉赋·班彪〈游居赋〉》）

　　高吾冠之岌岌兮，长吾佩之洋洋。（《全汉赋·冯衍〈显志赋〉》）

　　夫何大川之浩浩兮，洪流淼以玄清。（《全汉赋·蔡邕〈汉津赋〉》）

　　蜿盘虎以为趾，建修竿之亭亭。（《全汉赋·郑玄〈相风赋〉》）费振刚等注："亭亭，高高耸立貌。"

　　播芳蕤之馥馥，发青条之森森。（《文选·陆机〈文赋〉》）

升清质之<u>悠悠</u>，降澄辉之<u>蔼蔼</u>。(《文选·谢庄〈月赋〉》)李善注:"《楚辞》曰:'白日出兮悠悠。'《长门赋》曰:'望中庭之蔼蔼，若季秋之降霜。'"

登春台之<u>熙熙</u>兮，珥金貂之<u>炯炯</u>。(《文选·潘岳〈秋兴赋〉》)李善注:"《广雅》曰:'炯炯，光也。'"

以这种方式作谓语是 AA2 类词在赋文中比较常见的形式，总共有52 例，这是由赋的六言句式造成的，在诗歌和散文中则很少见到这样的形式。

中古时期的 AA2 类状态形容词在作谓语时有时能受时间词的修饰，如:

衰柳<u>尚沉沉</u>，凝露方泥泥。(《文选·谢朓〈始出尚书省〉》)李善注:"沉沉，茂盛之貌也。"

翠山方蔼蔼，青浦<u>正沉沉</u>。(《文选·谢庄〈郊游〉》)李善注:"《广雅》曰:'蔼蔼，盛貌。'《上林赋》曰:'沉沉隐隐。'"

书记<u>既翩翩</u>，赋歌能妙绝。(《文选·陆厥〈奉答内兄希叔〉》)

渫云<u>已漫漫</u>，多雨亦凄凄。(《文选·谢朓〈敬亭山诗〉》)

汀葭稍靡靡，江菼<u>复依依</u>。(《文选·谢朓〈休沐重还道中〉》)李善注:"《高唐赋》曰:'薄草靡靡。'《韩诗》曰:'杨柳依依。'"

梦寐<u>复冥冥</u>，何由覿尔形。(《文选·潘岳〈悼亡〉》)李善注:"冥冥，幽昧也。《文子》曰:'虑患于冥冥之外。'"

初发清漳浦，春草<u>正萋萋</u>。(《隋诗·卢思道〈赠李若诗〉》)

平淮<u>既淼淼</u>，晓雾复霏霏。(《隋诗·杨广〈早渡淮诗〉》)

梵宫<u>既隐隐</u>，灵岫亦沉沉。(《隋诗·杨广〈谒方山灵岩寺诗〉》)

这些受时间词修饰的用例都出自诗歌中，散文和赋中都少见。状态形容词本来就隐含着时间上的临时性，所以一般不再接受时间词的修饰，以上的用例可能是受诗歌句式字数的限制而形成的。

以下例子中叠音词"赫赫"受否定词"不"的修饰，这更是状态形容词的例外用法，如:

何武<u>不赫赫</u>，遗爱常在去。(《文选·卢谌〈赠崔温〉》)李善注："《汉书》曰：'何武为大司空，其所居亦无赫赫名，去后常见思。'"

总之，AA2 类叠音词在作谓语的特点上与 AA1 类叠音词并无太大差别，它们作谓语所占的比例大致相当，谓语功能的实现形式因文体的不同而不同，在诗歌和散文中都是以独立作谓语为最常见的形式，在赋文中实现谓语功能的形式主要有三种，一是独立作谓语，二是与其他词连用并列作谓语，并且大多是通过连词"以"或"而"与其他谓词并列，第三种形式是以类似于"主之谓"的形式作谓语。

3.4.2.2 AA2 类状态形容词作定语

中古 AA2 类状态形容词第二种最常见的句法功能是作定语，总共有 257 例，占比约为 33%，略高于 AA1 类叠音词作定语的比例。与 AA1 类叠音词作定语一样，AA2 类叠音词作定语时，不管是在什么文体中，对中心语的音节都有严格的选择关系，即倾向于修饰多音节中心语，此时定中之间可以加入"之"，也可以不加"之"字，如果修饰单音节中心语，则定中之间都需要加入"之"字以凑足音节，如：

<u>皤皤</u>国老，乃父乃兄。(《文选·班固〈东都赋〉》)李善注："《说文》曰：'皤，老人貌也。'蒲河切。"

<u>习习</u>祥风，<u>祁祁</u>甘雨。(《文选·班固〈东都赋〉》)李善注："《毛诗》曰：'兴雨祁祁。'"

乱曰：<u>彤彤</u>灵宫，岢嶭穹崇，纷庬鸿兮。(《文选·王延寿〈鲁灵光殿赋〉》)李善注："皆高大之貌。"

<u>穆穆</u>皇王，克明厥德。(《全汉赋·邓耽〈郊祀赋〉》)

<u>纤纤</u>静女，经之络之。(《全汉赋·邓耽〈郊祀赋〉》)

悠悠玄鱼，<u>嶉嶉</u>白鸟。(《文选·何晏〈景福殿赋〉》)李善注："《孔丛子》，孔子歌曰：'黄河洋洋，悠悠之鱼。'《毛诗》曰：'白鸟翯翯。'毛苌曰：'翯翯，肥泽也。''翯'与'嶉'音义同。"

济济京城内，<u>赫赫</u>王侯居。(《文选·左思〈咏史八首(其四)〉》)李善注："《毛诗》曰：'赫赫师尹。'毛苌曰：'赫赫，显盛貌。'"

黮黮重云，辑辑和风。(《文选·束皙〈补亡诗六首（其三）〉》)
李善注："黮黮，云色不明貌，徒感切。辑辑，风声和也。"

昭昭清汉晖，粲粲光天步。(《文选·陆机〈拟迢迢牵牛星〉》)
李善注："《晏子春秋》曰：'星之昭昭，不如月之暧暧。'毛苌《诗
传》曰：'粲粲，鲜盛也。'"

眇眇陵长道，遥遥行远之。(《文选·刘铄〈拟行行重行行〉》)
李善注："《楚词》曰：'路眇眇以默默。'《广雅》曰：'眇眇，远
也。'"

严严苦雾，皎皎悲泉。(《文选·鲍照〈舞鹤赋〉》)

蔼蔼翠幄，嫣嫣素女。(《文选·左思〈吴都赋〉》)李善注：
"蔼蔼，盛貌。"

其诗曰："北阜烈烈，巨海混混；磊磊三坟，唯母与昆。"(《世
说新语·术解》)

粲粲鲜花明四曜，辉辉道树镜三春。(《隋诗·释慧净〈杂言
诗〉》)

寂寂长安信，谁念客衣单。(《隋诗·辛德源〈成连〉》)

以上各例是 AA2 类叠音词修饰多音节中心语，定中之间没有"之"字，
这些句子大多是四言句式，中心语也多是双音节结构，定语与中心语
正好组成一个四字结构，符合四言句式的特点，所以定中之间多不用
"之"字。

诏书每下，文义经传四科，诏书斐然，郁郁好文之明验也。
(《论衡·超奇》)

寻修轨以增举兮，邈悠悠之未央。(《全汉赋·杜笃〈首阳山
赋〉》)

览三代而采宜，包郁郁之周文。(《全汉赋·李尤〈东观赋〉》)
费振刚等注："郁郁，多文采貌。"

叙五帝之休德，扬荡荡之典文。(《全汉赋·蔡邕〈笔赋〉》)

婚媾协而莫违，播欣欣之繁祉。(《全汉赋·蔡邕〈协和婚赋〉》)

藉萋萋之纤草，荫落落之长松。(《文选·孙绰〈游天台山赋〉》)

李善注："《楚辞》曰：'春草生兮萋萋。'杜笃《首阳山赋》曰：'长松落落，卉木蒙蒙。'"

　　执眷眷之款实兮，惧斯灵之我欺。(《文选·曹植〈洛神赋〉》)

以上各例的中心语都是双音结构，但是定中之间都有"之"字，这些用例大多出自赋文中，加入"之"字之后正好组成六言句式，"之"的作用是凑足音节。

　　庸庸之君，不能知贤，不能知贤，不能知佞。(《论衡·答佞》)

　　如谓天神，神怒无声；如谓苍苍之天，天者体不怒，怒用口。(《论衡·雷虚》)

　　及其言天犹以人心，非谓上天苍苍之体也。(《论衡·谴告》)

　　传曰："有年五十击壤于路者，观者曰：'大哉！尧德乎！'击壤者曰：'吾日出而作，日入而息，凿井而饮，耕田而食，尧何等力！'此言荡荡无能名之效也。(《论衡·艺增》)

　　蒸蒸之心，感物曾思。(《文选·张衡〈东京赋〉》)薛综注："《广雅》曰：'蒸蒸，孝也。'

　　肃肃之仪尽，穆穆之礼殚。(《文选·张衡〈东京赋〉》)李善注："《毛诗·颂》曰：'至止肃肃。'《礼记》曰：'天子穆穆。'"

　　是以《乐》记干戚之容，《雅》美蹲蹲之舞。(《文选·傅毅〈舞赋〉》)李善注"《毛诗·小雅》曰：'坎坎鼓我，蹲蹲舞我。'"龚克昌注："蹲蹲，翩然起舞的样子。"

　　虽无炎炎之乐，亦无灼灼之忧。(《全汉赋·崔寔〈答讥〉》)龚克昌注："炎炎，盛多。"

　　答曰："明公作辅，宁使网漏吞舟，何缘采听风闻，以为察察之政？"(《世说新语·规箴》)

以上各例的中心语都是单音词，此时定中之间一般都要加入"之"字以凑成四言结构，比较极端的还有《论衡·艺增篇》的例子"此言荡荡无能名之效也"，虽然中心语"效"之前还有其他的修饰成分，它前面也仍然需要加入"之"字。

AA2 类叠音词修饰单音节中心语只有少数不加 "之" 的例外情况，如：

> 欲呈<u>纤纤</u>手，从郎索指环。(《隋诗·丁六娘〈十索四首（其四）〉》)

> 虽有<u>灼灼</u>姿，玉为尘生秽。(《隋诗·佚名〈马明生临去箸诗三首（其二）〉》)

这两例都出自隋诗的五言句式之中，并且中心语都是作为双音动词的宾语，在这样的限制下，定中之间不可能再加入 "之" 字了，所以这种例外是由五言句式的限制而造成的。

总之，AA2 类叠音词作定语时，对中心语的音节有比较严格的选择性，倾向于修饰多音节中心语，此时定中之间可以加入 "之" 字，也可以不加，不加 "之" 时正好组成四言句式，加入 "之" 字时，则正好组成六言句式。修饰单音节中心语时，定中之间一般都要加入 "之" 字以凑足音节，形成四言句式，较少有例外。所以，AA2 类叠音词作定语时，一般都要求与定中结构之间构成偶数句式，"之" 则正好起着音节数量的调节作用。

3.4.2.3 AA2 类状态形容词作状语

AA2 类叠音状态形容词作状语的数量不是很多，只有 105 例，占比仅约 14%，如：

> 苟名一师之学，趋为师教授，及时蚤仕，<u>汲汲</u>竞进，不暇留精用心，考实根核。(《论衡·正说》)袁华忠注："汲汲，形容心情迫切的样子。"

> 孝武皇帝好仙，司马长卿献《大人赋》，上乃<u>仙仙</u>有凌云之气。(《论衡·谴告》)袁华忠注："仙仙，形容飘飘然飞舞的样子。"

> <u>翩翩</u>独征，无俦与兮。(《全汉赋·蔡邕〈述行赋〉》)

> 二族崇饰，威仪有序，嘉宾僚党，<u>祁祁</u>云聚。(《全汉赋·蔡邕〈协和婚赋〉》)

> 繁滋族类，乘居匹游，<u>翩翩</u>然有以自乐也。(《文选·张华〈鹪

鹢赋〉》）李善注："翩翩，自得之貌。《毛诗》曰：'翩翩者鵻。'"

尚何能违膝下色养，而屑屑从斗筲之役乎。（《文选·潘岳〈闲居赋〉》）李善注："《左氏传》，晋侯谓汝叔齐曰：'鲁侯善礼。'叔齐曰：'而屑屑焉习仪以亟。'《方言》曰：'屑屑，不静也。'"

亭亭映江月，浏浏出谷飙。（《文选·谢惠连〈泛湖归出楼中翫月〉》）李善注："亭亭，迥貌。王逸《楚辞》注曰：'浏，风疾貌。'《寡妇赋》曰：'风浏浏而夙兴。'"

迟迟前涂尽，依依造门基。（《文选·颜延之〈秋胡诗〉》）

夭夭桃李花，灼灼有辉光。（《文选·阮籍〈咏怀诗十七首（其四）〉》）颜延之注："《毛诗》曰：'桃之夭夭，灼灼其华。'"

悠悠涉荒路，靡靡我心愁。（《文选·王粲〈从军诗五首（其五）〉》）李善注："《毛诗》曰：'悠悠南行。'"

石头等既疲倦，俄而乘舆回，诸人皆似从官，唯东亭奕奕在前，其悟摄如此。（《世说新语·捷悟》）

王曰："裴仆射善谈名理，混混有雅致；张茂先论《史》《汉》，靡靡可听；我与王安丰说延陵、子房，亦超超玄著。"（《世说新语·言语》）

若著酪中及胡麻饮中者，真类玉色，稹稹著牙，与好面不殊。（《齐民要术·饼法》）

滔滔下狄县，淼淼肆神州。（《隋诗·杨广〈临渭源诗〉》）

伟伟众真会，渺渺凌重玄。（《隋诗·佚名〈葛玄空中歌三首〉》）

AA2 类叠音词作状语一般都是直接处于谓语之前修饰谓语，主要出现在诗歌中，如《文选》收录的诗中有 64 例，隋诗中有 23 例，散文和赋中都比较少见。

除此之外，中古时期的 AA2 类叠音词还有少数作宾语和补语的用例，分别是 6 例和 4 例，如：

传曰："有年五十击壤于路者，观者曰：'大哉！尧德乎！'击壤者曰：'吾日出而作，日入而息，凿井而饮，耕田而食，尧何等力！'此言荡荡无能名之效也。言荡荡，可也；乃欲言民无能名，

增之也。"(《论衡·艺增》)

称尧之荡荡，不能述其可比屋而封；言贤者可比屋而封，不能议让其愚。而无知之，夫击壤者，难以言比屋，比屋难以言荡荡。(《论衡·艺增》)

凡圣人见祸福也，亦揆端推类，原始见终，从闾巷论朝堂，由昭昭察冥冥。(《论衡·实知》)

丞相末年，略不复省事，正封篆诺之。自叹曰："人言我愦愦，后人当思此愦愦。"(《世说新语·政事》)

桓公卧语曰："作此寂寂，将为文、景所笑！"(《世说新语·尤悔》)

以上 6 例是作宾语的，其中前两例是承上下文而来的省略用法，用"荡荡"类指称所言之物，后面几例也都是在上下文中有特殊的所指。总之，状态形容词作宾语是其特殊的用法，一般都是由上下文语境赋予临时的指称意义，因此不能脱离上下文语境去理解。

以下 4 例是作补语的：

清跸临溟涨，巨海望滔滔。(《隋诗·庾自直〈奉和望海诗〉》)
波长泛淼淼，眺迥情依依。(《隋诗·蔡允恭〈奉和出颍至淮应令诗〉》)

《诗》曰："惟此文王，小心翼翼，昭事上帝，聿怀多福；厥德不回，以受方国。"(《论衡·变虚》)

遏称曰："昔我往矣，杨柳依依；今我来思，雨雪霏霏。"(《世说新语·文学》)

现代汉语中，状态形容词经常可以作补语，但一般都需借助助词"得"来实现，直接作补语的也是少数，中古时期的直接补语还不发达，因此 AA2 类叠音词直接作补语的更是少见。

AA2 类叠音词无论是从出现数量上看，还是从语法功能上看，都是中古汉语状态形容词中最常见也最活跃的一个类型。它最主要的语法分布是作谓语，通常都通过以下形式实现其谓语功能：一是独立作谓语，尤其是在散文和诗歌中独立作谓语的比例最高；二是与其他词并列作谓语，此时大多通过连词"而"或"以"与其他词连接；第三是以"主之谓"的形式作谓语。其中，后两种形式都主要出现在赋中，可能是受赋的句式的影响而形成的。AA2 类叠音词在作谓语时能受时间词的修饰，将其隐含的时间上的临时性表现出来。AA2 类叠音词也经常作定语，并且一般都倾向于修饰多音节（双音节）的中心语，此时定中之间可以加"之"，也可以不加"之"，原则是使定中短语凑成偶数音节。AA2 类叠音词修饰单音节中心语时一般都要加上"之"字以凑成四字句式。AA2 类叠音词作状语时以直接处于谓语之前为常见形式，主要出现在诗歌中，散文和赋中都比较少见。

3.4.3 AA3 类状态形容词的语法功能研究

AA3 类词是单音节性质形容词重叠而成的叠音状态形容词，重叠前后词汇意义没有多少变化，只是重叠后增加了生动性、形象性或程度性。AA3 类叠音词在中古时期仍然处于萌芽阶段，数量还比较少，如"青青、高高、明明、平平"等。虽然我们认为 AA3 类叠音词是由单音节性质形容词重叠而成的，但是它们与现代汉语中的 AA3 类词还是有些差别，现代汉语中叠音状态形容词在语义上主要是表示程度量的增加，即它们凸显的是描述对象的程度，如：

> 一条长长的、蓝幽幽的影子从路面跳上青石台阶，随之，一个少女的身姿就出现在大门前了。（霍达《穆斯林的葬礼·月冷》）
> 夜里落了一场大雪。庄稼人被厚厚的积雪封堵在家里，除了清扫庭院和门口的积雪再没有什么事情好做。（陈忠实《白鹿原》第二章）
> 看，那丛生在大地与天空之际的密密的树林，像是郁郁连绵不断的山岭，好像在发出轻悄而又愉快的咏叹。（刘白羽《第二个太阳·深沉的大地》）

以上 3 例中的"长长、厚厚、密密"都是由单音节性质形容词构成的AA 式叠音词，重叠之后都表示量的凸显，意思分别是"很长、很厚、很密"。中古以前的 AA3 类叠音词则更多的还是表示生动性和形象性，表程度是后来才发展出来的。

经统计，中古时期的语料中 AA3 类叠音词有 16 个，共出现 48 次。其中作定语的最多，有 21 例；其次是作谓语的有 18 例；作状语的有 8 例，还有 1 例作补语。

作定语的如：

> 方今文人并出见者，乃夫汉朝明明之验也。(《论衡·超奇》)
>
> 青青之色，犹枭枭之声也，死物之色不能复青，独为死人之声能复自言，惑也。(《论衡·论死》)
>
> 《尚书》《春秋》事较易，略正题目粗粗之说，以照篇中微妙之文。(《论衡·正说》)
>
> 明明后辟，仁以为政。(《文选·束皙〈补亡诗六首（其六）〉》)李善注："《尔雅》曰：'明明，察也。'"
>
> 明明天子，时惟笃类。(《文选·曹植〈责躬诗〉》)李善注："《毛诗》曰：'明明天子，令问不已。'"
>
> 青青陵上松，亭亭高山柏。(《文选·何劭〈游仙诗〉》)李善注："古诗曰：'青青陵上柏。'"
>
> 青青河边草，绵绵思远道。(《文选·佚名〈饮马长城窟行〉》)
>
> 青青园中葵，朝露行日晞。(《文选·佚名〈长歌行〉》)
>
> 光光段生，出幽迁乔。(《文选·刘琨〈答卢谌诗并书〉》)李善注："扬雄《侍中箴》曰：'光光常伯。'"
>
> 一切但依此法，除虫灾外，小小旱，不至全损。(《齐民要术·杂说》)
>
> 高高城里髻，峨峨楼上妆。(《隋诗·薛道衡〈和许给事善心戏场转韵诗〉》)
>
> 团团素月净，倏倏夕景清。(《隋诗·杨广〈月夜观星诗〉》)
>
> 伟伟众真会，渺渺凌重玄。(《隋诗·佚名〈葛玄空中歌三首（其三）〉》)

从上述用例可以看出，在作定语时，定中之间是否加"之"的情况与

AA1、AA2 类类似，单音节中心语一般都加"之"，只有"小小旱"例外；多音节中心语都不加"之"。在语义上，以上这些 AA3 类叠音词主要还是表示生动性和形象性，只有几例有一点表程度的意思，如"小小旱""高高城里髻""团团素月"等，这说明此时的 AA 式叠音词已经有向表示程度发展的趋势。

以下是作谓语的用例：

> 明发曙而不寐兮，心迟迟而有违。(《文选·曹大家〈东征赋〉》)李善注："《毛诗》曰：'明发不寐。'又曰：'行道迟迟，中心有违。'"
>
> 明明如月，何时可掇？忧从中来，不可断绝。(《文选·曹操〈短歌行〉》)
>
> 归海流漫漫，出浦水浅浅。(《文选·沈约〈早发定山〉》)李善注："《楚辞》曰：'石濑兮浅浅。'王逸曰：'浅浅，流疾貌也，音俴。'"
>
> 简文道王怀祖："才既不长，于荣利又不淡；直以真率少许，便足对人多多许。"(《世说新语·赏誉》)
>
> 王右军郗夫人谓二弟司空、中郎曰："王家见二谢，倾筐倒庋；见汝辈来，平平尔。汝可无烦复往。"(《世说新语·贤媛》)
>
> 既至，因嘲之曰："与人期行，何以迟迟？望卿遥遥不至。"(《世说新语·排调》)
>
> 凡四五度翻，内外均暖，微著白衣，于新翻讫时，便小拨峰头令平，团团如车轮，豆轮厚二尺许乃止。(《齐民要术·作豉法》)
>
> 人愿无违，希从毕永。急急如律令。(《齐民要术·造神曲并酒》)
>
> 中国土不宜姜，仅可存活，势不滋息。种者，聊拟药物小小耳。(《齐民要术·种姜》)
>
> 江水何泠泠，杨柳何青青。(《隋诗·隋末江东童谣》)
>
> 隆我帝载，永明明。(《隋诗·牛弘〈食举歌〉》)

以上这些作谓语的用例也大多是凸显生动性和形象性，只有少数几例体现的是程度，如"直以真率少许，便足对人多多许"，此处的"多多"

与前半句的"少"相对应，正是程度量的凸显；又如"与人行期，何以迟迟""团团如车轮"等，都有突出量的作用。

以下是作状语的用例：

> 迟迟出林翮，未夕复来归。(《文选·陶渊明〈咏贫士诗〉》)

> 高高入云霓，还期那可寻？(《文选·谢灵运〈登临海峤初发强中作与从弟惠连见羊何共和之〉》)李善注："《孟子》曰：'太山之高，参天入云。'羊祜《请伐吴表》曰：'高山寻云霓。'"

> 高高上无极，天路安可穷。(《文选·曹植〈杂诗六首（其二）〉》)李善注："《吕氏春秋》曰：'风乎其高无极也。'"

> 阊阖既辟，承华再建。明明在上，有集惟彦。(《文选·陆机〈赠冯文罴迁斥丘令〉》)

> 从九月一日后，止可小小供食，不得多作：天寒草枯，牛羊渐瘦故也。(《齐民要术·作酪法》)

> 其卧酪待冷暖之节，温温小暖于人体为合宜适。(《齐民要术·作酪法》)

> 其颠近上未五六尺间，洪洪肿起若瘣。(《齐民要术·五谷、果蓏、菜茹非中国物产者》)

> 冉冉年和变，迟迟节物徂。(《隋诗·许善心〈奉和还京师诗〉》)

以上例句中的"高高、小小"都带有比较明显的程度特征。

下例是作补语的：

> 台上之人闻其言，则怜而与之；如不闻其言，虽至诚区区，终无得也。(《论衡·感虚》)袁华忠注："区区，诚挚。"

总之，AA3 类叠音状态形容词在中古时期数量还比较少，语义上也大多还是表示生动性和形象性，并未发展成现代汉语中那样典型的 AA3 类叠音词，但是从此时开始有少数 AA3 类叠音词就已经有表示程度量的趋势，只是这个现象还不如现代汉语那么明显，经过近代汉语的过渡之后，AA3 类叠音词才真正完成了由生动性向程度量的转变。

3.5 ABB 式状态形容词的语法功能研究

现代汉语中 ABB 式叠音词比较发达，如"绿油油、红彤彤、白皑皑"等；古代汉语中也有类似的结构，如"郁纷纷、漫浩浩"等。这些结构自《诗经》时代就有，但是仔细观察可以发现，"郁纷纷"之类的 ABB 式与"红彤彤"之类的并不完全相同。古代汉语的 ABB 式中 A 与 BB 之间都是并列关系，两者是可以拆开的，A 几乎都为单音节状态形容词；现代汉语的 ABB 式中，A 与 BB 之间多为补充关系，拆开之后意思发生变化或者干脆不能拆开，A 多为单音节性质形容词。中古时期的 ABB 式主要也还是并列式，为了体现历时的传承性，本书还是将中古时期的并列式看作 ABB 式叠音词。经统计，中古汉语语料中 ABB 式叠音词有 21 个，共出现 24 次，全部作谓语。如：

远树暧<u>仟仟</u>，生烟<u>纷</u>漠漠。(《文选·谢朓〈游东田〉》) 李善注："《广雅》曰：'芊芊，盛也。''仟'与'芊'同。"

<u>纷翼翼</u>以徐戾兮，焱回回其扬灵。(《文选·张衡〈思玄赋〉》)

渐台立于中央，<u>赫昈昈</u>以弘敞。(《文选·张衡〈西京赋〉》)

体爽垲以闲敞，<u>纷郁郁</u>其难详。(《文选·张衡〈南都赋〉》) 李善注："扬雄《豫州箴》曰：'郁郁京河，伊、洛是经也。'"

<u>翩绵绵</u>其若绝，眩将坠而复举。(《文选·张衡〈南都赋〉》) 李善注："毛苌《诗传》曰：'绵绵，长而不绝貌。'"

<u>汩砏砏</u>以璀璨，<u>赫煇煇</u>而爥坤。(《文选·王延寿〈鲁灵光殿赋〉》) 张载注："皆其形貌光辉也。"李善注："砏砏，高貌。煇，光明貌。"

绿水扬洪波，旷野<u>莽茫茫</u>。(《文选·阮籍〈咏怀诗十七首（其十二）〉》) 李善注："《楚辞》曰：'莽茫茫之无涯。'毛苌曰：'茫茫，广大貌。'"

恭文遥相望，原陵<u>郁膴膴</u>。(《文选·张载〈七哀诗二首（其一))》》李善注："毛苌曰：'膴膴，肥美也。'"

月出照园中，珍木郁苍苍。(《文选·刘桢〈公燕诗〉》)李善注："《风俗通》曰：'太山松郁郁苍苍。'"

太谷何寥廓，山树郁苍苍。(《文选·曹植〈赠白马王彪〉》)李善注："《风俗通》曰：'泰山松树，郁郁苍苍。'"

柔条纷冉冉，叶落何翩翩。(《文选·曹植〈美女篇〉》)

坟垄日月多，松柏郁芒芒。(《文选·陆机〈门有车马客行〉》)

廛里一何盛，街巷纷漠漠。(《文选·陆机〈君子有所思行〉》)

还顾望旧乡，长路漫浩浩。(《文选·古诗十九首〈涉江采芙蓉〉》)

种葵北园中，葵生郁萋萋。(《文选·陆机〈园葵诗〉》)

虚馆清阴满，神宇暧微微。(《文选·沈约〈学省愁卧〉》)李善注："《南都赋》曰：'清庙肃以微微。'"

光扈扈而炀耀兮，纷郁郁而畅美。(《全汉赋·冯衍〈显志赋〉》)

粲奕奕而高逝，驰岌岌以相属。(《文选·嵇康〈琴赋〉》)李善注："《广雅》曰：'奕奕，盛貌。'"

羌环玮以壮丽，纷彧彧其难分，此其大较也。(《文选·何晏〈景福殿赋〉》)李善注："《南都赋》曰：'纷郁郁其难详。'"

餐沆瀣兮带朝霞，眇翩翩兮薄天游。(《文选·嵇康〈琴赋〉》)

桃林千里险，候骑乱纷纷。(《隋诗·何妥〈入塞〉》)

衔悲向南浦，寒色黯沉沉。(《隋诗·杨素〈赠薛播州诗〉》)

以上穷尽性地列举了 24 例 ABB 式叠音词，均出自诗歌和赋中，均作谓语。从本质上讲，这些 ABB 式与现代汉语中的"绿油油、白皑皑、乱蓬蓬"并不相同，它们是由单音节状态形容词 A 与 AA 式叠音词叠加而构成的，本质上仍是词组，A 和 BB 都有单用的例子，但是它们结合之后也还是有一些新的特点，那就是只作谓语。单独的单音节状态形容词和 AA 式叠音词虽然主要是作谓语，同时也有作其他句法成分的，但并列之后的 ABB 式只作谓语，说明并列之后的结构描述性增强了，这也许正是导致它们后来词汇化的一个重要原因。

3.6 AABB 式状态形容词的语法功能研究

现代汉语中 AABB 式叠音词是状态形容词中的一个重要类型，而在中古以前，所谓的 AABB 式基本上都是由叠音词 AA+BB 构成的并列结构，很少有由双音词 AB 重叠而成的 AABB 式。经统计，中古时期的语料中，AABB 式叠音词共有 64 个，共出现 67 次，其中有 66 例作谓语，只有 1 例作定语。

作谓语的如：

初者，苏伯阿望春陵气，<u>郁郁葱葱</u>。（《论衡·恢国》）

蚩尤之民，<u>湎湎纷纷</u>；亡秦之路，赤衣比肩。（《论衡·寒温》）

故共馨香，奉进旨嘉，<u>区区惓惓</u>，冀见答享。（《论衡·明雩》）袁华忠注："区区惓惓，形容诚恳真挚的样子。"

王莽时，谒者苏伯阿能望气，使过春陵，城郭<u>郁郁葱葱</u>。（《论衡·吉验》）

使著作之人，总众事之凡，典国境之职，<u>汲汲忙忙</u>，何暇著作？（《论衡·书解》）

遂绕酆鄗，历上兰。六师发逐，百兽骇殚。<u>震震爚爚</u>，雷奔电激。（《文选·班固〈西都赋〉》）李善注："震震爚爚，光明貌也。"

<u>飘飘纷纷</u>，矰缴相缠。风毛雨血，洒野蔽天。（《文选·班固〈西都赋〉》）李善注："飘飘纷纷，众多之貌也。"

兰茝发色，<u>晔晔猗猗</u>。若摛锦布绣，爤耀乎其陂。（《文选·班固〈西都赋〉》）李善注："《汉书》曰：'华晔晔，固灵根。'《说文》曰：'晔，草木白华貌。'《毛诗》曰：'瞻彼淇澳，绿竹猗猗。'毛苌曰：'猗猗，美貌。'"

戎士介而扬挥，戴金钲而建黄钺。清道案列，天行星陈。<u>肃肃习习</u>，<u>隐隐辚辚</u>。（《文选·张衡〈东京赋〉》）薛综注："肃肃，敬貌。习习，行貌。隐隐，众多貌。辚辚，车声也。"

槽枥重梦，<u>锷锷列列</u>。(《文选·张衡〈西京赋〉》) 李善注："锷锷、列列，皆高貌。"

<u>澔澔涆涆</u>，流离烂漫。(《文选·王延寿〈鲁灵光殿赋〉》) 李善注："澔澔涆涆，光明盛貌。澔，古老切。涆，古旦切。"

是以圣哲之治，<u>栖栖皇皇</u>，孔席不煖，墨突不黔。(《全汉赋·班固〈答宾戏〉》) 费振刚等注："栖栖皇皇，忙忙碌碌，奔波不定的样子。"

敷华实于雍堂，集干质于东观。东观之艺，<u>孽孽洋洋</u>。(《全汉赋·李尤〈东观赋〉》) 龚克昌注："孽孽，装饰华丽貌。洋洋，美善貌。"费振刚等注："孽孽，盛美貌。洋洋，美盛貌。"

<u>战战兢兢</u>，必慎厥尤。(《全汉赋·蔡邕〈释悔〉》)

结实商秋，敷华青春。<u>蔼蔼萋萋</u>，<u>馥馥芬芬</u>。尔其结构，则脩梁彩制，下襄上奇。(《文选·何晏〈景福殿赋〉》)

<u>皓皓旰旰</u>，丹彩煌煌。(《文选·何晏〈景福殿赋〉》) 李善注："旰旰、煌煌，皆盛貌。"

故其华表，则<u>镐镐铄铄</u>，赫奕章灼，若日月之丽天也。(《文选·何晏〈景福殿赋〉》) 李善注："镐镐铄铄，赫奕章灼，皆谓光显昭明也。"

<u>芒芒黖黖</u>，慌罔奄欻，神化翕忽，函幽育明。(《文选·左思〈吴都赋〉》) 刘渊林注："黖黖，绝远貌。"李善注："黖黖，不明貌，许既切。"

钟毓、钟会少有令誉，年十三，魏文帝闻之，语其父钟繇曰："可令二子来。"于是敕见。毓面有汗，帝曰："卿面何以汗？"毓对曰："<u>战战惶惶</u>，汗出如浆。"复问会："卿何以不汗？"对曰："<u>战战栗栗</u>，汗不敢出。"(《世说新语·言语》)

王平子目太尉："阿兄形似道，而神锋太俊。"太尉答曰："诚不如卿<u>落落穆穆</u>。"(《世说新语·赏誉》)

嵇康身长七尺八寸，风姿特秀。见者叹曰："<u>萧萧肃肃</u>，爽朗清举。"(《世说新语·容止》)

刘伶身长六尺，貌甚丑悴，而<u>悠悠忽忽</u>，土木形骸。(《世说

新语·容止》)

以下用例是 AABB 式作定语，修饰的是单音节中心语，定中之间也要加"之"字，再一次印证了上文的结论，即叠音词作定语时，一般都要求定中结构的字数为偶数，如果不是偶数则需要加"之"字变成偶数。

其后至汤，举兵代桀，武王把钺讨纣，无<u>巍巍荡荡</u>之文，而有动兵讨伐之言。(《论衡·齐世》)

中古时期的 AABB 式叠音词绝大部分都是由叠音词 AA+BB 叠合而成的，但是叠合之后的整体却具有比 AA 式叠音词更加强烈的描述性，因此 AABB 式叠音词基本都是作描写句的谓语。现代汉语中的 AABB 式叠音状态形容词一般有两种结构类型，一是由双音词 AB 重叠而成的，如"高高兴兴、干干净净"等，这些词的语义内涵主要是表示程度量的增加；二是没有 AB 双音词原型的，如"纷纷扬扬、密密麻麻"等，这些词一般具有两种语义内涵，主要是表示生动性和形象性，其次还可以表示程度量的增加。中古时期的 AABB 式应该是现代汉语中第二种结构类型的前身，即它们没有相应的 AB 双音词保留，但是中古的 AABB 式一般只有表示生动性和形象性一种语义内涵，程度量的增加是后来发展出来的。中古时期的一部分 AABB 式也比较特殊，如"战战兢兢"一直沿用到了现在；又如"澔澔汭汭、皓皓旰旰"中也有类似的 AB 式双音词"浩汗、浩汭、滈汗"等，但是它们的对应关系并不如现代汉语那样明显。

总之，中古时期的状态形容词在语法分布上主要是作谓语，但不同结构类型的词分布特点又不完全一样，其中 ABB 式叠音词和 AABB 式叠音词的描述性最强，它们基本上都只作谓语，并且前面不能受时间词、程度词等成分的修饰。中古时期的状态形容词中最典型的是 AA 式叠音和 AB 式双音，无论它们内部又可以分为几个小类，但其语法功能都比较接近，AB 式双音词有八成以上都是作谓语，作其他成分的只占极少比例，作谓语时又有几种常见的形式，即独立作谓语、通过"以、而"等连词与其他谓词性结构并列作谓语，或者是以类似于"主之谓"结构的形式作谓语。AA 式叠音词的语法功能最为灵活，但是作谓语仍是其主要功能，所占比例接近六成，其谓语功能的实现形式与 AB 式双音词类似，既可以独立作谓语，也可以通过连词"以、而"等与其他谓词性结构并列作谓语，还可以以类似"主之谓"结构的形式作谓语，这两类词作谓语时都可以在一定程度上接受时间词的修饰。作定语也是 AA 式叠音词的一个主要语法功能，并且它们作定语时又有一个比较明显的特点，那就是要求这个定中结构的字数为偶数，或四字，或六字，如果不是偶数则在定中之间加一个结构助词"之"以凑成偶数。单音节和附加式是中古时期最不典型的状态形容词，它们的功能比较单一，其中单音节状态形容词主要用作谓语，多是对《诗经》和《楚辞》用法的沿袭，中古时期新产生的极少；附加式则主要作状语，有向副词转化的倾向。

第4章 中古汉语状态形容词语音及语义研究

4.1 前人研究回顾

　　汉字是一种表意的文字，字的形、音、义之间具有十分紧密的联系，这一点早就被前代学者所指出，其中最为精辟的当属段玉裁的《广雅疏证·序》："小学有形、有音、有义，三者互相求，举一可得其二；有古形，有今形，有古音，有今音，有古义，有今义，六者互相求，举一可得其五。"①段玉裁将汉字形、音、义的关系总结得言简意赅，其实不仅如此，汉语的语音、词汇、语法之间也是有紧密联系的。中古汉语状态形容词中，有大量的 AB 式双音词和 AA 式叠音词，其中的联绵词和重言词又最能体现这三者之间的关系，因此本章将从语音和语义的角度来探讨中古汉语状态形容词尤其是 AB 式双音词和各类叠音词的特点。

　　关于语音方面的研究，前人已经有较多的成果，这里先做一简单归纳。

　　关于联绵词和重言词的语音特征，马建忠在其《马氏文通》中就已经指出："状字用以象形肖声者，其式不一。有用双声者，有用叠韵者，而双声叠韵诸字概同一偏旁者。有重言者，有重言之后加以'焉''然''如''乎''尔'诸字者。"②这说明，早在一百多年前，马氏就已经从语音上对联绵词进行分析，认识到了两个音节之间的声韵关系。

　　王力先生在《中国语法理论》中也提到："中国有所谓联绵字，就是声音相同或相近的两个字，叠起来成为一个词（原注：声音不近的，

---

① 段玉裁：《〈广雅疏证〉序》，载王念孙著《广雅疏证》，中华书局，1983，第 1 页。

② 马建忠：《马氏文通》，商务印书馆，1983，第 231 页。

如'淹留'之类，我们只认为双声词，不认为连绵字，我们对于连绵字所下的定义与前人不尽相同）。连绵字大致可分为三种：（一）叠字，即'关关''呦呦''凄凄''霏霏'之类；（二）双声连绵，即'丁当''淋漓'之类；（三）叠韵连绵，即'仓皇''龙钟'之类。连绵字不一定是用于拟声法和绘景法的，如'猩猩''鸳鸯''螳螂'之类都只是普通的名词；但是拟声法和绘景法却大半是由连绵字构成的。"[①]王力先生将叠字也归入联绵词的范畴，这主要是从它们的语音特点上来归类的。王力先生在《汉语史稿》中也说，语音、语法和词汇是密切联系着的，有许多双声叠韵的现象也就是语法、词汇方面的现象，因为这跟构词法有关，而构词法既是语法问题，也是词汇问题。又说："汉语的双音词有一种特殊的构词法；它们多数是由双声叠韵构成的。古人把纯粹的双音词（不能再分析为两个词素者）叫作联绵字，联绵字当中，十分之九以上都是双声或叠韵的词。"[②]

周法高（1962）把古汉语中的重叠形式分为全部重叠和部分重叠两类，全部重叠就是指重言、重字、叠字等，又省称为重音；部分重叠就是指双声、叠韵、（宽的）双声兼叠韵等，又省称为部分叠音。周先生又根据杜百胜（Dobson）的观点，按照发音部位的不同列举了《诗经》中的叠音词，并认为，如果按照词类来分，《诗经》中的叠音词绝大多数为状词（状态形容词）。周先生还把属于状词的双声联绵词分为三个小类：（1）严的双声兼宽的叠韵[③]，如"觱沸、觱发、蔽芾"等；（2）严的双声不兼宽的叠韵，如"踟蹰、参差、游衍"等；（3）宽的双声，如"芘芬"。把叠韵联绵词分为两类：（1）严的叠韵，如"悠游、夭绍、绸缪"等；（2）宽的叠韵，又分为①上古韵部相同，如"婆娑、差池、委蛇"等；②上古韵部相近，如"窈窕、倭迟、蒙戎"等。周先生不仅继承了前人对联绵词双声叠韵的分析观点，而且更进了一步，

① 王力：《中国语法理论》，载《王力文集》（第一卷），山东教育出版社，1984，第384-385页。

② 王力：《汉语史稿》，中华书局，1980，第45页。

③ 所谓"严"与"宽"，周法高先生在第128页也引用了杜百胜的定义：所谓严，就声母论，指声母完全相同者；就韵母论，指古韵同隶一部且开合、介音、主要元音、韵尾完全相同者。所谓宽，就声母论，指发音部位相同或相近者；就韵母论，指古音临部或虽同部而开合、介音、韵尾不完全相同者。

因为他还区别了韵母中的开合、等、介音、韵尾等内容，比前人的分析更细致。

此后这方面的研究更多，把研究引向深入。如郭小武（1993）发现叠韵联绵词的两个音节不仅是韵部相同，它们在开合、等、声调等各方面都有着高度的一致性。孙玉文（2002a）研究发现先秦汉语中，联绵词除了有双声、叠韵的关系之外，两个音节的声调也往往是相同的，尤其是叠韵联绵词，几乎没有例外。

本书将在这些研究的基础上探讨中古汉语状态形容词中联绵词和叠音词的语音特点，试图揭示它们在构词法上的一些规律。

4.2　中古汉语状态形容词的语音研究

本节对语音的研究主要依据的是《广韵》音系，必要时也会联系上古音系，拟音则主要采用郭锡良先生的《汉字古音手册》。

本书的 2.2.2 节中认定的中古汉语联绵式状态形容词有 835 个，共出现 1524 次。其中中古时期新出现的有 596 个，单从语音构成上看，这些联绵词也不例外，主要有双声、叠韵、双声兼叠韵以及非双声叠韵几种类型，其中双声联绵词有 189 个，叠韵联绵词有 218 个，双声兼叠韵联绵词有 6 个，既非双声也非叠韵联绵词有 183 个。上古时期的联绵词主要是双声或叠韵的，而此时非双声叠韵联绵词的数量也比较多，原因主要在于上古韵部较宽，中古韵部较细，所以有些词语若论上古音属于叠韵，但中古音只是近似的韵部而已。这些情况将在下文中详细讨论。

汉语的音节由声、韵、调三部分组成，中古以前的汉语中有大量双音词，从外在形式上看，构成它们的两个音节的声、韵、调之间往往具有某种联系，即尽量趋于一致，两字的声韵调尽量相同或相近，从这一现象可以反观当时的构词法特点：以语音的相关性为准则构造双音词。下面将做具体分析。

叠音词是语音一致性最为集中的表现。中古汉语的 AA 式重叠状态形容词是一种完全重叠，即后一音节是对前一音节的完全复制，最后的结果是 AA 这两个音节的声韵调完全一样，没有发生任何改变，只是通过语音的重叠而由单音词变成双音词。然而，由于 AA 式叠音词是一种完全重叠，后一音节只是对前一音节的简单复制，在语音上没有任何改变，所以也较难考察其语音构词上的特点。

AB 式双音词的情况则比较复杂，构成这种双音词的两个音节具有多种语音上的联系，但是真正两个音节完全同音的情况又比较少见，更多的是既有相同的部分，又有不同的部分，因此 AB 式双音词是历来研究语音构词的主要材料，本书也将着重考察中古时期 AB 式双音节状态形容词的语音特点，从而试图总结中古汉语构词法的某些特点。

4.2.1 声母研究

经统计，中古时期新出现的 AB1 类双音节联绵式状态形容词共有 596 个，其中双声联绵词有 189 个，所占比例约为 32%。总体来看，喉音双声联绵词数量最多，共有 61 个，所占比例约为 32%，其次是舌音 48 个，唇音 27 个，牙音 26 个，齿音所含的声母数最多，但是联绵词却只有 27 个，主要集中在从、日、书等几个声母上。各声母所含联绵词数量如表 4-1 所示。

表4-1　中古汉语双声联绵词数量统计表（单位：例）

喉音	影（ø）27	馀（j）19	晓（x）10	匣（ɣ）5		
牙音	见（k）2	溪（kʰ）4	群（g）2	疑（ŋ）18		
舌音	端（t）0	透（tʰ）3	定（d）13	泥（n）1	来（l）26	
	知（ʈ）3	彻（ʈʰ）2	澄（ɖ）0			
齿音	精（ts）1	清（tsʰ）3	从（dz）6	心（s）3	邪（z）0	
	庄（tʃ）0	初（tʃʰ）0	崇（dʒ）1	生（ʃ）3		
	章（tɕ）1	昌（tɕʰ）0	船（dʑ）0	书（ɕ）4	禅（ʑ）0	日（nz）5
唇音	帮（p）3	滂（pʰ）7	并（b）8	明（m）9		

据表 4-1 可知，有 6 个声母所含的联绵词数量在 10 个及以上，分别是影母 27 个，来母 26 个，馀母 19 个，疑母 18 个，定母 13 个，晓母 10 个。分别举例如下。

影母如：

　　蓊蔼：水陆所凑，兼六合而交会焉；丰蔚所盛，茂八区而蓊蔼焉。(《文选·左思〈蜀都赋〉》) 刘良注："蓊蔼，茂盛皃。"

　　晻暧：遂排金扉而北入，霄蔼蔼而晻暧。(《文选·王延寿〈鲁灵光殿赋〉》)

　　暗蔼：据开阳而眠兮，临旧乡之暗蔼。(《文选·张衡〈思玄赋〉》)

　　暗暧：缤连翩兮纷暗暧，儵眩眆兮反常间。(《文选·张衡〈思玄赋〉》)

以上四例不仅是双声联绵词，而且是同音词，后三个词的意思也相同。

　　緷冤：临危自放，若颓复反。蚡缊繙纡，緷冤蜿蟺。(《文选·马融〈长笛赋〉》) 李善注："緷冤蜿蟺，盘屈摇动貌。"

　　氤氲：元气氤氲，玄风缅邈。垂衣钻燧，修文反朴。(《隋诗·王胄〈在陈释奠金石会应令诗〉》)

　　细缊：幽求遂古，邃听前闻。鸿荒眇邈，篆策细缊。(《隋诗·卢思道〈仰赠特进阳休之诗〉》)

以上三例均为影母双声联绵词，韵母也比较接近，其中"细缊"在《易经》中已经出现，如《易·系辞下》："天地细缊，万物化醇；男女构精，万物化生。"孔颖达疏："细缊，相附着之义，言天地无心，自然得一，唯二气细缊，共相和会，万物感之，变化而精醇也。"又如《汉书·扬雄传上》："细缊玄黄，将绍厥后。"颜师古注："细缊，天地合气也。"这两例中的"细缊"都不是形容词，而卢思道诗中的"细缊"则是状态形容词，与前面的"眇邈"相对，表示气氛浓盛的景象，又如南朝沈约《八咏诗·会圃临春风》："既铿锵以动佩，又细缊而流射。"又作"氤氲"，如上面的"元气氤氲，玄风缅邈"。

　　潏漾：泓澄奫潫，潩溶沇瀁，莫测其深，莫究其广。(《文选·左思〈吴都赋〉》）李善注："㴌㴱，回复之貌。㴌，于旻切。㴱，于权切。"

㵐㵝：汇沦㵐㵝，乍洭乍堆。（《文选·郭璞〈江赋〉》）李善注："㵐㵝，不平之貌。㵐，乌华切。㵝，乌怀切"

来母如：

浑浪：摎蓼浑浪，干池涤薮。上无逸飞，下无遗走。（《文选·张衡〈西京赋〉》）

浏溧：䨥叩锻之炭岑兮，正浏溧以风冽。（《文选·马融〈长笛赋〉》）李善注："浏溧，清凉貌。"

擽捋：或搂批擽捋，缥缭澈列。（《文选·嵇康〈琴赋〉》）李善注："搂批擽捋，皆手抚弦之貌。"

纚连：其奥秘则蘙蔽暧昧，髣髴退概，若幽星之纚连也。（《文选·何晏〈景福殿赋〉》）李善注："纚连，相连之貌。"

历落：周伯仁道桓茂伦："嶔崎历落，可笑人。"（《世说新语·容止》）

来母字的声母古今差异最小，几乎没有什么变化。

馀母如：

泂越：罗疏柱之泂越，肃坻鄂之锵锵。（《文选·何晏〈景福殿赋〉》）李善注："泂越，光明貌。泂，王笔切。"

醎泪：醎泪飉泪沛以罔象兮，烂漫丽靡，藐以迭邅。（《文选·张衡〈思玄赋〉》）李善注："醎泪飉泪，皆疾貌。"

冶夷：群妖遘迕，眇睞冶夷。（《文选·木华〈海赋〉》）李善注："冶夷，妖媚之貌。"

潋滟：尔其为状也，则乃潋滟激潡，浮天无岸。（《文选·木华〈海赋〉》）李善注："潋滟，流行之貌。"

馀母实际包含余、云两母，本书依据郭锡良先生的《汉字古音手册》，由于余、云两母的拟音相同，故合为一母。

疑母如：

　　碔碢：恒碣碔碢于青霄，河汾浩溔而皓溔。(《文选·左思〈魏都赋〉》)李善注："碔碢，高貌。碔，五感反。"

　　岌峩：层栌磥垝以岌峩，曲枅要绍而环句。(《文选·王延寿〈鲁灵光殿赋〉》)

　　嵬嶷：尔其山泽，则嵬嶷崨岉，嵂冥郁嵑。(《文选·左思〈吴都赋〉》)刘渊林注："嵬嶷，高大貌。"

　　巍岌：疏龙首以抗殿，状巍岌以岌嶪。(《文选·张衡〈西京赋〉》)

　　巍峨：巍峨蓁蓊下，独向冥理笑。(《隋诗·无名释〈扈谦诗二首（其二）〉》)

　　崛巍：瞻彼灵光之为状也，则嵯峨嶵嵬，崛巍巁嵲。(《文选·王延寿〈鲁灵光殿赋〉》)李善注："皆高峻之貌。"

　　嵬岌：终嵬岌以塞愕，又颰沓而繁沸。(《文选·潘岳〈笙赋〉》)

以上 7 例中，除第 1 例之外，都有相同或相近的构词语素，都是近义词，并且最后 4 例的读音还相同，说明这些词当是由同一语音构词而形成的，虽然词形不同，但读音相近，意义相同。

定母如：

　　峝嶙：浮柱峝嶙以星悬，漂峤峨而枝拄。(《文选·王延寿〈鲁灵光殿赋〉》)

　　迢递：岛屿绵邈，洲渚冯隆。旷瞻迢递，迥眺冥蒙。(《文选·左思〈吴都赋〉》)刘渊林注："迢递，远貌。"

　　苕递：逶迤傍隈隩，苕递陟陉岘。(《文选·谢灵运〈从斤竹涧越岭溪行〉》)

以上三个词是同音同义词，也是由语音构词而形成的不同变体。

晓母如：

　　崄巇：丹崖崄巇，青壁万寻。(《文选·嵇康〈琴赋〉》)刘良

注："嶮巇，倾侧貌也。"

庨豁：馺娑骀荡，焘奡桔桀。枍诣承光，睽罛庨豁。(《文选·张衡〈西京赋〉》)薛综注："馺娑、骀荡、枍诣、承光，皆台名。焘奡、桔桀、睽罛、庨豁，皆形貌。"

歇歘：歇歘幽蔼，云覆霤霤，洞杳冥兮。(《文选·王延寿〈鲁灵光殿赋〉》)李善注："皆幽邃之貌。"

㳅濊：灛溳灛㴬，潰濩㳅濊。(《文选·郭璞〈江赋〉》)李善注："皆水势相激汹涌之貌。㳅，呼活反。濊，呼郭反。"

其余各声母联绵词各举一例：

匣母：扬芒熛而绛天兮，水泫泫而涌涛。(《文选·张衡〈思玄赋〉》)旧注："泫泫，沸貌。"

见母：绞檕汩湟，五音代转。(《文选·马融〈长笛赋〉》)李善注："绞檕、汩湟，音相切摩貌，言声相绞檕，如水之声。绞，古巧切。檕，古爱切。"

溪母：闭以雕笼，翦其翅羽。流飘万里，崎岖重阻。(《文选·祢衡〈鹦鹉赋〉》)李善注："《埤苍》曰：'崎岖，不平也。'崎，去奇切。岖，音驱。"

群母：百禽㥥遽，骙瞿奔触。(《文选·张衡〈西京赋〉》)薛综注："骙瞿，走貌。"

透母：玄熊舑舕以龂龂，却负载而蹲跱。(《文选·王延寿〈鲁灵光殿赋〉》)李善注："舑舕，吐舌貌。舑，吐玷切。舕，吐暂切。"

泥母：于是公子仰首降级，忸怩而避。(《全汉赋·蔡邕〈释悔〉》)龚克昌注："忸怩，惭愧的样子。"

知母：怪厚薄何从而生？哀乐何由而至？自顷輈张，困于逆乱。(《文选·刘琨〈答卢谌诗并书〉》)李善注："輈张，惊惧之貌也。"

彻母：跣踔湛灡，沸溃渝溢。(《文选·木华〈海赋〉》)李善注："跣踔、湛灡，波前却之貌。跣，敕甚切。踔，丑角切。"

精母：眙睕睯而瞵睗，昈睒睺而踧戚，生深山之茂林，处崭岩之嵌崎。(《全汉赋·王延寿〈王孙赋〉》)费振刚等注："昈、睒睺、踧戚，皆形容丑陋义。”

清母：建木灭景于千寻，琪树璀璨而垂珠。（《文选·孙绰〈游天台山赋〉》）李善注：“《山海经》曰：‘神人之丘，有建木，百仞无枝。’又曰：‘昆仑之墟，北有珠树、文玉树、玕琪树。’璀璨，珠垂貌。”

从母：偃蹇夭矫娩以连卷兮，杂沓丛顇飒以方骧。（《文选·张衡〈思玄赋〉》）李善注：“众多之貌。”

心母：其为状也，散漫交错，氛氲萧索。（《文选·谢惠连〈雪赋〉》）

崇母：口嗛呥以龇齺，唇䫻哷以翍㝹。（《全汉赋·王延寿〈王孙赋〉》）费注：“龇齺，有齿无牙貌。”

生母：履阜乡之留舄，被羽翮之襂纚。（《文选·木华〈海赋〉》）李善注：“襂纚，羽垂之貌。襂，所今反。纚，所宜反。”

章母：故其华表，则镐镐铄铄，赫奕章灼，若日月之丽天也。（《文选·何晏〈景福殿赋〉》）李善注：“镐镐铄铄，赫奕章灼，皆谓光显昭明也。”

书母：滈湟淴泱，潝潪潚瀹。（《文选·郭璞〈江赋〉》）李善注：“皆水流漂疾之貌。”

日母：上林岑以垒㠥，下崭岩以岩龉。（《文选·张衡〈西京赋〉》）薛综注：“三山形貌也。”

帮母：长幼杂沓以交集，士女颁斌而咸戾。（《文选·潘岳〈藉田赋〉》）李善注：“颁斌，相杂之貌也。”

滂母：蹈秦郊而始辟，豁爽垲以宏壮。黄壤千里，沃野弥望。华实纷敷，桑麻条畅。（《文选·潘岳〈西征赋〉》）

并母：虎牙嵥竖以屹崒，荆门阙竦而盘礴。（《文选·郭璞〈江赋〉》）李善注：“盘礴，广大貌。”

明母：冰夷倚浪以傲睨，江妃含嚬而矊眇。（《文选·郭璞〈江赋〉》）李善注：“矊眇，远视貌。”

4.2.2 韵母研究

经统计，中古汉语中叠韵联绵式状态形容词有218个，约占总数（596个）的37%，略高于双声联绵词的比例。据王力先生《汉语史稿》

和郭锡良先生《汉字古音手册》的归纳，《广韵》音系共有 61 个韵类，141 个韵母。我们韵母研究的主要着眼点在叠韵上（叠韵，指的是前后两字的主要元音和韵尾相同），而不考虑声调和介音，因此我们只需将 34 个入声韵类独立出来即可，共得 95 个韵类，其中有 35 个韵类中不包含叠韵状态形容词，现将这 60 韵类中包含中古叠韵状态形容词的数量做如下统计，见表 4-2。

表 4-2　中古汉语叠韵联绵词数量统计表（单位：例）

东 (uŋ) 14	屋 (uk) 5	沃 (uok) 5	钟 (ǐwoŋ) 2	觉 (ɔk) 6	支 (ǐe) 10	脂 (i) 5
之 (ǐə) 2	微 (ǐəi) 6	鱼 (ǐo) 1	虞 (ǐu) 1	模 (u) 1	灰 (uɒi) 6	咍 (ɒi) 1
真 (ǐĕn) 8	质 (ǐĕt) 1	谆 (ǐuĕn) 1	文 (ǐuən) 1	物 (ǐuət) 4	魂 (uən) 1	没 (uət) 3
寒 (ɑn) 4	曷 (ɑt) 2	桓 (uɑn) 3	山 (æn) 1	先 (ien) 7	屑 (iet) 2	仙 (ǐɛn) 15
薛 (ǐɛt) 2	萧 (ieu) 9	宵 (ǐɛu) 11	肴 (au) 3	豪 (ɑu) 1	歌 (ɑ) 4	戈 (uɑ) 2
麻 (a) 1	阳 (ǐaŋ) 2	药 (ǐak) 2	唐 (ɑŋ) 12	铎 (ɑk) 7	庚 (ɐŋ) 1	陌 (ɐk) 1
耕 (æŋ) 2	清 (ǐɛŋ) 2	青 (ieŋ) 2	锡 (iek) 4	蒸 (ǐəŋ) 1	职 (ǐək) 1	登 (əŋ) 1
尤 (ǐəu) 1	幽 (iəu) 1	侵 (ǐĕm) 7	缉 (ǐĕp) 7	覃 (ɒm) 1	合 (ɒp) 8	盐 (ǐɛm) 1
叶 (ǐɛp) 1	帖 (iep) 2	洽 (ɐp) 1	狎 (ap) 2			

注：①有些韵部同时含有三等韵和非三等韵或是同时具有开口和合口，但本表为了简洁，均只列出一个拟音；②有些联绵词的两个音节分别属于两个韵部，如"婆陀"的两个音节分别属于歌部和戈部，这两部只是开口与合口的差别，本表将这样的词只收入其中一个韵部。

据表 4-2 可以看出，包含叠韵状态形容词数量最多的韵部是仙部和东部，仙部有 15 个词，东部有 14 个词，举例如下。

仙部：

婵蜎：嚼清商而却转，增婵蜎以此豸。（《文选·张衡〈西京赋〉》）薛综注："婵蜎、此豸，恣态妖蛊也。"

婵绵：侍夕先生，同兹宴癭。假明兰灯，指图观列。婵绵宜愧，夭绍纡折。（《全汉赋·张衡〈七辩〉》）费振刚等注："婵绵，即缠绵，情义深重。"

婵蜎：苞笋抽节，往往紫结。绿叶翠茎，冒霜停雪。橚蓼森萃，蓊茸萧瑟。檀栾婵蜎，玉润碧鲜。（《文选·左思〈吴都赋〉》）李善注："婵娟，言竹妍雅也。"

缠绵：畴昔之游，好合缠绵。(《文选·陆机〈赠冯文罴迁斥丘令〉》)

东部：

沖瀜：其为广也，其为怪也，宜其为大也。尔其为状也，则乃浟湙潋滟，浮天无岸。沖瀜沆瀁，渺弥湠漫。(《文选·木华〈海赋〉》)李善注："沖瀜沆瀁，深广之貌。"

葱茏：涯灌芊萰，潜荟葱茏。(《文选·郭璞〈江赋〉》)李善注："芊萰、葱茏，皆青盛貌也。"

瞳蒙：三皇之时，坐者于于，行者居居，乍自以为马，乍自以为牛，纯德行而民瞳蒙，晓惠之心未形生也。(《论衡·自然》)

甒甗：昔羊叔子有鹤善舞，尝向客称之，客试使趋来，甒甗而不肯舞，故称比之。(《世说新语·排调》)

包含叠韵状态形容词个数在 10 个以上的韵部还有宵部和唐部，两部均包含 11 个，举例如下。

宵部：

翘遥：翘遥迁延，蹢躅蹁跹。(《文选·张衡〈南都赋〉》)李善注："翘遥，轻举貌。"

瞟眇：忽瞟眇以响像，若鬼神之髣髴。(《文选·王延寿〈鲁灵光殿赋〉》)李善注："瞟眇，视不明之貌。"

宵部中平声叠韵词有 4 个，上声有 7 个。

唐部：

跟蹡：尔乃三三四四，相随跟蹡而历僻。(《全汉赋·王延寿〈梦赋〉》)费振刚等注："跟蹡，行不正貌。"龚克昌注："跟蹡，急行貌。"

魋朗：原隰畇畇，坟衍斥斥。或嵬瞫而复陆，或魋朗而拓落。(《文选·左思〈魏都赋〉》)李善注："魋朗，光明之貌。魋，苦光切。"

旷荡：纷<u>旷荡</u>以繁奏，邈遗世而越俗。(《全汉赋·侯瑾〈筝赋〉》)

唐部中，平声叠韵词有 4 个，上声有 7 个，去声有 1 个。

其余韵部中所包含的叠韵状态形容词的数量均在 10 个以下，例如：

萧部（9 个）：<u>迢峣</u>倜傥，丰丽博敞，洞轇轕乎其无垠也。(《文选·王延寿〈鲁灵光殿赋〉》)李善注："迢峣，高貌也。"

真部（8 个）：收明月之照耀，玩赤瑕之<u>璘㻞</u>。(《全汉赋·张衡〈七辩〉》)费振刚等注："璘㻞义同'璘彬'，玉光色缤纷貌。"龚克昌注："璘㻞，玉光色杂貌。"

其他不再一一列举，总体来看，这些叠韵状态形容词中，绝大部分是介音也相同的，只有极少数是韵头不一样的，如：

半汉（puan/xan）：龙雀蟠蜿，天马<u>半汉</u>。(《文选·张衡〈东京赋〉》)薛综注："蟠蜿、半汉，皆形容也。"

湨邻（øǐuěn/lǐěn）：澄澹汪洸，瀇滉困洝。泓泫洞瀯，<u>湨邻</u>圆渊。(《文选·郭璞〈江赋〉》)

以上是开合不同的例子，以下是介音不同的例子：

菌蠢（gǐwěn /tɕʰǐuěn）：芝房<u>菌蠢</u>生其隈，玉膏滭溢流其隅。(《文选·张衡〈南都赋〉》)李善注："菌蠢，是芝貌也。"

彪休（biəu/xǐəu）：尔乃颠波奔突，狂赴争流。触岩抵隈，郁怒<u>彪休</u>。(《文选·嵇康〈琴赋〉》)李善注："彪休，怒貌。"

漫汗（muan/ɣan）：布濩<u>漫汗</u>，漭沆洋溢。(《文选·张衡〈南都赋〉》)刘良注："言广大也。"

除了双声和叠韵联绵词之外，中古时期还有 6 个双声兼叠韵联绵式状态形容词，如：

嵼崿（kʰat）：其山则崆嵺<u>嵼崿</u>，嵯峨嵾嶻。(《文选·张衡〈南都赋〉》）李善注："崆巍、嶱嵑，山石高峻之貌。嶱，苦葛切。嵑，五葛切。"[余按："嵑"在所有字书注均未见有"五葛切"的读音，《广韵》作"苦曷切"，因此本书认为李善注音有误，而都应作"苦葛切"。]

离纚（lǐe）：纷文斐尾，慊縿离纚。（《文选·嵇康〈琴赋〉》）李善注："慊縿、离纚，羽毛貌。"

礐硞（kʰɔk）：厓隒为之泐嵃，碕岭为之岩崿。幽涧积岨，礐硞硞礭。（《文选·郭璞〈江赋〉》）李善注："礐硞、硞礭，皆水激石崄峻不平之貌。"

鞈霅（sɒp）：儋耳黑齿之酋，金邻象郡之渠。驫駥飍矞，鞈霅警捷，先驱前涂。（《文选·左思〈吴都赋〉》）李善注："鞈霅，走疾貌。鞈，素合切。霅，徒合切。"[余按："霅"仅李善注为"徒合切"，其余的字书词典均未有此读音，《广韵·合韵》"鞈、霅"二字同属"趿"小韵，均为"苏合切"，因此本书认为该词是同音词，当然也是双声兼叠韵联绵词。]

森槮（ʃǐěm）：运裛穿洝，冈连岭属。林箫蔓荆，森槮柞朴。（《文选·马融〈长笛赋〉》）李善注："森槮，木长貌。"

汪洸（øuɑŋ）：澄澹汪洸，瀇滉困泫。（《文选·郭璞〈江赋〉》）李善注："皆水深广之貌。《说文》曰：'汪，广也'，乌黄切。洸，乌宏切。"[余按，李善注"洸，乌宏切"估计是唐代的实际语音，但《广韵》中有"古黄""乌光"二切，因此本书认为"汪洸"一词当为影母唐部平声字。]

总之，叠韵状态形容词中，除了两个音节的韵腹和韵尾肯定相同以外，绝大部分是韵头也相同的，两个音节的韵母体现出较强的一致性。

4.2.3 声调研究

声调是音节的重要组成部分，在以往的联绵词语音研究中，学者们对于声调的关注还比较少。孙玉文（2002a）对先秦汉语联绵词的语音特点做了深入的研究，发现先秦时期联绵词两个音节的声调往往是相同的，本节将借鉴此方法，探讨中古时期联绵式状态形容词的声调特点。

本研究考察发现，中古时期联绵式状态形容词的声调也存在着与先秦类似的特点，无论构成这联绵词的两个音节之间有无声、韵上的联系，它们的声调都趋向于相同。下面我们分别考察双声、叠韵以及非双声叠韵联绵词的声调特点。

中古时期有平、上、去、入四个声调，按照排列组合的规律，理论上应该有 16 种组合方式。189 个双声联绵词中，各种组合的数量分别如下：

平平：52 个，如：斑驳、琳琅、嵬嶷、氤氲、斋灢；

平上：10 个，如：彪炳、矊眇、灅渭、威委、由衍；

平去：29 个，如：浏溧、蒙昧、绵幂、滂沛、岩嶙；

平入：25 个，如：憭剌、旁薄、炜烨、峣屼、峣峗；

上平：5 个，如：纚连、忸怩、闪尸、嗕喝、冶夷；

上上：9 个，如：灛漇、垒砢、渺弥、扰躟、骋荡；

上去：14 个，如：庵蔼、璀璨、浩汗、黤霭、绞燹；

上入：10 个，如：磋碣、趿踔、磊落、冉弱、块圠；

去去：5 个，如：暗蔼、暗暧、漫漭、昧莫、摇漾；

去入：1 个，如：溃濩；

入平：6 个，如：踧踖、崼崣、嗫呢、擗摽、映脧；

入上：5 个，如：岩峿、浥渼、俶傥、勿罔、抑隐；

入去：1 个，如：窜窍；

入入：17 个，如：汩越、蓻屵、翕忽、淢潏、嵒崿。

只有去平和去上两种组合没有词。根据上面的列举可以看出，两个音节都是平声的最多，有 52 个，两个音节声调相同的（平平、上上、去去、入入）共有 83 个，约占总数的 44%，该结论与孙玉文（2002a）比较起来有些差异，即同调的现象有所减少，这个原因可能是与汉语构词方式的转变有关，先秦时期主要是单音词，那时的构词方式主要是语音构词,因此构成联绵词的两个音节不仅声母与韵母要高度一致，声调也要高度一致，而中古时期复音词数量大量增加，语音构词已经不是最主要的构词方式，没有先秦时期所占的比例大，但是它也还没有完全消除，也仍然还具有较强的能产性，因此此时不仅双声、叠韵规律还起作用，联绵词两个音节的声调也还有很多是相同的。

叠韵联绵词则延续了先秦时期的特点，其两个音节的声调基本都相同，统计数据如下：

平平：87 个，如：阿那、葱茏、连绵、朦胧、嵚岑；

上上：42 个，如：叆叇、礧磈、岨峿、嵣㟐、泱瀼；

去去：18 个，如：薆逮、赑屃、泰奡、滶漫、鼗费；

入入：61 个，如：巀嶭、嵲岌、澈洌、飒沓、突扤；

平上：4 个，如：蹥蹇、僬眇、崘菌、蝹蜦；

上去：2 个，如：缭绕、叆靆；

去上：1 个，如：旷荡；

上平：2 个，如：庬鸿、巊冥；

平入：1 个，如：藍蘛。

由以上的列举可知，叠韵联绵式状态形容词中，两个音节同声调的共有 208 个，约占总数的 95%，异调的只有 10 个，仅约占总数的 5%，这种情况基本还是延续先秦时期的规律，即中古时期构成联绵词的两个音节也基本都是同声调的。

双声兼叠韵总共有 6 个词，其前后两音节有 3 个是“平平”结构，3 个是“入入”结构，即 6 个词的前后两个音节均为同调。

总体来看，中古汉语联绵式状态形容词中，叠韵联绵词前后两个音节的声调有着更强的一致性，并且自先秦至中古，这一规律仍然存在。

中古汉语中，既不是双声也不是叠韵的联绵式状态形容词共有 183 个，虽然就《广韵》音系来看，构成这些词的两个音节声、韵都不完全相同，但其中有许多的音节韵母仍很接近，如：“蜿蟺、蜿蜒、婉娈、蜒蟺、便妍、蝉媛、澶湲”等词的两个音节分属于元部和仙部，发音比较接近；又如：“荡瀁、沆瀁”等词的两个音节分属于阳部和唐部，发音也是比较接近的。因此，如果不是按照非常严格的标准来看，这些词中也有一些是可以看作叠韵联绵词的。这些词还有一个重要的特点，那就是它们的声调都有着比较整齐的一致性，即绝大多数非双声叠韵联绵式状态形容词两个音节的声调都是相同的，列举如下。

平平：60 个，如：傀俄、鳞沦、蝉媛、苹萦、威夷；

平上：6 个，如：磋礚、僄狡、平衍、萧洒、妖蛊；

平去：4 个，如：浏睨、帔睨、条昶、条畅；

平入：19 个，如：峃巀、滂浡、渍薄、峣薛、黝儵；

上平：2 个，如：崴嵬、隐嶙；

上上：22 个，如：磥块、骎骏、荡瀁、蜷嵑、婉娈；

上去：6 个，如：迥眺、瞭瞵、偬萃、蜿蟺、蚩蟺；

上入：3 个，如：澜瀹、潏浡、窳圂；

去平：2 个，如：灌丛、熠煌；

去上：3 个，如：桉衍、案衍、漫衍；

去去：14 个，如：蔓蔚、奋矕、旷瀁、跄捍、偄绍；

去入：1 个，如：攒仄；

入平：5 个，如：滴湟、汩湟、遹皇、灂礚、折盘；

入上：6 个，如：拔扈、飚纚、飚洒、欇爽、兀嵝；

入去：2 个，如：耀粲、擢翚；

入入：28 个，如：滴瀑、嶻嵲、络绎、蹙踤、狎猎。

由以上的列举可以看出，183 个词中，同调的共有 124 个，占比约为 68%，不同调的只有 59 个，占比仅约 32%。由此可见，这一类词虽然声母和韵母并不完全相同，但是它们的声调还是倾向于相同的。

综上可知，中古时期联绵式状态形容词共有 596 个，其中前后两个音节声调相同的词有 421 个，所占比例约为 71%，两个音节异调的有 175 个，占比仅约 29%；其中双声兼叠韵联绵词全部同调，其次是叠韵联绵词，其同调比例也高达 95%，再次是非双声叠韵联绵词，其同调比例为 68%，同调比例最低的是双声联绵词，两个音节同调比例仅为 44%。将该结论与孙玉文先生的结论比较可知，自先秦至中古，双声兼叠韵联绵词、叠韵联绵词和非双声叠韵联绵词的声调特点变化不大，两个音节自始至终都倾向于同调；而双声联绵词到中古时期同调比例有所下降，但仍有相当一部分同调。

联绵词是状态形容词中一个非常重要的组成部分，它主要是通过语音构词而形成的双音词，先秦是一个以单音词为主的时代，那时的联绵词有着更为严格的语音构词规律：即不仅具有强烈的双声、叠韵倾向，还具有强烈的同声调倾向；中古时期是复音词大量产生的时代，此时的联绵词仍然表现出强烈的语音构词规律，大部分联绵词仍具有双声、叠韵等倾向，大部分词的声调也具有趋同性，但是与先秦时期相比可以发现，此时的非双声叠韵联绵词以及不同调联绵词的比例都有所上升，暗示着此时语音构词规律已经开始松动，汉语状态形容词开始由以语音构词为主的时代进入语音、语法构词并重的时代。

4.3 中古汉语状态形容词的语义特征研究

所谓语义特征，是指某个词语或结构在意义上所具有的特征。许多学者都曾对现代汉语状态形容词的语义特征做过研究，朱德熙先生的《现代汉语形容词研究》（1956）可谓是这方面的开山之作，在该文中，朱先生将现代汉语形容词分为简单形式与复杂形式两类，并认为复杂形式都含有一种量的观念和说话人的主观估价，即它们在量上可以表示程度的增加或减少，也能够表达厌恶、轻视或喜爱、亲热之类的主观感情色彩。后来在 1982 年的《语法讲义》中朱先生又进一步将上述复杂形式明确为状态形容词，且认为它在语法意义上具有明显的描写性。此后的学者则更多地从"量性"的角度来考察现代汉语状态形容词的语义特征，如沈家煊（1995）从人类认知的角度认为性状在量或程度上有"有界"与"无界"之分，状态形容词表示的是一定的量段或量点，是有界的。张国宪（2000）将现代汉语状态形容词的典型特征概括为量点词（固化量）、显性量和静态量。蔺璜（2002）认为现代汉语状态形容词具有语义上的有界性和临时性、句法上的描写性以及语用上的描写性四个特征。李劲荣（2004）则将状态形容词的量性特征归结为显性量、固化量、高量和主观量四个方面。乔芸、刘飒

（2010）将状态形容词的语义特征总结为描写性、临时性和量级性三点。如此看来，尽管学者们对于现代汉语状态形容词语义特征的认识还是有一定的分歧，但总体来说，基本都认为现代汉语状态形容词在语义上具有量级性、描写性、临时性几个特点。

经过考察，我们发现，中古汉语状态形容词也具有描写性、主观性、临时性和程度性等语义特征，只不过最主要的表现不是程度性，而是描写性、主观性和临时性特征。

4.3.1 描写性特征

根据第二章的分类，中古汉语状态形容词可以分为单音节、AA1类重言词、AA2类叠音词、AA3类叠音词、AABB式、ABB式、AB1类联绵式状态形容词、AB2类双音词、附加式和AB式双音词等10类。尽管结构类型比较复杂，但无论是何种结构的状态形容词，最主要的语法功能都是作谓语和状语，且均是对事物的动作或性状做出具体的描述，最主要的语义内涵均是凸显描述对象的生动性和形象性，因此，注释者才能用"……貌"的方式进行注释，这突出的也正是其语义的描写性特征。也正是因为它们是对具体事物的生动描写，所以也自然是一种临时性的状态，如：

> 云师𩗗以交集兮，涷雨沛其洒涂。（《文选·张衡〈思玄赋〉》）
> 旧注："𩗗，阴貌。沛，雨貌。"
>
> 庭树槭以洒落兮，劲风戾而吹帷。（《文选·潘岳〈秋兴赋〉》）
> 李善注："槭，枝空之貌，所隔切。"
>
> 圣德滂以横被兮，黎庶恺以鼓舞。（《全汉赋·崔篆〈慰志赋〉》）
> 龚克昌注："滂，大水涌流貌。"
>
> 圆景光未满，众星粲以繁。（《文选·曹植〈赠徐干〉》）李善注："《广雅》曰：'粲，明也。'"
>
> 房栊无行迹，庭草萋以绿。（《文选·张协〈杂诗十首〉其一》）

以上是单音节状态形容词，单音节状态形容词在句中往往与其他成分并列作谓语，如以上例句中的"𩗗、槭、滂、粲、萋"等都是通过连词"以"与另一个谓词并列起来，这可以从一个侧面说明，单音节状态形容词的状态性并不是很明显，它常需要与其他成分并用才能表现出状态性来，因此它在语义上虽然也是对生动性和形象性的凸显，但这个凸显并不强烈，如它甚至还可以与性质形容词"绿、繁"等并列使用。单音词只有通过各种方式变成复音词之后其生动性才能更加明显地表现出来。

叠音词是中古时期最常见的状态形容词形式，也是生动性与形象性表现得最突出的一个小类，举例如下。

AA1 类：

> 孝武皇帝好仙，司马长卿献《大人赋》，上乃<u>仙仙</u>有凌云之气。（《论衡·谴告》）袁华忠注："仙仙：形容飘飘然飞舞的样子。"
>
> 造舟清池，惟水<u>泱泱</u>。（《文选·张衡〈东京赋〉》）薛综注："泱泱，水流貌。"李善注："《毛诗》曰：'瞻彼洛矣，惟水泱泱。'"
>
> 高世远时亦邻居，语孙曰："松树子非不<u>楚楚</u>可怜，但永无栋梁用耳！"（《世说新语·言语》）

AA2 类：

> 如谓天神，神怒无声；如谓<u>苍苍</u>之天，天者，体不怒，怒用口。（《论衡·雷虚》）
>
> 珍树<u>猗猗</u>，奇卉<u>萋萋</u>。蕙风如熏，甘露如醴。（《文选·左思〈魏都赋〉》）李善注："毛苌《诗传》曰：'猗猗、萋萋，茂盛貌也。'"
>
> 庾子嵩目和峤："<u>森森</u>如千丈松，虽磊砢有节目，施之大厦，有栋梁之用。"（《世说新语·赏誉》）
>
> 周景式《庐山记》曰："香炉峰头，有大盘石，可坐数百人；垂生山石榴。二月中作花，色如石榴而小，淡红敷紫萼，<u>烨烨</u>可爱。"（《齐民要术·安石榴》）
>
> 边城晏闭汉阳掺，黄尘<u>萧萧</u>白日暗。（《隋诗·佚名〈古歌〉》）
> 平淮既<u>淼淼</u>，晓雾复<u>霏霏</u>。（《隋诗·杨广〈早渡淮诗〉》）

以上分别是 AA1 类和 AA2 类叠音状态形容词，它们虽然结构类型不一样，但是语义特征大致类似，都是对描述对象生动性和形象性的凸显，因此通常都用在像诗、赋这样的描述性文献当中，例如"仙仙"是对"凌云之气"的状态做形象性的描述，"楚楚"是对"可怜"的状态做形象性的描述，"萧萧"是对黄尘弥漫这种状态的形象性描述，"淼淼"则是对淮水的形象性描述，它们的共同语义特点都是对表述对象的形象性描述，突出的是描写性特征。

AA3 类：

> 《尚书》《春秋》事较易，略正题目**粗粗**之说，以照篇中微妙之文。(《论衡·正说》)
>
> **高高**入云霄，还期那可寻？(《文选·谢灵运〈登临海峤初发强中作与从弟惠连见羊何共和之〉》)
>
> **青青**陵上松，亭亭高山柏。(《文选·何劭〈游仙诗〉》)
>
> 杨柳**青青**著地垂，杨花漫漫搅天飞。(《隋诗·佚名〈送别诗〉》)
>
> **明明**如月，何时可掇？(《文选·曹操〈短歌行〉》)
>
> 一切但依此法，除虫灾外，**小小**旱，不至全损。(《齐民要术·杂说》)
>
> 凡四五度翻，内外均暖，微著白衣，于新翻讫时，便小拨峰头令平，**团团**如车轮，豆轮厚二尺许乃止。(《齐民要术·作豉法》)

AA3 类叠音状态形容词的语义表现稍微复杂一些，主要有两种表现，一是对生动性和形象性的凸显，如"青青"，凸显的是其描写性特征；也有一部分已经在向表程度的方向发展，如"高高、团团"等，这些词既体现描述性，但是也表现出一定的程度性倾向，尤其是"小小"，基本上是对程度量的表述。

中古时期 AA3 类叠音状态形容词还只是零星出现，但是这一类词由于其结构方式与 AA1、AA2 类叠音状态形容词不同，所以也具有不同的语义内涵，唐宋以后，这一类叠音词基本上都转为表现程度了。

AABB 式：

> 王莽时，谒者苏伯阿能望气，使过舂陵，城郭**郁郁葱葱**。(《论

衡·吉验》）

开合解会，<u>瀼瀼湿湿</u>。（《文选·木华〈海赋〉》）李善注："瀼瀼湿湿，开合之貌。"

对曰："<u>战战栗栗</u>，汗不敢出。"（《世说新语·言语》）

故其华表，则<u>镐镐铄铄</u>，赫奕章灼，若日月之丽天也。（《文选·何晏〈景福殿赋〉》）李善注："镐镐铄铄，赫奕章灼，皆谓光显昭明也。"

其池则<u>汤汤汗汗</u>，混瀁弥漫，浩如河汉。（《文选·潘岳〈西征赋〉》）

ABB 式：

羌环玮以壮丽，<u>纷彧彧</u>其难分，此其大较也。（《文选·何晏〈景福殿赋〉》）李善注："《南都赋》曰：'纷郁郁其难详。'"

桃林千里险，候骑<u>乱纷纷</u>。（《隋诗·何妥〈入塞〉》）

衔悲向南浦，寒色<u>黯沉沉</u>。（《隋诗·杨素〈赠薛播州诗〉》）

汩<u>砲砲</u>以璀璨，赫<u>煒煒</u>而燭坤。（《文选·王延寿〈鲁灵光殿赋〉》）张载注："皆其形貌光辉也。"李善注："砲砲，高貌。煒，光明貌。"

中古时期的 AABB 式和 ABB 式其实还不是真正意义上的词，而是叠音词组成的并列结构，这一点在上文中已经做了说明。这两种结构的语义也都是对生动性和形象性的描写，有一个明显的旁证就是这两种叠音词中除了只有 1 例 AABB 式作定语之外，其余的都是作描写句的谓语，这一句法特点与其描写性的语义内涵是高度一致的。

中古时期的另外两类状态形容词——AB 式双音词和附加式状态形容词在语义上的主要特点也是对生动性和形象性的描写，如：

AB1 类：

隐强，臣子也。汉统自在，绝灭阴氏，无损于义，而犹存之，惠<u>滂沛</u>也。（《论衡·恢国》）

疏龙首以抗殿，状<u>巍峨</u>以岌嶪。（《文选·张衡〈西京赋〉》）

李善注："《上林赋》曰：'嵯峨嶵嶫。'此之谓也。"

金楼旦巉嵓，玉树晓氛氲。(《隋诗·卢思道〈升天行〉》)

AB2 类：

草木之生，华叶青葱，皆有曲折，象类文章，谓天为文字，复为华叶乎？(《论衡·自然》)

原隰郁茂，百草滋荣。(《文选·张衡〈归田赋〉》)

上林蒲桃合缥缈，甘泉奇树上葱青。(《隋诗·虞世基〈长安秋〉》)

附加式：

古贤之遗文，竹帛之所载粲然，岂徒墙壁之画哉？(《论衡·别通》)

譬犹池鱼笼鸟，有江湖山薮之思，于是染翰操纸，慨然而赋。(《文选·潘岳〈秋兴赋〉》)

誓将绝沙漠，悠然去玉门。(《隋诗·虞世基〈出塞二首（其二)〉》)

以上这些类型的状态形容词都是对体现表述对象的生动性和形象性的描写，如"氛氲"是对清晨树木状态的描写，"青葱"是对草木花叶的形象描述，"粲然"是对文献记载的描述，体现的都是描写性的语义内涵。

现代汉语中 AB 式和附加式状态形容词都比较少，主要也都是前代遗留下来的一些，它们的语义内涵也没有发生太大的变化，也还是以描写性为主，而没有发展出程度量特征。

中古时期的 AB3 类双音词还只是零星出现，不成规模，它们跟现代汉语一样，表现的主要是程度量特征，但也具备描写性特征，如：

今邹衍之叹，不过如一炬、尺冰，而皇天巨大，不徒镜水庖厨之丑类也。(《论衡·感虚》)

子行抽剑曰："需，事之贼也。谁非陈宗？"(《左传·哀公十四年》）晋杜预注："言陈氏宗族<u>众多</u>。"

有一军人于武昌市见人卖一白龟子，长四五寸，<u>洁白</u>可爱，便买取持归，著瓮中养之。（陶渊明《搜神后记》卷十）

以上三例中的"巨大""众多""洁白"都作描写句的谓语，主要凸显的固然是程度的增加，但同时也能展现出描写性的一面，也具有描写性特征。

总之，中古时期虽然状态形容词的种类和数量都比较丰富，但是其语义内涵则相对比较单一，主要是对表述对象的生动性和形象性的凸显，绝大部分都是作谓语，表现出很强的描写性，同时也体现出主体对象在性状上的临时性。

4.3.2 主观性特征

现代汉语中的状态形容词也具有主观性特征，具体来说，就是可以表达说话人对描述对象的主观评价，可以表达诸如喜爱、亲近或轻视、厌恶之类的感情色彩，这一点朱德熙（1956）早有论述，朱先生认为，不完全重叠式一般都表示厌恶、轻视等感情，如：

他有个<u>糊里糊涂</u>的母亲，糊涂到出生后把他登记为女性。（萧乾《矛盾交响曲》）

一会儿，屋里屋外围了好些人，有人还催邢老汉到供销社去找，其实这真是<u>傻里傻气</u>的建议，大家都明白是怎么回事了。（张贤亮《邢老汉和狗的故事》）

完全重叠式则根据其所处位置的不同而表达的感情也不同，作状语和补语是往往有加重、强调之意，如：

我翻开历史一查，这历史没有年代，<u>歪歪斜斜</u>的每叶上都写着"仁义道德"几个字。（鲁迅《狂人日记》）

只见一个人从外面进来，三步两步抢上台阶儿，慌忙把那件东西抱得<u>紧紧</u>的，竟不曾摔在地下。（《儿女英雄传·第三十一回》）

完全重叠式作定语和谓语时往往表示轻微的程度，朱先生举的例子如：

作定语：	作谓语：
短短的头发，大大的眼睛	眼睛大大的，像个洋娃娃
高高的个子，四十来岁	个子高高的
细细的枝子	枝子细细的

另外，定语和谓语位置上的完全重叠式还可以表示喜爱、亲热之意，此处不再一一列举。

总之，现代汉语中的状态形容词语义比较丰富，不同的结构类型和不同的句法位置都可能表示不同的语义内涵。中古汉语状态形容词也具有主观性的语义特征，但它们一般不表达喜好、厌恶之类的感情色彩，而主要体现在两个方面：一是不同的词可以表达同样的状态；二是相同或相近的词可以表达不同的状态。

如中古汉语状态形容词有很多音、形均不相同的词都可以表达同样的状态，其中最常见的状态是"茂盛"，仅《文选》所收东汉及以后的诗词歌赋中以"盛貌"作注的就有 74 处，其中最多的是指草木茂盛，如：

五谷垂颖，桑麻铺棻。(《文选·班固〈西都赋〉》)李善注："王逸《楚辞》注曰：'纷，盛皃也。''棻'与'纷'，古字通。"

茂树荫蔚，芳草被堤。(《文选·班固〈西都赋〉》)李善注："《苍颉篇》曰：'蔚，草木盛貌。'"

貔氓于蒌草，弹言鸟于森木。(《文选·左思〈蜀都赋〉》)李善注："《汉书音义》曰：'蒌，盛貌。'"

百谷蓁蓁，庶草蕃庑。(《文选·班固〈东都赋〉》)李善注："《韩诗》曰：'帅时农夫，播厥百谷。'薛君曰：'谷类非一，故言百也。'又曰：'蓁蓁者莪。'薛君曰：'蓁蓁，盛貌也。'"

嘉卉灌丛，蔚若邓林。(《文选·张衡〈西京赋〉》)薛综注："灌丛、蔚若，皆盛貌也。"

郁蓊薆薱，橚爽櫹椮。(《文选·张衡〈西京赋〉》)薛综注：
"皆草木盛貌也。"

布绿叶之萋萋，敷华藥之蓑蓑。(《文选·张衡〈南都赋〉》)
李善注："毛苌《诗传》曰：'萋萋，茂盛貌。'"

杳蔼蓊郁于谷底，森蓴蓴而刺天。(《文选·张衡〈南都赋〉》)
李善注："皆茂盛貌也。"

峒野草昧，林麓黝儵。(《文选·左思〈蜀都赋〉》)李善注：
"黝儵，茂盛貌。"

绿叶翠茎，冒霜停雪。橚矗森萃，蓊茸萧瑟。(《文选·左思
〈吴都赋〉》)李善注："蓊茸，茂盛貌。"

珍树猗猗，奇卉萋萋。(《文选·左思〈魏都赋〉》)李善注：
"毛苌《诗传》曰：'猗猗、萋萋，茂盛貌也。'"

嘉颖离合以蓴蓴，醴泉涌流而浩浩。(《文选·左思〈魏都赋〉》)
李善注："蓴，茂盛貌，子本切。"

以上列举的例子中，描述的都是草木茂盛的状态，单音节、AB 式双
音词、AA 式叠音词都有，尽管这些词的形态和结构不同，但是它们
在使用中都表现出极强的主观灵活性，能够表达相同的状态。以下这
几例表述的是除草木之外的状态：

红罗飒纚，绮组缤纷。(《文选·班固〈西都赋〉》)李善注：
"《楚辞》曰：'佩缤纷其繁饰。'王逸曰：'缤纷，盛貌也。'"

玉堂对溜，石室相距。蔼蔼翠幄，嫋嫋素女。(《文选·左思
〈吴都赋〉》)李善注："蔼蔼，盛貌。"

京邑翼翼，四方所视。(《文选·张衡〈东京赋〉》)薛综注：
"翼翼，礼仪盛貌。言常为四方观，翼翼然也。"

森奉璋以阶列，望皇轩而肃震。(《文选·潘岳〈藉田赋〉》)
李善注："森，盛貌也。"

以上前两例是对服饰状态的表述，后两例是对建筑物状态的表述，虽
然描述的对象不同，但语义上还是有相通之处。

除此之外，表达"高"这个状态的词也尤为常见，仅《文选》所收东汉以后的诗词歌赋中注明"高貌"的就有 46 处，如：

尔乃正殿崔嵬，层构厥高，临乎未央。(《文选·班固〈西都赋〉》)李善注："崔嵬，高貌也。"

神明郁其特起，遂偃蹇而上跻。(《文选·班固〈西都赋〉》)李善注："偃蹇，高貌也。"

岩峻嵷崒，金石峥嵘。(《文选·班固〈西都赋〉》)李善注："嵷，高貌也，慈由切。"

托乔基于山冈，直嵃霓以高居。(《文选·张衡〈西京赋〉》)薛综注："嵃霓，高貌也。"

瞻昆崙之巍巍兮，临萦河之洋洋。(《文选·张衡〈思玄赋〉》)旧注："巍巍，高貌。"

四面无人居，高坟正嶕峣。(《文选·陶渊明〈挽歌诗〉》)李善注："《字林》曰：'嶕峣，高貌也。'"

干云雾而上达，状亭亭以苕苕。(《文选·张衡〈西京赋〉》)薛综注："亭亭、苕苕，高貌也。"

粲奕奕而高逝，驰炭炭以相属。(《文选·嵇康〈琴赋〉》)李善注："炭炭，高貌。"

这些词主要是对山岩宫殿等具体物体高耸状态的描述，但也能对一些比较虚的状态做出描述，如"亭亭、岩岩"是对云雾上升高度的描述，"炭炭"是对琴声婉转悠扬的描述。这些词也是通过不同的结构和形态来描述同样的状态，反映了中古汉语状态形容词在表述对象上的主观灵活性。

反之，同一个词也能描述不同的对象、表达不同的状态，在使用中也表现出极大的主观灵活性，如：

瞻昆崙之巍巍兮，临萦河之洋洋。(《文选·张衡〈思玄赋〉》)李善注："《毛诗》曰：'河水洋洋。'毛苌曰：'洋洋，盛大也。'"

澹乎洋洋，萦抱山丘。(《文选·嵇康〈琴赋〉》)

或有矜容爱仪,<u>洋洋</u>习习。(《文选·傅毅〈舞赋〉》)李善注:"郑玄《毛诗》注曰:'洋洋,庄敬貌。'"

排飞闼而上出,若游目于天表,似无依而<u>洋洋</u>。(《文选·班固〈西都赋〉》)李善注:"洋洋,无所归貌。"

以上 4 例中的"洋洋",前两例是其本义,即表示水盛大如汪洋之貌,第 3 例表示庄重之貌,第 4 例则表示无所归依之貌,描述的对象不同,语义也有差别。又如:

<u>悠悠</u>旆旌者,相与聊浪乎昧莫之坰。(《文选·左思〈吴都赋〉》)李善注:"悠悠,流貌。"

振旅辆辆,反旆<u>悠悠</u>。(《文选·左思〈魏都赋〉》)

直冲涛而上濑,常沛沛以<u>悠悠</u>。(《文选·左思〈吴都赋〉》)刘渊林注:"沛沛,行貌。悠悠,亦行貌。"

<u>悠悠</u>行迈远,戚戚忧思深。(《文选·陆机〈拟行行重行行〉》)

夜漫漫以<u>悠悠</u>兮,寒凄凄以凛凛。(《文选·潘岳〈寡妇赋〉》)

<u>悠悠</u>太上,民之厥初。(《文选·应贞〈晋武帝华林园集诗〉》)李善注:"毛苌《诗传》曰:'悠悠,远貌。'"

以上各例中的"悠悠"描述了三个不同的状态,第 1、2 例描述旌旗飘动的状态,第 3、4 例描述行走的状态,第 5、6 例描述时间长远的状态。同一个词具有不同的义项,可以描述不同的状态,这正是其主观灵活性的具体表现。

中古汉语状态形容词的临时性语义特征是伴随着描述性和主观性而存在的,因为描述性和主观性都是针对某个具体的对象而体现的,是难以固化长存的,因此也就属于一种临时性的状态,而这正是状态形容词临时性语义特征的表现。

4.3.3 程度性特征

现代汉语中,状态形容词最主要的语义特征是对程度量的表达,它在句中凸显的是描述对象的程度特征,既可以表示程度的增加,也可以表示程度的减少，如：

　　清晨的阳光投在雪地上，映出<u>淡淡</u>的粉红色，而未照阳光的
阴影处，又泛出<u>淡淡</u>的蓝色，互相映衬，使<u>洁白</u>的雪地显得既纯
净又多姿多彩。（凌力《少年天子·第五章》）

　　不过，她的心窝里还是<u>空落落</u>的，她烦恼地摇摆了一下头发，
钻到被窝去想睡觉，可是<u>蓝幽幽</u>的月光刚好落在她的脸上，她又
翻身披衣坐起来。（刘白羽《第二个太阳·第四章》）

　　一九七五年二三月间，一个<u>平平常常</u>的日子，<u>细濛濛</u>的雨丝
夹着一星半点的雪花，正<u>纷纷淋淋</u>地向大地飘洒着。（路遥《平凡
的世界·第一部·第一章》）

以上几个例句中包含了现代汉语中几种常见的状态形容词，它们最明
显的语义特征就是对程度量的表达，其中第一例中的"淡淡"是"指
小"表达，即表示程度的减少，句中的意思分别表示颜色比"粉红色"
或"蓝色"较正常程度稍低；其余各例都是表示程度的增加，如"蓝
幽幽"表示月光非常蓝，"平平常常"表示非常平常；比较特殊的是"洁
白"，这是一个 AB3 类的状态形容词，即由两个单音节性质形容词组
成的合成词，与性质形容词"白"相比，它的程度更深，所以也是表
示程度的增加。

　　上文已经提到，中古汉语中也有少数的 AA3 类叠音词可以表示程
度量的增减。如：

　　《尚书》《春秋》事较易，略正题目<u>粗粗</u>之说，以照篇中微妙
之文。（《论衡·正说》）

　　<u>高高</u>入云霓，还期那可寻？（《文选·谢灵运〈登临海峤初发
强中作与从弟惠连见羊何共和之〉》）

　　<u>青青</u>陵上松，亭亭高山柏。（《文选·何劭〈游仙诗〉》）

　　杨柳<u>青青</u>著地垂，杨花漫漫搅天飞。（《隋诗·佚名〈送别诗〉》）

　　<u>明明</u>如月，何时可掇？（《文选·曹操〈短歌行〉》）

　　凡四五度翻，内外均暖，微著白衣，于新翻讫时，便小拔峰

头令平，<u>团团</u>如车轮，豆轮厚二尺许乃止。(《齐民要术·作豉法》)

一切但依此法，除虫灾外，<u>小小</u>旱，不至全损。(《齐民要术·杂说》)

以上例句是在前文中列举过的，它们能够表现出语义上的描写性，但除此之外，它们也能表示程度量的变化，如"粗粗"相当于很粗糙，"高高"相当于很高，"青青"相当于很青翠，"明明"相当于很明亮，"团团"相当于很圆，这些都是表示程度的增加，而"小小"则相当于比较小，这是表示程度的减少。

现代汉语中 AB3 类状态形容词比较多，如本节提到的"洁白"，它们多表示程度的增加，这类词在中古时期文献中零星出现，有"众多、洁白、巨大"等，如：

时<u>众多</u>比丘，到时著衣持钵，入罗阅城乞食。(《大藏经·西晋法炬译〈阿阇世王问五逆经〉》)

子行抽剑曰："需，事之贼也。谁非陈宗？"(《左传·哀公十四年》)晋杜预注："言陈氏宗族<u>众多</u>。"

有一军人于武昌市，见人卖一白龟子，长四五寸，<u>洁白</u>可爱，便买取持归，著瓮中养之。(陶渊明《搜神后记》卷十)

白登山有银矿，八石得银七两，锡三百余斤，其色<u>洁白</u>，有踰上品。(《魏书·食货志六》)

伊夫蚕之为物，功<u>巨大</u>而弘优。(《艺文类聚·晋杨泉〈蚕赋〉》)

这些例句中的"众多""洁白""巨大"，在语义上与现代汉语比较接近，都表示程度的增加。"众多""洁白"等词在汉代以前就存在，并且也是表示对程度量的凸显，如：

修身<u>洁白</u>而行公行正，居官无私，人臣之公义也。(《韩非子·饰邪》)

屈平<u>洁白</u>，邑犬群吠，吠所怪也，非俊疑杰，固庸能也。(《论衡·累害》)

杀人<u>众多</u>，以悲哀泣之；战胜，以哀礼处之。(《老子·第三

十一章》)

　　以尺书所载，世所共见，准况古今，不闻者必<u>众多</u>非一，皆有其实。(《论衡·骨相》)

　　皆其营宇狭小，而不能容<u>巨大</u>也。(《淮南子·俶真训》)

　　今邹衍之叹，不过如一炬、尺冰，而皇天<u>巨大</u>，不徒镇水庖厨之丑类也。(《论衡·感虚》)

　　但在有些文献中，"洁白""众多"等词对程度量的凸显似乎又不是很明显，有时甚至还能用程度词"甚"来修饰，如：

　　赣水又北径龙沙西，沙甚<u>洁白</u>，高峻而陁，有龙形，连亘五里中，旧俗九月九日升高处也。(《水经注·卷三十九·赣水》)

　　一切闻睹，心皆开解，发心求佛，得果生天，增积福慧，数甚<u>众多</u>。(《贤愚经·降六师品》)

　　"众多"在《贤愚经》中出现了很多次，经常受"甚"的修饰，《水经注》和《贤愚经》都是北魏文献，这也许与当时的语用习惯有关。唐宋以后，AB3 类状态形容词越来越多，其语义也逐渐接近现代汉语中的用法了，主要表示对程度量的凸显。

　　中古汉语状态形容词有多种结构类型，同现代汉语中一样，它们也具有描写性、主观性、临时性和程度性等语义特征，其中描写性和主观性是它们最主要的语义特征，而临时性则是伴随着描写性和主观性而来的；程度性只在占少数的 AA3 类和 AB3 类状态形容词中有所体现，这两类词比较接近现代汉语中的语义表现。

第 5 章 汉语状态形容词的演变研究

5.1 结构方式的演变

5.1.1 先秦时期的状态形容词

汉语的形容词在甲骨文时代就已经产生，只是那时形容词的数量极其有限，结构类型也很单调，基本上都为单音节的性质形容词。周代以后，形容词的数量开始大量增加，结构类型也开始丰富起来，状态形容词也在此时产生。然而，先秦时期的状态形容词虽然数量比较多，但是结构类型仍然比较简单，常见的只有单音节、AB 式双音词、AA 式叠音词和附加式状态形容词四种，另外还有少数的 ABB 式和 AABB 式叠音词，但是这两种更倾向于单音词与叠音词组成的并列短语，还未开始词汇化进程。

先秦时期的状态形容词主要出现在《诗经》和《楚辞》等韵文中，尤其是单音节状态形容词更是主要出现在这两部文献中，如：

> 猗嗟昌兮！颀而长兮。（《诗经·齐风·猗嗟》）毛传："昌，盛也。颀，长貌。"郑笺："昌，佼好貌。"

> 伯兮朅兮，邦之桀兮。（《诗经·卫风·伯兮》）毛传："朅，武貌。"

> 子之昌兮，俟我乎堂兮。（《诗经·郑风·丰》）毛传："昌，盛壮貌。"

> 纷吾既有此内美兮，又重之以修能。（《楚辞·离骚》）王逸注："纷，盛貌。"

> 百神翳其备降兮，九疑缤其并迎。（《楚辞·离骚》）王逸注：

"缤，盛貌也。"

伤怀永哀兮，<u>汩徂</u>南土。(《楚辞·九章·怀沙》)王逸注："汩，行貌。"

先秦时期的状态形容词与中古时期类似，数量最多、出现最频繁的也是 AA 式叠音和 AB 式双音词，举例如下。

AA1 类叠音词：

氓之<u>蚩蚩</u>，抱布贸丝。(《诗经·卫风·氓》)毛传："蚩蚩，敦厚之貌。"

彼节者有间而刀刃者无厚，以无厚入有间，<u>恢恢</u>乎其于游刃必有余地矣。(《庄子·养生主》)

昔者庄周梦为蝴蝶，<u>栩栩</u>然蝴蝶也，自喻适志与!(《庄子·齐物论》)

老<u>冉冉</u>其将至兮，恐修名之不立。(《楚辞·离骚》)王逸注："冉冉，行貌。"

AA2 类叠音词：

至阴<u>肃肃</u>，至阳<u>赫赫</u>；<u>肃肃</u>出乎天，<u>赫赫</u>发乎地；两者交通成和而物生焉，或为之纪而莫见其形。(《庄子·田子方》)

<u>悠悠</u>南行，召伯劳之。(《诗经·小雅·黍苗》)毛传："悠悠，行貌。"

抑志而弭节兮，神高驰之<u>邈邈</u>。(《楚辞·离骚》)王逸注："邈邈，远貌，言己虽乘云龙，犹自抑案，弭节徐行，高抗志行，邈邈而远，莫能逮及。"

AA3 类叠音词：

瞻彼淇奥，绿竹<u>青青</u>。(《诗经·卫风·淇奥》)

命不易哉!无曰<u>高高</u>在上。陟降厥士，日监在兹。(《诗经·周颂·敬之》)

受命于地，唯松柏独也在冬夏<u>青青</u>；受命于天，唯尧舜独也

正，幸能正生，以正众生。(《庄子·德充符》)

古之真人，其寝不梦，其觉无忧，其食不甘，其息<u>深深</u>。(《庄子·大宗师》)

先秦时期的 AA 叠音词也可以分为三个小类，情形大致与中古时期相同。以下是先秦时期的 AB 式双音节状态形容词，举例如下。

AB1 类：

<u>参差</u>荇菜，左右流之。(《诗经·周南·关雎》)

<u>蔽芾</u>甘棠，勿翦勿伐，召伯所芨。(《诗经·召南·甘棠》)毛传："蔽芾，小貌。"

高余冠之岌岌兮，长余佩之<u>陆离</u>。(《楚辞·离骚》)王逸注："陆离，犹参差，众貌也。"

横流涕兮<u>潺湲</u>，隐思君兮陫侧。(《楚辞·九歌·湘君》)王逸注："潺湲，流貌。"

AB2 类：

登昆仑兮四望，心飞扬兮<u>浩荡</u>。(《楚辞·九歌·河伯》)王逸注："浩荡，志放貌。"

先秦时期的 AB 式双音节状态形容词也可以分为单纯词与合成词两类，只是此时的合成词很少，因为上古时期是以语音构词为主的时代，更多的是单音词，少数的双音词也大多是由语音构词而形成的联绵词。

先秦时期也有少数的 AABB 式和 ABB 式叠音词，只是这两种叠音词实际上还不是真正意义上的词，这一点在上文已经提到过，如：

AABB 式：

<u>战战兢兢</u>，如临深渊，如履薄冰。(《诗经·小雅·小旻》)

<u>济济跄跄</u>，絜尔牛羊，以往烝尝。(《诗经·小雅·楚茨》)毛传："济济跄跄，言有容也。"

至道之精，<u>窈窈冥冥</u>；至道之极，<u>昏昏默默</u>。(《庄子·在宥》)

虽然"战战兢兢"一直沿用到了现代汉语中，但这只是从《诗经》中流传下来的固定用法，而不能认为《诗经》时期就已经有现代汉语中那样的 AABB 式状态形容词。

先秦时期的 AABB 式叠音词大多没有相应的 AB 原型，但也有少数有相应的 AB 原型，如：

> 且臣闻之："<u>战战栗栗</u>，日慎一日，苟慎其道，天下可有也。"（《战国策·秦策一》）
>
> 乃复悉卒乃攻邯郸，不能拔也，弃甲、兵、怒，<u>战栗</u>而却，天下固量秦力二矣。（《战国策·秦策一》）
>
> 所谓<u>暖姝</u>者，学一先生之言，则<u>暖暖姝姝</u>而私自说也，自以为足矣，而未知未始有物也，是以谓暖姝者也。（《庄子·徐无鬼》）

只是这些 AABB 式叠音词也还是不同于现代汉语的"高高兴兴、干干净净"之类，因为"高兴、干净"都是由两个单音节性质形容词构成的双音节性质形容词，而"战栗、暖姝"均为双音节单纯词。

ABB 式：

> <u>纷总总</u>其离合兮，忽纬繣其难迁。（《楚辞·离骚》）
> <u>纷郁郁</u>其远承兮，满内而外扬。（《楚辞·九章·思美人》）

杨建国（1979）认为先秦汉语的状态形容词包括单音节、AA 式、AB 式和 AABB 式四种类型，没有 ABB 式状态形容词，《楚辞》中的"纷总总、杳冥冥"等只是单音词与 AA 式叠音词的并列结构。杨先生的看法是对的，本书之所以把先秦时期的 ABB 结构看作叠音词，纯粹是为了历史的传承。除了杨先生所列举的这四类之外，先秦时期还有不少附加式状态形容词，如：

> 有<u>漼</u>者渊，萑苇<u>淠淠</u>。（《诗经·小雅·小弁》）毛传："漼，深貌。"
>
> 好人提提，<u>宛然</u>左辟。（《诗经·魏风·葛屦》）毛传："宛，辟貌。"

睠言顾之，<u>潸焉</u>出涕。(《诗经·小雅·大东》)毛传："潸，
涕下貌。"

桑之未落，其叶<u>沃若</u>。(《诗经·卫风·氓》)毛传："沃若，
犹沃沃然。"

北风<u>其喈</u>，雨雪<u>其霏</u>。(《诗经·邶风·静女》)毛传："喈，
疾貌。霏，甚貌。"

何琼佩之<u>偃蹇</u>兮，众<u>薆然</u>而蔽之。(《楚辞·离骚》)

先秦时期的附加式就有词头，如《诗经》中的"有、其"；也有词
尾，如"然、若、焉"等，附加式状态形容词在先秦时期是最为活跃
的，此后则几乎只剩下"然"尾了，别的词头词尾到中古以后就基本
消失了，现代汉语中的"然"尾附加式更多的都变成了副词，而不再
是状态形容词。

总之，先秦时期的状态形容词结构类型比较单调，严格意义上说
只有四类：单音词、AB 式双音词、AA 式叠音词和附加式，没有与现
代汉语中结构相同的 AABB 式和 ABB 式叠音词。

5.1.2　近代汉语中的状态形容词

通过上文的分析可知，中古时期状态形容词的结构类型与上古时
期并无太大差别，真正意义上的状态形容词也只有单音词、AB1 类与
AB2 类双音词、AA 式叠音词和附加式四种，但是从唐五代起，状态
形容词的结构类型就开始发生变化，出现了一些现代汉语意义上的状
态形容词，如 AB3 类双音词和 ABB 式、AA3 类、AABB 式叠音词等，
同时，近代以后，几乎不再产生新的 AB1 类与 AB2 类状态形容词，
以下分别说明。

5.1.2.1 AB3 类双音词

所谓 AB3 类双音词，指的就是如"洁白、巨大、昂贵"一类的状
态形容词，即由两个单音节形容词组合而成的双音词，这些词的主要
语义内涵不再是表达生动性，而是表示程度量。AB3 类双音节状态形
容词其实在两汉六朝时期就已经产生萌芽，只不过当时的数量还很少，

最常见的只有"洁白、众多"等几个，所以本书在分析中古汉语状态形容词时未将此类单列出来，如：

扬之水，白石皓皓。（《诗经·唐风·扬之水》）毛传："皓皓，<u>洁白</u>也。"

坎其击鼓，宛丘之下。无冬无夏，值其鹭羽。（《诗经·陈风·宛丘》）孔颖达疏引陆机云："鹭，水鸟也，好而<u>洁白</u>，故谓之白鸟。"

有发大心，得果生天，进福增善，数甚<u>众多</u>。（《贤愚经·降六师品》）

尔时舍卫城中人民<u>众多</u>，居止隘迮，厕溷尠少，大小便利，多往出城。（《贤愚经·尼提度缘品》）

高宗梦得说，使百工营求诸野，得诸傅岩，作《说命》三篇。（《尚书·说命》）孔颖达疏："以'工'为官，见其求者<u>众多</u>，故举'百官'言之。"

陟彼高冈，析其柞薪。析其柞薪，其叶湑兮。鲜我觏尔，我心写兮。（《诗经·小雅·车舝》）孔颖达疏："辟除褒姒以为贱者，以此褒姒，其恶<u>众多</u>，为其蔽主之明，故除而去之。"

早期的"众多"还可以受程度词的修饰，如上列《贤愚经》的第一例，说明此时的"众多"还没有完全词汇化，还不算是真正意义上的 AB3 类状态形容词。孔颖达的《五经正义》中，"洁白、众多"等词出现得比较频繁，从唐代以后，这一类词就逐渐常见起来，如：

愚见今以鸡粪和土培芍药花丛，其<u>淡红</u>者悉成<u>深红</u>，染者所言益信矣哉。（孙光宪《北梦琐言·卷十》）

左右对曰："使者晏子，极其丑陋，面目<u>青黑</u>。"（《敦煌变文·晏子赋》）

信如水清珠，能清于浊水者，喻若一池净水，彻底<u>澄清</u>，观瞻而镜面无殊，体莹而琉璃不异，自然清净，岂有灰尘。（《敦煌变文·维摩诘经讲经文一》）

那个满山青黄<u>碧绿</u>，无非是这太极。（《朱子语类·卷九十四》）

这个做工夫，须是放大火中锻炼，锻教他通红，溶成汁，泻成铤，方得。(《朱子语类·卷一二一》)

观其君子之众多如林，则知其国之盛。(罗大经《鹤林玉露·丙编卷一》)

九月重阳，都下赏菊，有数种：其黄白色蕊若莲房，曰"万龄菊"；粉红色曰"桃花菊"，白而檀心曰"木香菊"，黄色而圆者曰"金铃菊"，纯白而大者曰"喜容菊"，无处无之。(孟元老《东京梦华录·卷八》)

元明以后，AB3 类双音词已经普遍应用起来，许多文献中都有用例，据于红岩(2004b)的研究，《元曲选》中有 AB3 类双音节状态形容词 44 例，一般为偏正式结构，中心语素 B 为形容词，A 可以是名词、形容词或其他词性，如：

某想念其情，至今未曾婚娶，日夜忧思，不觉鬓发斑白。(P978)

羞的那厮一柄脸通红似绛云，他慌遮掩忙身褪。(P669)

既然是饶不的那孩儿命，我也更何颜号国姑，拚纳下这雪白头颅。(P612)

将你魏国踏踏的粉碎。(P1206)

亲家说的好，我每拚吃的烂醉，尽兴方归也。(P1039)

此后的小说中更是常见，如：

如来情知此意，即闪金光，把那鹊巢贯顶之头，迎风一幌，变做鲜红的一块血肉。(《西游记·七十七回》)

在水直而耎，见风则曲而坚，得日光乃作鲜红、淡红二色。(《广东新语·卷十五》)

他掣出棍子，照那火烧的砖墙扑的一下，把那墙打得粉碎，又震倒了有七八层墙。(《西游记·十六回》)

林冲把陆虞侯家打得粉碎。(《水浒传·第七回》)

宝玉在旁看着雪白一段酥臂，不觉动了羡慕之心。(《红楼

梦·二十八回》）

正想寻个上去的路径，才想走近前来，却见那冈子前面蹲着一对<u>巨大</u>的狮子，张了磨牙吮血的大口，睁了奔霆掣电的双瞳，竖起长鬣，舒开铁爪，只待吃人。（《孽海花·二十三回》）

总体来说，AB3 类状态形容词萌芽于中古后期，宋元时期开始普遍应用，数量大量增加，一直沿用到现代汉语中；从结构方式上看，AB3 类状态形容词一般为偏正式，中心语素为 B，语素 A 可以是名词、形容词或其他词性；从语义上看，AB3 类状态形容词的主要语义内涵是凸显程度量。到现代汉语中更进一步出现了 AB3 类状态形容词的重叠式，形式为 ABAB，如"雪白雪白、冰冷冰冷"等，这种重叠形式又是现代汉语中的新兴结构。

5.1.2.2 ABB 式状态形容词

唐宋时期是 ABB 式状态形容词发展的一个转折点，此时既有中古以前的并列式 ABB 短语，同时，现代汉语意义上的真正的 ABB 式状态形容词也是从唐宋时期才开始出现的。唐宋时期开始出现的新的 ABB 式有如下几个特点：一是 A 多为单音节性质形容词；二是 ABB 不再是松散的并列短语，而是一个整体；三是 A 与 BB 的关系不再是单纯的并列关系，还有补充关系。

唐宋时期的 ABB 结构中，短语还是更为常见，即 A 与 BB 的结合还不是非常紧密，以下以杜甫诗为例加以说明，如：

九州岛兵革<u>浩茫茫</u>，三叹聚散临重阳。（杜甫《惜别行送刘仆射判官》）

干戈<u>浩茫茫</u>，地僻伤极目。（杜甫《南池》）

魆魅啸有风，霜霰<u>浩漠漠</u>。（杜甫《青阳峡》）

况乃胡未灭，控带<u>莽悠悠</u>。（杜甫《送韦十六评事充同谷防御判官》）

以上 4 例就是与中古之前的 ABB 式结构相似的，A 是单音节状态形容词，A 与 BB 是并列结构，结合还并不是很紧密，严格地说还不是词，而是短语。

又如：

采花香<u>泛泛</u>，坐客醉<u>纷纷</u>。（杜甫《九日五首（其三）》）

转蓬忧悄悄，行药<u>病淬淬</u>。（杜甫《风疾舟中伏枕书怀三十六韵，奉呈湖南亲友》）

大哉乾坤内，吾道<u>长悠悠</u>。（杜甫《发秦州》）

皇天悲送远，云雨<u>白浩浩</u>。（杜甫《送长孙九侍御赴武威判官》）

絺衣挂萝薜，凉月<u>白纷纷</u>。（杜甫《陪郑广文游何将军山林十首（其九）》）

自是众木<u>乱纷纷</u>，海棕焉知身出群。（杜甫《海棕行》）

以上各例中的 A 是性质形容词，这一类 ABB 式看起来跟现代汉语中的形式比较相似，但是这些 A 与 BB 之间的结合仍然不是很紧密，它们之间的搭配是不固定的，如"白"可以与"浩浩、纷纷"搭配，"纷纷"可以与"白、乱"等搭配，而且同时期还有 A 与 BB 颠倒使用的例子，如：

有木名丹桂，四时香<u>馥馥</u>。（《全唐诗·白居易〈有木诗八首〉》）

蘼芜薜荔兮成草堂，阴阴邃兮<u>馥馥</u>香，中有人兮信宜常。（《全唐诗·卢鸿一〈嵩山十志十首·草堂〉》）

自是众木<u>乱纷纷</u>，海棕焉知身出群。（杜甫《海棕行》）

落花啼鸟<u>纷纷乱</u>，涧户山窗寂寂闲。（《全唐诗·王维〈寄崇梵僧〉》）

以上是两组 A 与 BB 颠倒使用的例子，这从侧面可以说明这些 ABB 的结合还不紧密，尽管它们从形式上看起来很像现代汉语中的 ABB 式，但仍不完全一样，它们只能算是 ABB 式叠音词的萌芽。但是唐代也有少数的真正 ABB 式，如：

崖沉谷没<u>白皑皑</u>，江石缺裂青枫摧。（杜甫《晚晴》）

崖口悬瀑流，半空<u>白皑皑</u>。（《全唐诗·岑参〈终南云际精舍

寻法澄上人不遇归高冠东潭石淙望秦岭微雨作贻友人〉》)

连天际海<u>白皑皑</u>，好上高楼望一回。(《全唐诗·白居易〈花楼望雪命宴赋诗〉》)

三日柴门拥不开，阶庭平满<u>白皑皑</u>。(《全唐诗·李郢〈酬王舍人雪中见寄〉》)

只昨日腮边<u>红艳艳</u>，如今头上<u>白丝丝</u>。(《敦煌变文·破魔变》)

以上 4 例中的"白皑皑"一直沿用到现代汉语中，可以看作 ABB 式叠音词在唐代的萌芽。以下是宋代的 ABB 式叠音词：

只是他元无这礼，克己私了，却<u>空荡荡</u>地。(《朱子语类·卷四十一》)

象山常要说此语，但他说便只是这个，又不用里面许多节拍，却只守得个<u>空荡荡</u>底。(《朱子语类·卷九十四》)

其心都<u>冷冰冰</u>地了，便是杀人也不恤，故其流多入于变诈刑名。(《朱子语类·卷一二五》)

火中有黑，阳中阴也；水外<u>黑洞洞</u>地，而中却明者，阴中之阳也。(《朱子语类·卷一》)

轻染烟浓，鹅黄初褪<u>绿茸茸</u>。(《全宋词·赵师侠〈浪淘沙〉》)

酥胸露出<u>白皑皑</u>，遥知不是雪，为有暗香来。(《全宋词·邢俊臣〈临江仙〉》)

宋代的 ABB 式叠音词已经比较常见，据石锓（2004）的统计，《全宋词》中有 ABB 式 116 例，《五灯会元》中有 115 例，《朱子语类》中有 68 例，《南宋话本》中有 31 例。元代以后，ABB 式状态形容词开始大量应用，据于红岩（2004b）的研究，《元曲选》中共有 ABB 式叠音词 470 例，比 AA 式叠音词的数量多很多。从此时开始，现代汉语意义上的 ABB 式叠音词才真正成熟并被广泛应用起来。

5.1.2.3 AA 式状态形容词

中古以前的 AA 式叠音词中，AA3 类叠音词的数量还很少，只是零星出现，主要都是 AA1 类和 AA2 类，但是从唐宋时期开始，AA3

类叠音词的数量开始增加，直到现代汉语中的 AA 式叠音词主要是 AA3 类，现代汉语中的另外两类 AA 式基本上都是对古代汉语叠音词的沿用。

总体来说，唐代还是 AA1 和 AA2 两类叠音词居多，如初唐陈子昂诗中总共有 AA 式叠音状态形容词 64 例，其中 AA3 类只有 6 例，盛唐杜甫诗中总共有 512 例 AA 式叠音状态形容词，但是其中 AA3 类只有 36 例，敦煌变文总共有 AA 式叠音词 301 例，其中 AA3 类只有 19 例，举例如下。

AA1 类：

> 便便夸毗子，荣耀更相持。(《全唐诗·陈子昂〈感遇诗〉》)
> 三五明月满，盈盈不自珍。(《全唐诗·陈子昂〈感遇诗〉》)
> 梁公曾孙我姨弟，不见十年官济济。(杜甫《寄狄明府博济》)
> 桓桓陈将军，仗钺奋忠烈。(杜甫《北征》)

AA2 类：

> 苍苍丁零塞，今古缅荒途。(《全唐诗·陈子昂〈感遇诗〉》)
> 若问辽阳戍，悠悠天际旗。(《全唐诗·陈子昂〈征东至淇门答宋十一参军之问〉》)
> 丞相祠堂何处寻，锦官城外柏森森。(杜甫《蜀相》)
> 野鸦无意绪，鸣噪自纷纷。(杜甫《孤雁》)

唐代新产生的 AA1 类和 AA2 类叠音词已经比较少了，绝大多数都是沿用中古以前出现的叠音词，以上列举的 8 例中只有"便便"以前没有出现过，其余的都是前代出现的，尤其是 AA2 类词，出现的频率更高，大多数一直沿用到现代汉语中。

AA3 类：

> 兰若生春夏，芊蔚何青青。(《全唐诗·陈子昂〈感遇诗〉》)
> 云溪花淡淡，春郭水泠泠。(杜甫《行次盐亭县聊题四韵奉简严遂州蓬州两使君咨议诸昆季》)

肠断江城雁，<u>高高</u>正北飞。（杜甫《规雁》）

<u>迟迟</u>恋屈宋，<u>渺渺</u>卧荆衡。（杜甫《送覃二判官》）

<u>明明</u>君臣契，咫尺或未容。（杜甫《牵牛织女》）

缚柴门<u>窄窄</u>，通竹溜涓涓。（杜甫《秋日夔府咏怀奉寄郑监审李宾客之芳一百韵》）

献芹则<u>小小</u>，荐藻明<u>区区</u>。（杜甫《槐叶冷淘》）

<u>短短</u>桃花临水岸，<u>轻轻</u>柳絮点人衣。（杜甫《十二月一日三首（其三）》）

<u>急急</u>能鸣雁，<u>轻轻</u>不下鸥。（杜甫《白帝城楼》）

自今和可莫纷纭，君臣<u>好好</u>相丞仕。（《敦煌变文·降魔变文》）

长枪排肩，直竖，森森刺天；犀角对掌开弦，<u>弯弯</u>写月。（《敦煌变文·伍子胥变文》）

名称之<u>远远</u>皆闻，须弥之<u>高高</u>不异。（《敦煌变文·维摩诘经讲经文》）

以上这些叠音词都是由单音节性质形容词重叠而成的，其中有些是中古以前就产生的，有些是唐代新出现的。中古之前这样的叠音词也有一些，但只是零星出现，大约只有"青青、高高、明明、迟迟"等几个，其中"青青"和"迟迟"可能最初也是由状态形容词变来的，后来才发展成性质形容词。石锓（2004）对《全唐诗》中的 AA3 类叠音词做过统计，发现《全唐诗》中 AA3 类叠音词总共有 49 个，一共出现 419 次，可见，唐代以后这一类叠音状态形容词已经不是零星出现了。我们对《朱子语类》前 10 卷中的 AA 式叠音词进行了统计，结果发现，总共有 AA 式叠音状态形容词 53 例，其中 AA3 类有 16 例；苏轼词中 AA 式叠音词有 116 例，其中 AA3 类有 14 例；陆游词中 AA 式共有 35 例，其中 AA3 类有 4 例。由此可见，唐宋时期 AA3 类状态形容词的出现频率已经远远超过中古以前了，不过此时单个 AA3 类叠音词的出现次数还不是很高，只是能重叠的单音节性质形容词已经开始增加。

元明时期是 AA 式叠音状态形容词结构转变最明显的时期，因为此时 AA3 类叠音词数量开始超过 AA1 类和 AA2 类，开始成为 AA 式叠音状态形容词最主要的结构形式。我们统计了《西游记》前 15 回，AA 式状态形容词一共出现 179 例，其中 AA3 类 67 例；《水浒传》前 10 回中，AA 式状态形容词共有 98 例，其中 AA3 类 63 例。另据石锓（2004）的统计，《元曲选》中 AA 式叠音词共有 210 例，其中 AA3 类 57 例；《金瓶梅词话》中 AA 式共 180 例，其中 AA3 类 79 例；《醒世姻缘传》中 AA 式共 166 例，其中 AA3 类 101 例。如：

> 夜来<u>多多</u>搅扰，甚是不当。(《水浒传·第一回》)
> 人丛里唤智深到松树下，<u>低低</u>分付道。(《水浒传·第四回》)
> 那秃驴在那里？<u>早早</u>出来决个胜负？(《水浒传·第五回》)
> 树下奇葩并异卉，四时不谢色<u>齐齐</u>。(《西游记·第五回》)
> 有一件锦襴异宝袈裟、九环锡杖，还有那金紧禁三个箍儿，<u>密密</u>藏收，以俟后用。(《西游记·第十二回》)

可见，元明以后，AA3 类叠音状态形容词在 AA 式叠音词中已经具有优势地位，在有些文献中甚至超过了另外两类 AA 式的数量。此时的 AA1 类则比较少见，AA2 类词也全部都是沿用中古以前的，而无新词产生。可以说，从元明时期开始，AA 式叠音词就正式形成了现代汉语的格局，即最为常见的是由单音节性质形容词重叠而成的 AA3 类，AA1 类几乎不再使用，AA2 类全部都是沿袭中古以前的，此时不再有新的 AA2 类叠音词产生。

5.1.2.4 AABB 式状态形容词

中古以前虽然也有 AABB 式状态形容词，但正如上文所说，它们其实并不是真正意义上的叠音词，而是由 AA+BB 构成的并列结构，近代以后，具有新型结构方式的 AABB 式叠音词出现了，它们是由 AB 式双音词重叠而成的，其结构方式与"高高兴兴、干干净净"等相似。如：

> <u>寂寂寥寥</u>扬子居，年年岁岁一床书。(《全唐诗·卢照邻〈长安古意〉》)

世尊实性大难寻，<u>杳杳冥冥</u>理甚深。(《敦煌变文·妙法莲华经讲经文》)

兵马<u>浩浩澣澣</u>，数百里之交横。金甲胗胧，银鞍焕烂。腾踏山林，奔波闹乱。(《敦煌变文·伍子胥变文》)

今如所论，却只<u>渺渺茫茫</u>处想见一物悬空在，更无捉摸处，将来如何顿放，更没收杀。(《朱子语类·卷一三零》)

某只爱看人之大体大节，<u>磊磊落落</u>处，这般琐碎便懒看。(《朱子语类·卷一二二》)

以上这些 AABB 式是由 AB 式双音节状态形容词重叠而成的，即它们的基本形式 AB 式都是存在的，如：

禅堂幽静，空室<u>寂寥</u>，令伊旦夕添香，日夜禅堂暖热，莫生忧虑，不清疑积。(《敦煌变文·维摩诘经讲经文》)

吞刀吐火，云雾<u>杳冥</u>。(《文选·张衡〈西京赋〉》)

言泉<u>浩瀚</u>，似黄河倾出于龙门；圣力威雄，取他方如擘于雀卵。(《敦煌变文·维摩诘经讲经文》)

若只恁说道，则<u>渺茫</u>无据。(《朱子语类·卷一百》)

譬如人，光明<u>磊落</u>底便是好人，昏昧迷暗底便是不好人。(《朱子语类·卷七十四》)

以上例句中的"浩瀚"与"浩浩澣澣"虽然字形不完全一样，但音、义相同，实为同一个词。中古时期已经存在这样的 AABB 式状态形容词，它们也有相应的 AB 式双音词原型，但数量较少，唐宋时期，这样的 AABB 式数量较多，它们都有相应的 AB 式双音词原型，受此影响，真正的 AABB 式状态形容词在宋代也开始产生，如：

这道理，若见得到，只是合当如此。如竹椅相似：须着有四只脚，<u>平平正正</u>，方可坐；若少一只脚，决定是坐不得。(《朱子语类·卷九》)

不要恁地半间半界，<u>含含糊糊</u>。(《朱子语类·卷十七》)

如一件物事相似，自恁地<u>平平正正</u>，更不著得<u>些子</u>跷欹。(《朱

子语类·卷二十九》）

　　今将卦爻来用线牵，或移上在下，或掣下在上，<u>辛辛苦苦</u>说得出来，恐都非圣人作易之本意。（《朱子语类·卷六十七》）

　　圣人见成言语，<u>明明白白</u>，人尚晓不得，如何须要立一文字，令深于圣贤之言！（《朱子语类·卷一二三》）

　　到元代以后，AABB 式叠音状态形容词就比较常见了，据于红岩（2004b）的统计，《元曲选》中 AABB 式叠音状态形容词共有 180 例，明清小说中则更是常见，如：

　　到第三日晌午前后，你<u>整整齐齐</u>打扮了来，咳嗽为号。（《水浒传·第二十四回》）

　　那妇人独自一个<u>冷冷清清</u>立在帘儿下，看那大雪。（《水浒传·第二十四回》）

　　小人只认的大郎是个养家经纪人，且是在街上做些买卖，<u>大大小小</u>不曾恶了一个人。（《水浒传·第二十四回》）

　　一把火烧得<u>干干净净</u>的，没了踪迹。（《水浒传·第二十五回》）

　　当时猴王<u>欢欢喜喜</u>，与木德星官径去到任。（《西游记·第四回》）

　　崖后有<u>弯弯曲曲</u>藏龙洞，洞中有<u>叮叮当当</u>滴水岩。（《西游记·第二十回》）

　　可以说，元明以后，汉语 AABB 式叠音状态形容词已经完全形成了现代汉语的格局，从此以后，AABB 式叠音状态形容词主要都是由 AB 式双音节性质形容词重叠而成的。

5.1.2.5　其他结构的状态形容词

　　近代汉语中，除了上述结构的状态形容词之外，还有少数其他形式的状态形容词，据于红岩（2004）的统计，《元曲选》中共有 10 种类型的状态形容词，分别为：AB 式、AA 式、ABB 式、ABC 式、ABA 式、AAB 式、AABB 式、ABCD 式、ABBC 式、ABCC 式，举例如下。

　　AB 式：某想念其情，至今未曾婚娶，日夜忧思，不觉鬓发<u>斑白</u>。

（P978）

AA 式：劝的他回心转意，我自有<u>重重</u>的赏你。（P1723）

ABB 式：弃万两<u>赤资资</u>黄金买笑，拚百段<u>大设设</u>红锦缠头。（P795）

ABC 式：为甚么<u>干支剌</u>吐着舌头，<u>呆不腾</u>瞪着个眼脑？（P243）

AAB 式：他腆着胸脯眼见的<u>昂昂傲</u>。（P583）

AABB 式：他从来<u>老老实实</u>忒软善忒温克，近新来陡恁的。（P180）

ABCD 式：一片心<u>迷留没乱</u>焦，两条腿<u>滴羞笃速</u>战，恰便似热地上蚰蜒。（P423）

ABCC 式：我揭起轿帘一看，则见他<u>精赤条条</u>的，在里面打筋斗。（P197）

除此之外，石锓（2004）指出近代汉语中还有 A 里 AB 式、ABAB 式等重叠式状态形容词，如：

A 里 AB 式：人瑞惊觉，<u>懵里懵懂</u>的，睁开眼说道："呵，呵！信写好了吗？"（《老残游记·第十六回》）

ABAB 式：也管不得许多了，横竖要求大妹妹<u>辛苦辛苦</u>。（《红楼梦·第十三回》）

现代汉语中所有的状态形容词在近代汉语中都能找到踪迹，其中有许多结构形式都是中古以前所没有的，但是中古以前常见的一些结构形式直到现代汉语中也还在使用，例如双音 AB 式和附加式，只是这两类状态形容词从中古以后就不再有新词产生，都是沿用中古以前的旧词。

总之，近代汉语时期是汉语状态形容词走向全面成熟的一个时期，主要表现有两点，一是此时状态形容词的结构非常丰富，其结构类型远远多于中古以前，甚至比现代汉语中状态形容词的结构类型都更丰富；二是数量比较庞大，此时的状态形容词，除了少数结构类型所含成员的数量不多之外，绝大多数结构类型所含成员的数量都比较多，尤其是 AA 式和 AABB 式叠音词更是非常常见，这与现代汉语的情形已经基本一样了。

5.2　构词法的演变

所谓构词法，就是构造语言中词的方法，它有广义与狭义之分，广义的构词法，是指造成语言中整个词的形式变化过程的方法，"包括通过词形变化表示语法关系的屈折构词和通过词形变化表示词汇关系的派生构词。狭义的'构词'，则只指通过词形变化表示词汇关系的派生构词，而把通过词形变化表示语法关系的屈折构词称为'构形'或'构形法'。"[①]

汉语构词法是与汉语词汇状态密切相关的，汉语词汇发展的总体趋势是由单音词向复音词的转变，单音词阶段的主要构词法是语音构词，复音词阶段的主要构词法是语法构词，因此汉语构词法的发展总趋势也是由语音构词向语法构词转变。

从构词法的角度讲，汉语状态形容词的发展经历了三个阶段，分别是语音构词、语法构词和构形。早期的联绵词和 AA1 类叠音词是语音构词的代表，AB2 类双音词、附加式、ABB 式和 AB3 类双音词是语法构词的代表，近代以后产生的 AA3 类、AABB 式等叠音词则主要是通过构形法而产生的，从理论上讲，通过构形法产生的是词组，但实际上，现代汉语中很多通过构形法而形成的叠音式，如"小小、大大、长长"等都已经可以看作一个词了，因此，本书也将构形法看作构词法的一个阶段。各种构词法与构形法往往是综合运用，共同构成新词的，如 AA2 类叠音词就综合运用了语音构词和语法构词，下面将做具体的分析。

5.2.1　语音构词

语音构词也叫音变构词，是指改变音节中的某一个或几个音素而构造与之意义相关的新词，音变构词必有起点，新词是在这个起点的

---

① 万献初：《汉语构词论》，湖北人民出版社，2004，第 1 页。

基础上滋生出来的，因此，这个表示起点的词就叫作原始词，其后滋生出来的词叫滋生词，它们之间其实是同源词的关系（可参看：王力，1982）。构造出来的滋生词和原始词既可以用相同的汉字记录，也可以用不同的汉字记录。一个音节由声母、韵母和声调组成，因此如果只涉及声母变化的就可称为变声构词，只涉及韵母变化的就可称为变韵构词，只涉及声调变化的就叫变调构词，有些时候，音变构词还可能涉及两个或三个要素的变化，这样的变化可以称作复合型音变构词。关于音变构词，不少学者已经做过相关的研究，其中最为成熟的是对变调构词的研究，如孙玉文（2000、2007）研究了100对变调构词现象，并对变调构词做出了理论性的探讨，孙玉文（2015）更是将收词数量扩大到1000余条，不愧是变调构词考辨之大观。有些是对变声构词的研究，如孙玉文（2002b）是对"朝"字音变构词的探讨；张忠堂（2012）更是集中探讨了70对变声构词现象。有些是对涉及两个以上音素变化的音变构词的研究，如孙玉文（1999）探讨了"食"的音变构词现象。亦有不少学者对音变构词规律做出了研究，如王月婷（2007）从《经典释文》异读字出发，重点分析了其中60余组字的变读构词音义规律；王月婷（2009）区分了变读构词和词义引申的关系，并明确指出了研究变读构词时须注意参与构词的对象。谢维维（2014）运用转换生成语法学派的题元理论对汉语的音变构词现象进行了分析和探讨，将传统音变构词材料分为"致使""意使"等11类，认为音变构词的实质乃是论元的整合。洪成玉（2015）不仅分析了音变构词的几种常见类型，还对音变构词的规律进行了归纳。除此之外，还有许多学者亦对音变构词做过研究。至此，音变构词的研究范围逐渐扩大，对其理论的探讨也渐趋明朗。

这里，我们以"参"为例来说明音变构词的原理。

"参"在《广韵》中有五个注音（本小节所用的反切，除特别注明之外，均来自《广韵》，拟音均依据郭锡良先生的《汉字古音手册》）：

1. 心母谈韵，苏甘切，上古心母侵部，拟音*səm，平声，今读 sān，同"三"；

2. 山母侵韵，所今切，上古山母侵部，拟音是*ʃ[ə]m，平声，今读 shēn：星宿，象三星在人头之上，故其义中有"三"之意；

3. 清母勘韵，七绀切，上古清母侵部，拟音*tsʰəm，去声，今读 càn，击鼓三次。

4. 清母覃韵，仓含切，上古清母侵部，拟音*tsʰəm，平声，今读 cān，成三个的人或事物，后又可以引申为参加，交错，间杂之类的意义；

5. 初母侵韵，楚簪切，上古初母侵部，拟音*tʃʰɪəm，平声，今读 cēn，参差不齐貌。

《集韵》另有以下注音：

6. 心母感韵，桑感切，上古心母侵部，拟音*səm，上声，今读 sǎn，通"糁"，参杂，不纯。

7. 清母豪韵，仓刀切，上古清母宵部，拟音*tsʰau，平声，今读 cāo，宜也，《庄子》以参为验。

其中第 7 个读音是假借，与音变构词无关，不加考虑。

我们认为，"参"的这些不同的音义表现，从现代汉语这个共时层面来看，是多音多义词的关系，而从历时的发展来看，它们则是由历史上的音变构词而形成的原始词与滋生词的关系。[①]

"参"的第一个读音是原始词，义为"三"。对于这一读音是原始词，陆德明就已经指出，如《周易·说卦》："参天两地而倚数。"《经典释文》："参，七南反，又如字、音三。""如字"正是对一个字本来读音的标注，此处的"又如字、音三"，正是说明其本音是"三"。此处之所以加注又音，当是在此句中，"参"既可作滋生词义理解，亦可作原始词义理解，二者意义很接近。本书其后所引的《释文》音注，还有很多加注又音的情况，多是因为原始词与滋生词的意义接近而能作两可理解，与音变构词相关，此后不再一一指出。[②]又《论语·泰伯》："三分天下有其二，以服事殷。"据阮元《校勘记》："三"皇本作"参"，古本也多作"参"。《经典释文》："参，七南反，一音三，本又作三。"又陆游《老学庵笔记》卷七："壹、贰、参、肆、伍、陆、柒、捌、玖、拾，字书皆有之，参，正是三字；或读作七南反耳。"这些都

---

① 关于音变构词与多音多义词的关系，张忠堂（2014）已有详论，可作参考。

② 关于《经典释文》同条又音的原因分析，王月婷（2010）已做过详细的归纳，可作参考。

可说明，义为"三"时是原始词，即上文所列第一个读音是原始词。其后的"参₂""参₃""参₄"都是在它的基础上经过改变声母、韵母或声调而构造出来的滋生词，"参₅""参₆"则又是"参₄"的滋生词，也可以理解为"参₁"的间接滋生词。这些滋生词除了读音与原始词有联系之外，意义上也或多或少地含有"三"或"间杂""并举"之类的成分。

"参"的具体音变构词过程如下：

5.2.1.1 参₁

原始词，心母谈韵，苏甘切，上古心母侵部，上古中古拟音分别为*səm/*sɑm，平声，今读 sān。义同"三"，数词。"参"的音变构词现象，《玉篇》《经典释文》《群经音辨》等著作中均多有论述。如《玉篇·厽部》："参，千含切，相参也，相谒也，分也，即三也；又所今切，星名，亦作曑；又楚今切，参差也，亦作篸。"《群经音辨》卷三《辨字同音异》："参，商星也，所金切，从晶省；参差不齐也，楚金切；参，间厕也，七南切，又音三；参，杂也，素感切，《礼》'参七十，干五十。'"

关于"参"的原始词，《经典释文》有详细的描述，如《庄子·大宗师》："吾犹守而告之，参日而后能外天下。"《音义》："参，音三。"另有多处用例陆德明注音时加注了"又音三"，如《周易·说卦》："参天两地而倚数。"《音义》："参，七南反，又如字、音三。"此"参"虽有多个注音，但其后的"又如字、音三"，正表明"三"是其"如字"读音，也就是本来读音。《周礼·冬官·轮人》："六尺有六寸之轮，绠参分寸之二，谓之轮之固。"《音义》："参，七南反，又音三。"《左传·春秋序》："参会不地、与谋曰'及'之类是也。"《音义》："参，士南反，又音三。"又《隐公元年》："先王之制，大都不过参国之一。"《音义》："参，七南反，又音三。"又《桓公二年》："自参以上，则往称地，来称会。"《音义》："参，七南反，一音三。"又《襄公七年》："恤民为德，正直为正，正曲为直，参和为仁。"《音义》："参，七南反，或音三。"又《昭公三年》："民参其力，二入于公，而衣食其一。"《音义》："参，七南反，又音三。"又《昭公六年》："今吾子相郑国，作封洫，制参辟，铸刑书。"杜注："制参辟，谓用三代之末法。"《音义》："参，七南反，一音三。"又《昭公十二年》："中美能黄，上美为元，下美则裳，参成可篓。"《音义》："参，七南反，又音三。"《穀梁传·僖公五年》："故曰杞伯姬来朝其子，参讥也。"《音义》："参，七南反，又音三。"《论语·泰伯》："三分天下有其二。"此"三"古本作"参"，《音义》："参，七南反，一音三，本又作三。"此外，陆德明对《诗经》郑笺语言中的"参"也做出了相应的注音，如《诗经·齐风·猗嗟》"展我甥兮"郑笺"外皆居其侯中参分之一焉。"《音义》："参，七南反，又音三。"这些注释中的"音三"是原始词"参₁"的读音，"七南反"是滋生词"参₄"的读音，因二者意义相近而可作两读。

5.2.1.2 参₂

滋生词，由"参₁"改变声母和介音而来，属于"参₁"的音变构词。中古山母侵韵，所今切，上古山母侵部，上古中古拟音分别为 $*\int\check{\mathbf{i}}\mathrm{əm}/*\int\check{\mathbf{i}}\check{\mathbf{e}}\mathrm{m}$，平声，今读 shēn。甲骨文作 🜂，象三星在人头之上，原为星名，即商星，亦写作"曑"，名词。

《经典释文》全面地记录了"参₂"的音义，其中标注"所林反"或"所金反"或"色林反"的共有 17 次（其中有 5 处是指曾参，属于人名，不在本研究之内），这三个反切也就是《广韵》中的"所今切"，如《诗经·召南·小星》："嚖彼小星，维参与昴。"《音义》："参，所林反。星名也，一名伐。"孔疏引《汉书·天文志》云："参，白虎宿。三星直。下有三星，旒曰伐。其外四星，左右肩股也。"（今版《汉书·天文志》"伐"作"罚"。）《礼记·月令》："孟春之月，日在营室，昏参中，旦尾中。"《音义》："参，所林反。"孔疏："依《三统历》在立春之后六日，参星初度昏得中也。"《左传·昭公元年》："迁实沈于大夏，主参。"《音义》："参，所林反。"又《昭公十五年》："唐叔受之，以处参虚，匡有戎狄。"杜注："参虚，实沈之次，晋之分野。"《音义》："参，所金反。"此外，陆德明还对《十三经》注家语言中的"参"也做出了一些音释，同样也反映了该滋生词的读音，如《周礼·春官·保章氏》："以星土辨九州岛之地所封"郑注"郑司农说星土以《春秋传》曰'参为晋星'"，《音义》："参，所林反。"又《冬官·辀人》："熊旗六斿，以象伐也"郑注"伐属白虎宿，与参连体而六星。"《音义》："参，色林反。"《诗经·唐风·绸缪》："绸缪束薪，三星在天"毛传"三星，参也。"《音义》："参，所金反。"《公羊传·昭公十七年》"伐为大辰"何休注"伐，谓参伐也。"《音义》："参，所林反。"

5.2.1.3 参₃

"参₃"是由"参₁"改变声母和声调而来的，所以属于"参₁"的变声+变调构词，也就是复合型音变构词。中古属清母勘韵，七绀切，上古清母侵部，上古中古拟音分别为*ts^{h}əm/*ts^{h}ɒm，去声，今读 càn，意为击鼓三次或击鼓之法。此音变构词陆德明未加标注。但唐以后的注家和韵书对此滋生词有一些说明。《后汉书·文苑传·祢衡》："次至衡，衡方为《渔阳》参挝，蹀躞而前，容态有异，声节悲壮，听者莫不慷慨。"李贤注："参挝是击鼓之法，而王僧孺诗云：'散度《广陵》音，参写《渔阳》曲。'而于其诗自音云：'参音七绀反。'后诸文人多同用之。"《古今韵会举要·勘韵》："参，七绀切。鼓曲也。又参鼓也。或作'掺'。"清顾炎武《日知录·卷二十一·说文长笺》："王僧孺诗云：'散度广陵音，参写渔阳曲。'自注云：'参，音七绀反。乃曲奏之名，后人添手作"掺"。'后周庾信诗：'玉阶风转急，长城雪应暗。新绶始欲缝，细锦行须篸。声烦《广陵散》，杵急《渔阳掺》。'隋炀帝诗：'今夜长城下，云昏月应暗。谁见倡楼前，心悲不成掺。'唐李顾诗：'忽然更作《渔阳掺》，黄云萧条白日暗。'正音七绀反。"

此字虽然后来可以写作"掺"，但无疑它最初是由"参₁"改变声母和声调而来，意义中也含有"三"的成分，与"参₁"也有联系，属于"参₁"的变声＋变调构词（复合型音变构词）。

5.2.1.4 参₄

滋生词，由"参₁"改变声母而来，也就是"参₁"的变声构词。清母覃韵，仓含切，上古清母侵部，上古中古拟音分别为*ts^{h}əm/*ts^{h}ɒm，平声，今读 cān，意为成三个的人或事物，后又可以引申为参加，交错，间杂之类的意义，名词。此变声构词在古籍文献中有大量用例，陆德明的注音是"七南反"，除了上文"参₁"所举的"七南反，又音三"的例子之外，还有大量的例子只标注"七南反"，如《周易·系词上》：“参伍以变，错综其数，通其变，遂成天下之文。”《音义》：“参，七南反。”此“参”义为三人相杂。《尚书·西伯戡黎》：“乃罪多参在上，乃能责命于天？”孔传：“言汝罪恶众多，参列于上天。”《音义》：“参，七南反。”《周礼·天官·大宰》：“立其监，设其参，傅其伍。”《音义》：“参，七南反。郑云‘卿三人也。’干云‘三公也。’”此意即为成三个的人。《礼记·王制》：“凡居民，量地以制邑，度地以居民，地邑民居，必参相得也。”《音义》：“参，七南反。”此意即为交错，间杂之类。又《乡饮酒义》：“三宾者，政教之本，礼之大参也。”《音义》：“参，七南反。”《穀梁传·隐公八年》：“诸侯之参盟于是始，故谨而日之也。”《音义》：“参，七南反。”《庄子·大宗师》：“玄冥闻之参寥，参寥闻之疑始。”《音义》：“参，七南反。”成玄英疏：“参，三也。寥，绝也。一者绝有，二者绝无，三者非有非无，故谓之三绝也。”据此可见，此“参”指庄子的三个哲学概念，即成三个的事物。此外，陆德明对汉魏注家语言也做了音释，如《诗经·大雅·行苇》：“敦弓既坚，四鍭既钧。”毛传：“鍭，矢参亭。”《音义》：“参，七南反。”孔疏：“参亭，谓三分矢，一在前，二在后，轻重钧亭。”可见，此“参”即指三分之矢，也就是成三个的事物。

总之，“参₂”“参₃”“参₄”都是“参₁”的变音构词，其中“参₂”改变了声母和介音，“参₃”改变了声母和声调，“参₄”则只改变了声母，属于纯变声构词，三个滋生词在意义上也都与原始词的意义有相通之处。

5.2.1.5 参₅

单音形式由“参₄”变韵而来，中古初母侵韵，楚簪切，上古初母侵部，上古中古拟音分别为*tʃʰǐəm/*tʃʰǐĕm，平声，今读 cēn，后来经过语音的部分重叠，构成复音词“参差”，属于“参₄”的变韵构词。长短不齐貌，亦可引申指情况不一，变化无常等，状态形容词。此音变构词在古籍文献中有很多用例，陆德明注音是“初林反”或“初金反”，如《诗经·周南·关雎》：“参差荇菜，左右流之。”《音义》：“参，初金反。”此为长短不齐之貌。《庄子·秋水》“无一而行，与道参差。”《音义》：“参，初林反。”此为变化无常。又《天下》：“其辞虽参差而諔诡可观。"《音义》:"参,初林反。"此为言辞不一。

陆德明对汉魏以后注释家语言中的"参₅"也做了音释,如《周礼·秋官·掌客》:"凡介、行人、宰、史皆有餼饔饩"郑玄注"以命数则参差难等,略于臣,用爵而已。"《音义》:"参,初林反。"此为情况不一。《礼记·丧大记》"君殡用輴,攒至于上,毕涂屋"郑玄注"此记参差,以《檀弓》参之,天子之殡,居棺以龙輴,攒木题凑象椁,上四注如屋以覆之,尽涂之。"《音义》:"参,初金反。差,初宜反。"此亦为情况不一。《庄子·齐物论》"女闻地籁而未闻天籁夫"郭象注"夫箫管参差,宫商异律,故有短长高下万殊之声。"《音义》:"参,初林反。"此为变化无常。

总之,"参₅"由"参₄"改变韵母而来,后又经过语音的部分重叠,构成复音联绵式状态形容词"参差",因此从本质上来说,"参差"亦属于"参₄"的音变构词,义为长短不齐之貌,与"三分""参杂"之类的意义有关。

5.2.1.6 参₆

"参₄"的滋生词,由"参₄"改变声母和声调而来,属于"参₄"的变声+变调构词。《广韵》未收此读音,《集韵》桑感切,属心母感韵,上古心母侵部,上古中古拟音分别为*səm/*spm,上声,今读 sǎn。义为参杂,不纯,后来写作"糁"。此音变构词在古籍文献中也时有用例,陆德明注音"素感反"。《仪礼·大射》:"大侯九十,参七十,干五十。"郑玄注:"参读为糁,糁,杂也,杂侯者,豹鹄而麋饰,下天子大夫也。"《音义》:"参,依注音'糁',素感反。"《周礼·天官·司裘》:"王大射,则共虎侯、熊侯、豹侯,设其鹄。"郑玄注引《仪礼·大射》文,陆德明《音义》:"参,素感反。"又《周礼·夏官·射人》"若王大射,则以狸步张三侯。"郑玄注引《仪礼·大射》文,陆德明《音义》:"参,读为糁,素感反。"又《周礼·夏官·司弓矢》"夹弓、庾弓以授射豻侯、鸟兽者"郑玄注:"近射用弱弓,则射大侯者用王、弧,射参侯者用唐、大矣。"《音义》:"参,素感反。"

"参₆"由"参₄"改变声母和声调而来,后来虽然可以写作"糁",但其意义仍与"参₄"的"间杂"义有关,因此它仍是"参₄"的音变构词，也算是"参-1"的间接滋生词。

　　总之，"参"的众多音义今天看来是多音多义关系，而从历史演变来看，则是由音变构词造成的，其中"参 1"是原始词，"参 2""参 3""参 4"是其音变构词而形成的滋生词，"参 5""参 6"则又是"参 4"的音变构词，也可称作是"参 1"的间接音变构词。这些音变构词与原始词的音、义之间都是既有联系，又有差别的。这组词的音变构词过程从上古一直持续到中古，其中"参 3"发生在中古时期，其余的滋生时间都是在先秦时期。

　　这一组音变构词都涉及声母的改变，而且这些变化都是发生在精组的"精、清、心"和照二组的"初、山"之间，如"参 1"到"参 2"是由心母到山母的变化，二者发音方法相同，发音部位接近；由"参 1"到"参 3""参 4"是由心母到清母，二者发音部位相同，发音方法接近；由"参 4"到"参 5"是由清母到初母，二者发音方法相同，发音部位接近；由"参 4"到"参 6"是由清母到心母，二者发音部位相同，发音方法接近。洪成玉（2015）认为，声母的变读规律一般是发音部位相同或相近，而发音方法发生改变，但从"参"的音变构词来看，声母的发音方法相同，而将发音部位稍做改变也是可以形成变声构词的。

　　上古汉语词汇是一个以单音词为主的词汇系统，因此构词法也主要是通过单音词语音内部的屈折变化而构造新的单音词，如上述"参"的音变构词过程，通常情况下构造的都是单音词，但是在单音词的基础上再加上语音重叠就可以构成复音词了，如"参差"。具体来说，语音重叠有完全重叠和部分重叠两种。

　　完全重叠就是指像 AA1 类这样的叠音词，它们的特点是两个音节的语音完全相同，字形也完全相同，两个音节共同表达一个意思，单字不能使用或使用时意义与整体不同。这种构词方式主要适用于上古以单音词为主的时期，此时的叠音词也主要是通过这种构词法而产生的，如：

　　《诗经》中的"趐趐、蚩蚩、采采、习习、汤汤"等；

　　《楚辞》中的"冉冉、离离、袅袅、被被、亹亹"等。

部分重叠是指双声、叠韵等这样的词，构成它们的两个音节只有声母或韵母相同，也可以声母、韵母都相同，但是字形不同，构成它们的两个音节也是一个整体，不能拆开使用或拆开以后意义与整体不同，如：

《诗经》中的"参差、蔽芾、窈窕、绸缪、燕婉"等；

《楚辞》中的"陆离、逶迤、偃蹇、潺湲、便娟"等。

中古时期是汉语词汇的数量和结构类型发展都比较快的一个时期，此时的构词法也多种并存，不仅有上古保留下来的 AA1 类重叠词和联绵式状态形容词，也产生大量新的 AA1 类叠音词和联绵式状态形容词，这些也是通过语音构词而形成的，如：

完全重叠式：皑皑、眈眈（深邃貌）、棱棱、苕苕、纂纂等；

部分重叠式：嶕峣、蒙昧、绵挛、嶔岑、飒沓等。

中古以后，汉语复音词占据主导地位，构词方式也基本上已经转变为语法构词了，所以此时基本不再有新的由语音构词而产生的双音节状态形容词，此后 AA1 类叠音词和联绵式状态形容词都极大衰落，这大概与语音构词的衰落有着很大的关系。

5.2.2 语法构词

语法构词就是指通过语法手段而构造新词，常见的语法手段有合成法、添加法和缩略法等。合成法就是通过一定的语法规则将几个语素结合在一起，构成一个新词，常见的合成法类型有并列式、述补式、主谓式、偏正式等；添加法主要是指添加词头或词尾的方法；缩略法则是指将某些多音节的结构缩减成较少音节的词，这种方法在现代汉语中被广泛使用，如"彩色电视机—彩电、北京大学—北大"等。

中古是复音词大量产生的时期，许多状态形容词都通过语音构词而形成，但是也有一部分状态形容词是通过并列合成法而构成的，其中最典型的就是 AB2 类状态形容词，它们大部分都是由两个意义相同或相近的单音词通过同义联合的方式而形成的，如：

瑰异谲诡，灿烂炳焕。（《文选·张衡〈东京赋〉》）薛综注：

"灿烂、炳焕，絜白鲜明之貌。"

上句中的"炳焕"就是由并列合成法而构成的双音节合成状态形容词，"炳"和"焕"是两个意义相近的单音节状态形容词，在中古之前都有单独的用例，如：

> 盖奏御者千有余篇，而后大汉之文章，炳焉与三代同风。(《文选·班固〈两都赋序〉》)李善注："《苍颉篇》曰：'炳，著明也'，彼皿切。"
>
> 《象》曰：大人虎变，其文炳也。(《易·革》)孔颖达疏："其文炳者，义取文章炳著也。"
>
> 焕乎其有文章。(《论语·泰伯》)朱熹注："焕，光明之貌。"

又如：

> 胃骤骝骝以差赢，磋磔皓皑以驳乐。(《全汉赋·黄香〈九宫赋〉》)龚克昌注："皓皑，明亮洁白貌。"

"皓皑"是由两个近义单音词联合而成的，"皓"和"皑"在中古之前也都有单用的例句，如：

> 皓尔太素，曷渝色兮。(《文选·班固〈幽通赋〉》)李善注："曹大家曰：'皓，白也。'"
>
> 火浣布，必投诸火，布则火色，垢则灰色，出火振之，皑然疑乎雪焉。(《孔丛子·陈士义》)

又如：

> 虽纷蔼于此世，嗟不盈于予掬。(《文选·陆机〈文赋〉》)

此"纷蔼"义为繁多，"纷"和"蔼"单用也有此意，如：

> 纷吾既有此内美兮，又重之以修能。(《楚辞·离骚》)王逸注："纷，盛貌。"
>
> 离芳蔼之方壮兮，余萎约而悲愁。(《楚辞·宋玉〈九辩〉》)

洪兴祖注："蔼，繁茂也。"

中古时期通过并列合成法构成的双音节状态形容词还有不少，此处不再一一列举，在复音化快速发展的中古时期，除了状态形容词之外，这一方法还构成了更多其他的词，是一种重要的构词手段，也是一种非常能产的构词手段。

近代开始，汉语中又产生了一种新的 AB3 类双音词，如"雪白、碧绿、巨大、昂贵"等，它们的结构是偏正式，中心语是后一个音节，这一类词就是通过偏正合成法而构成的，在近现代汉语中，这也是汉语中一种比较能产的构词方式。

语法构词还有一个重要类型，就是添加法，主要是通过在词根上添加词头或词尾的方式构造新词。这一构词法在中古之前也是一种非常能产的构词法，早在《诗经》时期，附加式状态形容词就非常发达，常见的状态形容词词头有"有、其"等，常见的词尾有"然、如、尔、若、其、焉"等。中古时期，词头"其"还偶尔使用，各种词尾都还在使用，从近代开始，除了少数固定结构如"莞尔"等还在继续使用之外，词尾基本上只剩下"然"一个了，而且由"然"尾构成的状态形容词的语法功能逐渐向作状语集中，有逐渐向副词转化的趋势。

近代时期又出现一种新的附加式，即 ABB 式叠音词，如"黑洞洞、活泼泼"等，它们的中心语是 A，BB 是附加成分，附加于词干 A 之后以加深对程度量的表述。

近代以后，语法构词成为最主要的构词法，绝大部分的词都是通过这种方法构成的，并列式、述补式、偏正式、主谓式以及附加式都大量涌现，汉语也完全变成了以复音词为主的语言。

5.2.3 构形法的发展

所谓构形法，就是通过词形的改变来显示词语意义变化的方法，它的研究对象是词形变化，汉语中形容词的重叠是一种通过形态变化来表示意义变化的现象，因此这就属于构形法研究的内容。

具体来讲，汉语形容词的重叠有两种，一种是构词重叠，指一个

不能自由运用的语素通过音节重叠的形式构成一个词，中古以前的
AA 式叠音词算是这种情况；另一种是构形重叠，指一个词通过音节
重叠的形式构成一个词组，所以严格地说，构形法产生的是词组，而
不是词。但实际情况是，现代汉语中有许多通过构形重叠而成的 AA3
类和 AABB 式等结构也逐渐词汇化了，所以本书也将构形法当作构词
法发展的一个阶段。

先秦时期的叠音词主要是由构词重叠而产生的，但也有少数构形
重叠的用例，即 AA3 类叠音词，如：

命不易哉！无曰高高在上。陟降厥士，日监在兹。（《诗经·周
颂·敬之》）

瞻彼淇奥，绿竹青青。（《诗经·卫风·淇奥》）

明明上天，照临下土。（《诗经·小雅·小明》）

中古时期也偶尔见到这样的例子，如：

一切但依此法，除虫灾外，小小旱，不至全损。（《齐民要术·杂
说》）

高高城里髻，峨峨楼上妆。（《隋诗·薛道衡〈和许给事善心
戏场转韵诗〉》）

王右军郗夫人谓二弟司空、中郎曰：“王家见二谢，倾筐倒庋；
见汝辈来，平平尔。汝可无烦复往。”（《世说新语·贤媛》）

这种构形法的发展过程实际也就是单音节性质形容词的重叠式
（即 AA3 类）的发展过程，中古以前还只是零星出现，唐宋以后，这
种重叠式开始大量兴起，在意义上，它们既可以表示程度量的增加，
也可以表达某种喜好或厌恶的感情。

近代汉语中，汉语形容词的重叠形式得到了极大发展和繁荣，除
了 AA3 类叠音词之外，还有 AABB、ABAB 等重叠形式，它们重叠之
后表示的是程度量的增加或减少，大多具有 AB 这样的双音词原型，
如“欢欢喜喜”“高高兴兴”“喷香喷香”“通红通红”等，它们是现代
汉语中最主要的构形重叠形式。

虽然理论上说构形法的结果是组成词组，但是一些由构形法而形成的重叠结构尤其是 AABB 式和 AA 式在大量使用的情况下，也会逐渐词汇化，像"高高兴兴""干干净净""长长""短短"之类的重叠式现在也很难认为它们是一个词组了，所以我们认为，构形重叠发展到现代也是可以产生词的，汉语状态形容词中的某些重叠式在长期的发展中，经历了由构词法到构形法的转变。

5.3 语法功能的演变

在本书的前几章中已经多次涉及，中古汉语状态形容词最主要的语法功能是作描写句的谓语，本书甚至把这一规律当作界定状态形容词的一个重要依据，但是，词类是一个典型范畴，其内部成员复杂多样，虽然不同时期、不同结构的状态形容词的主要语法功能都是作谓语，但作谓语的比例以及作其他句法成分的情形并不是一成不变的，总体来说，状态形容词的语法功能经历了一个由简单到复杂的转变过程。本节将具体探讨状态形容词语法功能的演变情况。

5.3.1 分布功能的演变

本书 2.1.2 节统计了不同结构类型的状态形容词从先秦到唐代的语法分布情况，该节统计的是最典型的状态形容词，统计结果表明，不同结构类型的状态形容词有不同的分布特征，在唐代以前，AB 式和 AA 式状态形容词基本上都只作描写句的谓语，只有少数可以作定语和状语，但是到了唐代以后，情况开始发生变化，这两类词作谓语的比例逐渐降低，作状语和定语的比例却不断升高，其中 AA 式在唐代作状语的比例甚至超过了作谓语的比例；而附加式状态形容词在先秦时期还主要作谓语，此后作谓语的比例则开始逐渐降低，作状语的比例则越来越高；该节没有统计 ABB 式和 AABB 式叠音词，但据本书第 3 章可知，这两类词在中古之前都只作描写句的谓语，但是自唐宋以后，随着它们结构形式的改变，它们的语法功能也开始发生变化，还有中古以后才发展起来的 AB3 类双音词以及其他类型的状态形容词，其语法功能特点也将在本节加以讨论。

AA 式叠音词和 AB 式双音词是中古以前汉语状态形容词中最主要的两个小类，它们语法分布位置的变化可能跟它们的语义内涵变化有关：它们在中古之前最主要的语义内涵是表达生动性和形象性，主要使用目的是描摹事物的状态，因此主要用来作描写句的谓语，表现事物的生动性和形象性。中古以后，这些词的语义内涵开始发生变化，描摹性有所降低，对事物生动性和形象性的表现力开始减弱，因此作描写句谓语的比例就开始降低。

我们统计了唐宋时期的几种文献，其中 AB1 和 AB2 两类状态形容词的分布位置如表 5-1 所示。

表 5-1　唐宋时期 AB1、AB2 类状态形容词的分布特征（单位：例）

文献	谓语	定语	状语	宾语	补语	合计
《游仙窟》	25	2	6	1	0	34
敦煌变文	94	16	19	4	21	154
苏轼词	9	5	3	1	2	20

由表 5-1 可知，AB1 类和 AB2 类作谓语的比例由 74% 到 61%，再到 45%，是逐渐降低的，作定语和状语的比例则大致相当。唐宋以后还有一个比较明显的现象就是 AB1 类和 AB2 类的出现频率很低，《朱子语类》中很少见到 AB1 类和 AB2 类状态形容词，于红岩（2004）也未提到《元曲选》中有 AB1 类和 AB2 类状态形容词。近代以后，只有极少数生命力较强的 AB1 类和 AB2 类状态形容词沿用下来，其余的大多消亡。

AA1 类和 AA2 类叠音词在近代以后还在一定程度上继续使用，其主要语法功能仍是作谓语，但与中古时期相比，作谓语的比例有较大程度的下降，详见表 5-2。

表 5-2　唐宋时期 AA1、AA2 式状态形容词的分布特征（单位：例）

文献	谓语	定语	状语	宾语	补语	合计
《游仙窟》	10	8	2	0	0	20
敦煌变文	141	56	79	0	31	307
苏轼词	40	38	15	0	9	102

　　据表 5-2 可知，AA1 类和 AA2 类叠音词作谓语的比例由 50%到 46%，再到 39%，比例也是逐渐降低的，而作定语和状语的比例则有一定程度的上升，这与现代汉语的情况是一致的。

　　AA3 类叠音词在中古时期只是零星出现，此时主要作定语，其次是作谓语和状语。唐宋时期开始，AA3 类叠音词的语法功能发生了变化，主要功能变为作状语，表 5-3 是 AA3 类叠音词在近代部分文献中的语法分布统计表。

表 5-3　AA3 类叠音词的分布特征（单位：例）

文献	状语	谓语	定语	补语	合计
杜甫诗	16	7	11	2	36
敦煌变文	11	4	3	1	19
《朱子语类》	8	2	6	0	16

　　从表 5-3 中可见，从唐代以后，AA3 类叠音状态形容词的主要语法功能变为作状语，其次是作定语和谓语。李大星（1989）和于红岩（2004b）的统计也与此结果一致。

　　AB3 类、ABB 式、AABB 式等都是在近代汉语中发展起来的，它们在出现之初都是作谓语的比例最高，经过一定时期的发展之后，到元明时期，AB3 类和 AABB 式的主要语法功能仍是作谓语，但是作其他句法成分的数量也有所增加。据于红岩（2004b）的统计，《元曲选》中 AB3 类状态形容词和 AABB 式状态形容词都主要充当谓语，而 ABB 式则主要作状语，它们的具体语法分布如表 5-4 所示。

表 5-4　《元曲选》中叠音词的语法分布比例（单位：%）

类型	谓语	定语	状语	补语	主宾语
AB3 类	43.9	33.3	5.3	14.0	3.5
ABB 式	13.2	26.2	56.2	3.3	1.1
AABB 式	44.5	13.6	28.2	8.2	5.5

可见，这种叠音状态形容词在元代的语法功能是比较活跃的，可以充当多种句法成分，其中最主要的是谓语、定语和状语。李大星（1989）对《水浒传》中的 ABB 式和 AABB 式状态形容词做了详细的分析，结果也显示，ABB 式主要作状语，作定语和谓语次之；AABB 式主要作谓语，作状语和定语次之。直到现代汉语中，这三类叠音词也还保持着与此类似的语法分布格局。

5.3.2　组合功能的演变

现代汉语中状态形容词的主要语义内涵是表达程度量，表达的是一个具体的程度值，相当于定位于刻度尺上某一个具体的刻度，因而不能再受表示程度量的副词的修饰。古代汉语状态形容词凸显的是事物的生动性和形象性，也不能受程度副词的修饰，因此可以说，状态形容词不能受程度副词的修饰，这一规律自古至今都是成立的，极少有例外情况。

除此之外，状态形容词也还有一些比较特殊的组合特点，上文已经有所涉及，中古时期双音节状态形容词修饰单音节名词时一般都需要在定中之间加上"之"，而修饰多音节名词时，定中之间的"之"可加可不加，唐宋时期，定中之间的"之"不再出现了，但是状态形容词之后出现了一些新的词尾，如"底、地"等，现代汉语中，有些状态形容词在使用时一定要加"的"，也有的不需要加"的"。朱德熙（1956）就注意到，性质形容词之后加"的"有体词化倾向，状态形容词之后加"的"没有体词化倾向，朱先生注意到了两类形容词之后加"的"的区别，但是没有进一步观察状态形容词内部加"的"的差别。朱德熙（1961）又进一步根据不同成分加"的"之后语法功能的变化情况将现代汉语中的"的"分析为"的 $_1$""的 $_2$""的 $_3$"三个语素，

"的₁"出现在一部分双音节副词之后构成副词性单位；"的₂"出现在状态形容词之后构成形容词性单位；"的₃"出现在名词、动词、性质形容词以及各类词组之后构成名词性单位。朱德熙（1980）发现在一些方言里（如广州话和文水话）状态形容词加"的₂"作定语时也必须名词化，他在《从方言和历史看状态形容词的名词化》（1993）中又从更多的方言材料里证明状态形容词加"的₂"在某些方言中作定语时一定要名词化，并根据这些方言中状态形容词作定语的不同表现将状态形容词分为甲乙两类，甲类作定语时其后不能加"的₂"，乙类作定语时其后可以加"的₂"。朱先生的这一看法指出了状态形容词内部能否带"的₂"的小类区别，但是张国宪（2006c）认为朱先生的这一看法动摇了"的₂"作为状态形容词词尾的语法基础，所以张先生主张放弃"的₂"的词尾说，而将其看作状态词化的标志，就语法意义来说，"的₂"相当于一个"很"类副词，负载着程度量的信息，状态形容词对"的₂"的选择性折射出的是状态形容词内部成员之间的典型性差异，不加"的₂"的状态形容词比要加"的₂"的状态形容词具有更强的典型性。张先生的这个观点能够解决现代汉语中不同成员对"的₂"有不同的选择性的问题。其实，状态形容词作定语时其后十分需要附加成分是有一定的历史来源的，这一点朱德熙（1993）已经注意到了。

中古以前，叠音状态形容词之后也可以加上一些常见的词尾，如"然""乎"等，这种词尾的作用与用在单音词之后的词尾是一样的，都是为了构成状态形容词。唐宋以后，状态形容词之后又可以出现一些新的词尾，如"地、底"等，它们主要加在各种叠音状态形容词之后，如：

> 屼屼地贪于痴欲海，忙忙维（推）入淤泥坑。（《敦煌变文·维摩诘讲经文》）
>
> 火中有黑，阳中阴也；水外黑洞洞地，而中却明者，阴中之阳也。（《朱子语类·卷一》）
>
> 未动时流行不息，所谓那活泼泼底便是。（《朱子语类·卷三

十二》）

　　源头便是那天之明命，<u>滔滔汩汩底</u>，似那一池有源底水。（《朱子语类·卷五十七》）

　　又一日雪峰告众云："<u>当当密密底</u>。"师便出，对云："什摩<u>当当密密底</u>？"雪峰从卧床腾身起，云："道什摩？"（《祖堂集·卷十》）

　　师有时上堂云："诸兄弟，莫只是走上为言为句，<u>莽莽荡荡地</u>大，难得相应。"（《祖堂集·卷十二》）

　　问："古镜未磨时如何？"师曰："照破天地。"曰："磨后如何？"师曰："<u>黑漆漆地</u>。"（《五灯会元·卷八》）

　　"地"和"底"在使用中还是有一些差别的，近现代汉语中，如果中心语是体词，则用"的"，如果中心语是谓词，则用"底"，二者的分工是比较明确的。吕叔湘（1943）认为唐宋时期的"底"和"地"也有明确的分工，他认为用在"地"前面的大约都是重言（xx，xyy），或双声，或叠韵，其作用是表示描写；而用在"底"前面的则没有这样的形式，其主要作用是区别属性。朱德熙（1993）根据吕先生的这一观点并结合"底""地"的实际使用情况把唐宋时期的"底"和"地"分成三个不同的语素，分别是"地₁""地₂"和"底"，"地₁"是副词词尾，"地 ₂"是状态形容词词尾，"底"是名词化标记，三者正好跟北京话的"的₁""的₂"和"的₃"分别对应。祝敏彻（1982）详细比较了《朱子语类》中"底"和"地"的语法差异，可惜他没有直接比较状态形容词之后的"底"和"地"的差异。

　　据我们统计，《朱子语类》中叠音词后加"底"（R 底）的共有 19例，加"地"（R 地）的有 82 例，它们的语法分布位置如表 5-5 所示。

表 5-5　《朱子语类》中叠音词加 de 的分布统计（单位：例）

类型	状语	谓语	定语	主宾语	补语
R 底	2	0	15	2	0
R 地	43	30	0	7	2

据表 5-5 可知，状态形容词加"底"时主要用作定语，加"地"时主要用作状语和谓语。由此可见，唐宋时期的状态形容词之后的"底""地"分工大致与现代汉语类似，修饰体词时（作定语）用"底"，修饰谓词时（作状语）用"地"，统一为"的"之后，分别相当于"的$_2$"和"的$_3$"。

从唐宋开始，叠音词之后带"de"的现象一直沿用到现代汉语中，只是到元明以后，"地"和"底"合为一个"的"。据于红岩（2004b）的研究，《元曲选》中叠音状态形容词之后也经常带"的"，尤其是由单音节性质形容词重叠而成的 AA3 类，带"的"的比例高达 62.7%，如：

> 两手搦得<u>紧紧的</u>，怕我偷吃了。（P208）
> 我烧得<u>热热的</u>了，将米来我煮。（P221）
> 我与今场贡主说了，<u>大大的</u>与你个官做。（P1720）

元明小说中，叠音状态形容词之后也大多带"的"，如：

> 你看他瞑目蹲身，将身一纵，径跳入瀑布泉中，忽睁睛抬头观看，那里边却无水无波，<u>明明朗朗的</u>一架桥梁。（《西游记·第一回》）
> 猴王摇手道："不好说，不好说！<u>活活的</u>羞杀人！"（《西游记·第四回》）
> 摆将出来，摆得桌上<u>白晃晃的</u>。（《初刻拍案惊奇·卷二》）
> 正在踌躇，那门里咳嗽一声，卜良外边也接应咳嗽一声，<u>轻轻的</u>一扇门开了。（《初刻拍案惊奇·卷六》）

关于"de"的来源问题，学者们有不同的看法，王力《汉语史稿》认为"底"来源于"之"，然而，从状态形容词之后的"之"和"底"来看，二者还是有差别的，如：

> <u>庸庸</u>之君，不能知贤，不能知贤，不能知佞。（《论衡·答佞》）
> 虽无<u>炎炎</u>之乐，亦无<u>灼灼</u>之忧。（《全汉赋·崔寔〈答讥〉》）
> 龚克昌注："炎炎，盛多。"

这些"之"与唐宋时期的"地、底"等词是有一定区别的,"之"是一个插入性的成分,并不会附着在前面的状态形容词之上,因此没有"AA 之"这样的结构,"之"的作用纯粹是为了凑足音节,形成偶数音节的韵律结构,所以它只能用在定中之间,而不会出现在其他的位置。而"底、地"等则不同,它们是一种附着性的成分,是紧附在前面的状态形容词上的,可以有"AA 底"这样的结构,它们的作用是为了凸显状态形容词性,起一种标记性的作用,所以它们不仅可以用在定中之间,还可以用在状中、述补等结构之间。

由于"地、底"的作用与用法跟中古以前的词尾"然、乎"等很相似,所以,石锓(2004c)就认为唐宋时期的"地"与"然"具有传承关系。实际上,"地"和"然"也是有差别的,"然"用于叠音词之后只是少数用例,并不常见,而"地、底"一出现就被广泛使用,所以它们之间只是用法具有相似性,而并无传承关系,吕叔湘(1943)就曾提到:"文言里和'地'字的作用相等的是'然、尔、如、若'等字。"①但是,吕先生认为"底"来源于"者","地"的来历不明。祝敏彻(1982)则折中而取之,认为"底"既来源于"者",也来源于"之"。

"底"和"地"的来源还值得进一步探讨,但是我们可以猜想,唐宋时期能用在状态形容词之后的"地"和"底"是随着状态形容词的发展而产生的,它们的作用是为了表明状态形容词的状态性,就是现代汉语"的₂"的前身。

总之,汉语状态形容词从其产生以来,语法功能发生了许多变化,从分布位置上看,中古之前几乎所有状态形容词的主要分布位置都是作描写句的谓语,但是中古后期以后,状态形容词的分布功能发生了较大的变化,虽然总体上还是以作谓语为主,但是比例却有较大幅度的下降,而作状语、定语的比例却有明显的上升,尤其是现代汉语最常见的 AA3 类叠音词,作状语反而变成了最主要的语法分布。从组合功能上看,中古以前双音节状态形容词倾向于修饰双音节名词,如果修饰单音节名词,则定中之间几乎都要加入"之"字以凑足偶数音节,

---

① 吕叔湘:《论底、地之辨及底字的由来》,载《吕叔湘全集》(第 2 卷),辽宁教育出版社,2002,第 125 页。原载《金陵、齐鲁、华西大学中国文化汇刊》(第三卷),1943 年。

同时，少数叠音词之后也可以加上词尾"然"。唐宋以后，状态形容词之后产生了"底""地"等新的词尾，其中"底"主要用在定中之间，"地"主要用在状中之间和作谓语的叠音词之后。元明以后，"底""地"合一，变成了同一个词形"的"，这也就是现代汉语中"的$_2$"的前身。

第6章 结语

　　本研究对中古时期的状态形容词做了全面的统计分析，具体考察了它们的结构方式、句法表现等，并将其置于汉语史发展的背景中，考察了中古时期状态形容词在各个方面与前后时期的异同及传承关系，考察了一些语法现象的演变规律。

　　首先本研究从中古时期的实际语言运用情况出发，借鉴典型范畴理论的某些观点，对中古时期的状态形容词提出了一个界定方法。具体做法是，首先以"状态形容词就是表示事物的状态"这一点为语义依据，全面考察了中古时期一些文献中古人用"……貌"来解释的词语，认为这些词语绝大部分是典型的状态形容词，然后着重考察它们的句法表现，根据其句法表现排除少数不是状态形容词的特例，在此基础上，归纳出这些词语的语法分布和组合特征，初步形成一个中古汉语状态形容词的语法功能界定标准。最后从重叠、附加词头和词尾等广义的形态角度出发，认为中古以前的 AA 式重叠式绝大部分都是状态形容词，而且能够重叠成 AA 式的单音词 A 在中古以前也大多是单音节状态形容词，同时认为，中古时期能够通过附加词头和词尾而组成状态形容词的单音词也基本上都是单音节状态形容词。本研究在全面考察中古时期这些词语的词义特征、语法功能和形态变化等特征之后，尝试提出了一个以意义为基础、以语法功能特征为主要标准、以形态变化特征为辅助标准的中古汉语状态形容词的界定标准，即：在语义上表现事物的状态，注释者常常可以用"……貌"这样的术语来解释；在语法功能上主要作描写句的谓语，其次是作状语和定语，不能接受程度词的修饰，也很少接受否定词的修饰；具备以上这些特征的词语基本上都是状态形容词，如果同时还能够重叠或附加词头和词尾以表示事物的状态，那么它们就肯定是状态形容词。

此标准确立以后，我们再从典型范畴理论出发，认为拥有以上全部特征的是典型的状态形容词，只符合其中的语义依据和语法功能特征的为次典型状态形容词，以此为基础，本研究从选定的中古语料中统计出 1766 个状态形容词，总共出现 3550 例。我们还根据这些状态形容词的不同结构特点，将其分为不同的类型，各种类型的状态形容词以及它们的出现次数如表 6-1 所示。

表 6-1　中古时期各类状态形容词的出现次数统计表（单位：例）

单音节	AB 式双音词		附加式	AA 式叠音词			ABB 式	AABB 式
	AB1 类	AB2 类		AA1 类	AA2 类	AA3 类		
351	1524	152	306	310	768	48	24	67

根据结构方式的不同又可将 AB 式双音词分为三个小类，即 AB1、AB2 和 AB3 类，AB1 类是双音节单纯词，也就是通常所说的联绵词，只不过它们的词性是状态形容词；AB2 类是双音节的合成词，构成它们的每个音节都可以单独使用，并且单独使用时意义与 AB 这个整体相同或相近；AB3 类中古时期只是零星出现，不是主流。根据结构方式的不同也可将 AA 式叠音词分为三类，其中 AA1 类叠音词就是通常所说的重言词，构成它们的两个音节不能拆开使用，或拆开使用之后意义与整体不同，它们也是双音节单纯词；AA2 类叠音词是双音节合成词，构成它们的两个音节可以拆开使用，并且拆开使用时意义与整体类似；AA3 类叠音词是由单音节性质形容词重叠而成的，两个音节可以拆开使用，单用时意义与整体相近。

本研究在对中古汉语状态形容词进行详细分类的基础上，重点对每类状态形容词的语法功能进行了详细的描写分析，总体来说，中古汉语状态形容词的主要语法功能都是作谓语，其次是定语和状语，但每种类型的具体语法功能又稍有差异。

单音节状态形容词作谓语的比例为 86%，它在散文中主要是独立作谓语，而诗赋等韵文中则正好相反，韵文中单音节状态形容词作谓语时更多的是与其他词联合使用，常见的联合方式有如下几种：一是直接与另一个单音词联合作谓语，二是直接与另一个双音词联合作谓语，包括与 AA 式叠音词并列构成 ABB 式作谓语，三是通过"以、而"等连词与其他词联合作谓语。

　　AB 式双音节状态形容词虽然从结构上可以分为三类，但是在语法功能上，这两类的差别并不太大，它们的主要语法分布功能都是作谓语，所占比例为 83%。在实现谓语功能的方式上，不同的文体也有差异，赋中最常见的是与其他的词联合作谓语，联合的方式也有几种，一是直接与其他词连用，二是通过虚词"以、而"等与其他词连用，还有一种方式就是组成类似于"主之谓"结构的形式作谓语。在诗歌和散文中，AB 式状态形容词主要是独立作谓语，与其他词连用的是少数。造成这种差异的原因可能有以下一些：一是赋中状态形容词非常常见，所以连用的情况非常突出，独用的反而比较少，二是因为受赋的文体风格的限制，赋以四、六字为文，铺陈排叙等手法都会导致双音词的大量连用，而诗歌和散文中状态形容词的数量本来就比较少，所以连用的情况自然就不会经常出现。

　　中古时期最主要的附加式状态形容词是"然"尾附加式，其他类型基本都是上古时期的遗留。附加式主要作状语和谓语，占比分别约为 59% 和 34%，主要是独立充当状语和谓语，少数情况下也可以通过虚词"而"与其他的成分联合充当状语或谓语，充当谓语时，偶尔也能受时间词的修饰。

　　AA1、AA2 类叠音状态形容词虽然结构方式不同，但语法功能类似，主要分布功能都是作谓语，它们作谓语所占的比例大致相当，都在一半以上。谓语功能的实现形式随着文体的不同而不同，在诗歌和散文中都是以独立作谓语为最常见的形式，在赋文中实现谓语功能的形式主要有三种，一是独立作谓语，二是与其他词连用并列作谓语，并且大多是通过连词"以"或"而"与其他的谓词并列，三是以类似于"主之谓"的形式作谓语。

　　这两类叠音词作定语的比例也比较高，都在 30% 左右，它们对中心语的音节都有比较严格的选择性，倾向于修饰多音节中心语，此时定中之间可以加入"之"字，也可以不加，不加"之"时正好组成四言句式，加入"之"时，则正好组成六言句式。修饰单音节中心语时，定中之间一般都要加入"之"字以凑足音节，形成四言句式，较少有例外。总之，这两类叠音词作定语时，一般都要求整个定中结构构成偶数句式，"之"正好起着对音节数量的调节作用。

AA3 类叠音词最常见的语法分布是作定语，其次是作谓语和状语；作定语时也倾向于修饰多音节名词，如果修饰单音节名词，则定中之间往往需要加入"之"字以补充音节，这一点是古汉语中所有复音词作定语的通用规则。AA3 类叠音词是现代汉语状态形容词中最主要的一种类型，但是中古之前它们还只是零星出现，到唐宋之后才开始发达起来。

中古之前的 ABB 式和 AABB 式叠音词其实还不是真正意义上的词，它们其实还是 A+BB 或 AA+BB 组成的并列词组，A 与 B 之间的结合还不紧密。这两类结构全部都是作描写句的谓语，将这一特点与其他几类状态形容词常常还与其他词并列作谓语这一点联系起来考察，可以发现，谓词与谓词并列起来之后，其表述性得到了增强，这也正是 ABB 式和 AABB 式这两类结构全部作谓语的原因。

从组合方式上看，中古时期的状态形容词都不能受程度词的修饰，但偶尔能受否定词的修饰，如：

> 何武<u>不赫赫</u>，遗爱常在去。(《文选·卢谌〈赠崔温〉》)
> 王右军道谢万石"在风林中，为自遒上"，叹林公"器朗神俊"，道祖士少"风领毛骨，恐没世不复见如此人"，道刘真长"标云柯而<u>不扶疏</u>"。(《世说新语·赏誉》)

中古状态形容词对时间副词没有太强的排斥性，不少状态形容词能受时间副词的修饰，如：

> 悲哉暮秋别，春草<u>复萋萋</u>矣。(《隋诗·杨素〈赠薛播州诗〉》)
> 渫云<u>已漫漫</u>，多雨亦凄凄。(《文选·谢朓〈敬亭山诗〉》)

从语义特点方面来看，中古时期的状态形容词除了 AA3 类叠音式中已经有少数凸显程度量之外，其余词的语义特点都是对描述对象的生动性和形象性的凸显，表示的是一种主观量。语音相同或相近的状态形容词（尤其是联绵词）往往可以表达相近的状态，即对状态的表达具有比较强的主观性。

　　本研究还对中古时期数量最多的一种状态形容词即 AB1 类双音词的语音特点进行了研究，研究结果表明，双声与叠韵仍是它们最主要的语音特点，但是比例远没有先秦时期高了，中古时期双声与叠韵的比例分别为 32%和 37%，既非双声也非叠韵的比例接近 31%，形成三足鼎立之势。双声叠韵的比例比先秦时期低的原因跟韵部划分的宽严程度有关，先秦时期只有 30 韵部，而中古时期的代表韵书《广韵》有 206 韵,有许多先秦时期可能同韵部的词到了中古以后不同韵部了。但是不管声韵关系如何，中古时期联绵式状态形容词两个音节的声调却有比较强烈的趋同趋势，尤其是双声兼叠韵联绵词和叠韵联绵词，两个音节同调的比例前者高达 100%，后者高达 95%，这一点与先秦时期的情况基本一致；既非双声也非叠韵联绵词两个音节同调的比例也达到 68%，两个音节同调比例最低的是双声联绵词，同调比例为44%。中古时期有平上去入四个声调，从理论上讲，双音词两个音节的声调应该有 16 种组合方式，其中同调的组合有 4 种，因此，如果平均分配的话，同调的词应该只有 25%左右，既然同调的比例远高于理论分配的比例，因此可以推测，声调在联绵词的构词中起着很重要的作用，再结合双声叠韵的情况，我们认为，汉语联绵词的构词方式是以语音的相关性为准则构造双音节的单纯词，即联绵词是一种语音构词的结果。

　　最后本研究将中古汉语的状态形容词放在整个汉语发展的历史中，着重从结构方式、构词方式和语法功能三个方面进行了历时比较研究，从结构方式上看，中古与上古时期大致相同，状态形容词主要有单音节、AB 式双音节、AA 式叠音节几种，另外上古时期也有少数ABB、AABB 式结构；中古与上古不同的是，上古时期 AB1 类双音词和 AA1 类叠音词都具有比较强的能产性，而到中古前期，尤其是在汉魏六朝赋中，这两类词也还比较具有能产性，但到中古后期以后，它们的能产性就逐渐降低，唐宋以后就几乎不再新产生这两类词了，同时 AA2 类叠音词几乎不再有新词产生了。

唐宋以后是汉语状态形容词高度发达的时期，现代汉语中的各类状态形容词几乎都是此后开始大量产生的，包括 AA3 类叠音词，ABB 式、AABB 式叠音词以及 AB3 类双音词等，此后的状态形容词基本上是一个全新的系统，与中古之前的结构、语义内涵均不相同，语法功能也有差异。

从构词法上看，汉语状态形容词经历了一个由语音构词到语法构词，由构词重叠到构形重叠的转变过程。上古是以单音词为主的时代，最常见的构词方式是语音构词，联绵式状态形容词（即 AB1 类）和 AA1 类叠音词都是通过语音构词而形成的，AA2 类叠音词则是语音构词和语法构词综合运用的结果；而 AB2 类双音词、附加式以及后来形成的 AB3 类双音词则是语法构词的结果。

唐代以后，现代汉语意义上的各类状态形容词如 AA3 类、AABB 式等叠音词大量产生，这些词重叠前后的语法意义变化不大，只是重叠以后加深了对程度量的强调，在某些场合下还能表达某种喜爱或厌恶的感情。通常来讲，这些重叠形式属于构形重叠，产生的不是词，而是词组，但是我们认为，近代汉语以来，这样的叠音词大量产生并被广泛使用，它们已经与词没有太大的差别了，因此本书也将这些叠音式看作词，所以我们认为构形重叠也可以产生词。

语料来源

本书所选用文章段落参照以下出版物及版本，特此说明。

《十三经注疏》 中华书局 1980 年版

《楚辞补注》 [宋]洪兴祖撰 中华书局 1983 年版

《吕氏春秋新校释》 陈奇猷校释 上海古籍出版社 2002 年版

《庄子集解》 [清]王先谦撰 中华书局 1999 年版

《论衡校释》 黄晖撰 中华书局 1990 年版

《老子道德经注校释》 [魏]王弼注 楼宇烈校释 中华书局 2008 年
版

《庄子集解》 [清]王先谦撰 中华书局 1987 年版

《韩非子集解》 [清]王先慎撰 钟哲点校 中华书局 1998 年版

《淮南子集释》 何宁撰 中华书局 1998 年版

《战国策》 [西汉]刘向集录 上海古籍出版社 1985 年版

《文选》 [梁]萧统编 [唐]李善注 中华书局 1977 年版

《六臣注文选》 [唐]李善等注 中华书局 1987 年版

《全汉赋校注》 费振刚、仇仲谦、刘南平校注 广东教育出版社 2005
年版

《全汉赋评注》 龚克昌等评注 花山文艺出版社 2003 年版

《贤愚经》[北魏]慧觉等译撰 温泽远等注译 花城出版社 1998 年
版

《搜神后记》 [晋]陶渊明撰 汪绍楹校注 中华书局 1981 年版

《先秦汉魏晋南北朝诗》 逯钦立辑校 中华书局 1983 年版

《敦煌变文校注》 黄征、张涌泉校注 中华书局 1997 年版

《杜诗详注》 ［清］仇兆鳌注　中华书局　1979 年版

《艺文类聚》［唐］欧阳询撰　汪绍楹校　上海古籍出版社　1965 年版

《全唐诗》 中华书局　1980 年版

《全宋词》 唐圭璋编　中华书局 1965 年版

《世说新语校笺》 徐震堮著　中华书局　1984 年版

《颜氏家训集解》（增补本） 王利器撰　中华书局　1993 年版

《齐民要术》［北魏］贾思勰撰　石声汉译注　石定枌、谭光万补注　中
　　华书局　2015 年版

《魏书》 ［北齐］魏收撰　中华书局　1974 年版

《北梦琐言》 ［五代］孙光宪撰　《唐五代笔记小说大观》 上海古籍出
　　版社　2000 年版

《鹤林玉露》 ［宋］罗大经撰　《宋元笔记小说大观》 上海古籍出版社
　　2001 年版

《朱子语类》 ［宋］黎靖德编　王星贤点校　中华书局　1986 年版

《水浒传》 ［明］施耐庵著　人民文学出版社　1997 年版

《西游记》［明］吴承恩著　黄肃秋注释　人民文学出版社　1980 年版

《初刻拍案惊奇》 ［明］凌濛初著　海南出版社　1993 年版

《红楼梦》 ［清］曹雪芹、高鹗著　人民文学出版社　1996 年版

《儿女英雄传》 ［清］文康著　人民文学出版社　1983 年版

《狂人日记》 鲁迅著　《鲁迅全集》（第一卷） 人民文学出版社　2005
　　年版

《邢老汉和狗的故事》 张贤亮著　《张贤亮选集》（第一卷）　百花文
　　艺出版社　1986 年版

《萧乾散文选集》 傅光明编著　百花文艺出版社　1995 年版

《平凡的世界》 路遥著　华夏出版社　1997 年版

《少年天子》 凌力著　十月文艺出版社　1987 年版

《第二个太阳》 刘白羽著　人民文学出版社　1987 年版

参考文献

（一）工具书：

符定一，1952，《联绵字典》，北京：中华书局。

高文达，2001，《新编联绵词典》，郑州：河南人民出版社。

顾野王，1983，《宋本玉篇》，北京：中国书店。

郭锡良，2010，《汉字古音手册》（增订本），北京：商务印书馆。

汉语大字典编辑委员会，2010，《汉语大字典》第二版，九卷本，武汉：崇文书局；成都：四川辞书出版社。

罗竹风主编，1986—1994，《汉语大词典》，上海：汉语大词典出版社。

阮元编，1982，《经籍籑诂》，成都：成都古籍书店。

张拱贵、王聚元主编，1997，《汉语叠音词词典》，南京：南京大学出版社。

宗福邦、陈世铙、萧海波主编，2003，《故训汇纂》，北京：商务印书馆。

（二）专著：

陈昌来，2002，《二十世纪的汉语语法学》，太原：书海出版社。

陈承泽，1922，《国文法草创》，北京：商务印书馆。

陈望道，1978，《文法简论》，上海：上海教育出版社。

崔立斌，2004，《〈孟子〉词类研究》，开封：河南大学出版社。

丁声树，1999，《现代汉语语法讲话》，北京：商务印书馆。

范开泰，齐沪扬主编，2001，《面向21世纪语言问题再认识庆祝张斌先生从教五十周年暨八十华诞》，上海：上海教育出版社。

高名凯，1986，《汉语语法论》，北京：商务印书馆。

管燮初，1981，《西周金文语法研究》，北京：商务印书馆。

郭珑，2006，《〈文选·赋〉联绵词研究》，成都：巴蜀书社。

郭锐，2002，《现代汉语词类研究》，北京：商务印书馆。

何乐士，2000，《古汉语语法研究论文集》，北京：商务印书馆。

胡明扬，1987，《北京话初探》，北京：商务印书馆。

胡明扬主编，1996a，《词类问题考察》，北京：北京语言文化大学出版社。

胡明扬主编，1996b，《汉语方言体貌论文集》，南京：江苏教育出版社。

胡裕树主编，1996，《现代汉语》（重订本），上海：上海教育出版社。

黄伯荣、廖序东主编，1991，《现代汉语》，北京：高等教育出版社。

贾昌朝，1939，《群经音辨》（丛书集成初编本），上海：商务印书馆。

黎锦熙，1924，《新著国语文法》，北京：商务印书馆。

刘复，1920，《中国文法通论》，上海：上海群益书社。

陆德明，1983，《经典释文》，北京：中华书局。

陆俭明、沈阳，2003，《汉语和汉语研究十五讲》，北京：北京大学出版社。

吕叔湘，1979，《汉语语法分析问题》，北京：商务印书馆。又载《吕叔湘全集》（第二卷），沈阳：辽宁教育出版社，2002，第 464-551 页。

吕叔湘，1999，《现代汉语八百词》（增订本），北京：商务印书馆。

吕叔湘，2002，《吕叔湘全集第一卷·中国文法要略》，沈阳：辽宁教育出版社。

马建忠，1983，《马氏文通》，北京：商务印书馆。

潘文国、叶步青、韩洋，2004，《汉语的构词法研究》，上海：华东师范大学出版社。

石毓智、李讷，2001，《汉语语法化的历程——形态句法发展的动因和机制》，北京：北京大学出版社。

石毓智，2001，《肯定和否定的对称与不对称》（增订本），北京：北京语言大学出版社。

孙玉文，2000，《汉语变调构词研究》，北京：北京大学出版社。

孙玉文，2007，《汉语变调构词研究》（增订本），北京：商务印书馆。

孙玉文，2015，《汉语变调构词考辨》，北京：商务印书馆。

太田辰夫著，江蓝生、白维国译，1991，《汉语史通考》，重庆：重庆出版社。

太田辰夫著，蒋绍愚、徐昌华译，2003，《中国语历史文法》，北京：北京大学出版社。

万献初，2004，《汉语构词论》，武汉：湖北人民出版社。

王力，1980，《汉语史稿》，北京：中华书局。

王力，1982，《同源字典》，北京：商务印书馆。

王力，1984，《王力文集第一卷中国语法理论》，济南：山东教育出版社。

王力，1985，《中国现代语法》，北京：商务印书馆。

王力，1989，《汉语语法史》，北京：商务印书馆。

王念孙，1983，《广雅疏证》，北京：中华书局。

王启龙，2003，《现代汉语形容词计量研究》，北京：北京语言大学出版社。

王松茂主编，1983，《汉语语法研究参考资料》，北京：中国社会科学出版社。

王引之，1984，《经传释词》，长沙：岳麓书社。

王云路、方一新，2000，《中古汉语研究》，北京：商务印书馆。

向熹，2010，《简明汉语史》（修订本），北京：商务印书馆。

邢福义，1981，《词类辩难》，兰州：甘肃人民出版社。

邢公畹主编，1992，《现代汉语教程》，天津：南开大学出版社。

杨伯峻，1980，《论语译注》，北京：中华书局。

杨伯峻，1981，《古汉语虚词》，北京：中华书局。

杨伯峻、何乐士，2001，《古汉语语法及其发展》（修订本），北京：语文出版社。

杨伯峻著，田树生整理，1998，《古今汉语词类通解》，北京：北京出版社。

杨逢彬，2003，《殷墟甲骨刻辞词类研究》，广州：花城出版社。

杨树达，1930，《高等国文法》，上海：商务印书馆。

叶长荫、詹人凤、赵锐，1987，《汉语论文集》，哈尔滨：黑龙江人民出版社。

殷国光，2002，《上古汉语语法研究》，北京：中国大百科全书出版社。

殷国光，2008，《〈吕氏春秋〉词类研究》，北京：商务印书馆。

张伯江、方梅，1996，《汉语功能语法研究》，南昌：江西教育出版社。

张国宪，2006c，《现代汉语形容词功能与认知研究》，北京：商务印书馆。

张能甫，2000，《郑玄注释语言词汇研究》，成都：巴蜀书社。

张世禄，2000，《古代汉语教程》（修订版），上海：复旦大学出版社。

张双棣、张联荣、宋绍年、耿振生，2002，《古代汉语知识教程》，北京：北京大学出版社。

张玉金，2001，《甲骨文语法学》，上海：学林出版社。

张忠堂，2013，《汉语变声构词研究》，北京：中国书籍出版社。

章士钊，1907，《中等国文典》，上海：商务印书馆。

郑奠、麦梅翘，1964，《古汉语语法学资料汇编》，北京：中华书局。

中国语文杂志社编，1955，《汉语的词类问题》（第一集），北京：中华书局。

中国语文杂志社编，1956，《汉语的词类问题》（第二集），北京：中华书局。

周法高，1962，《中国古代语法·构词编》，台北：中央研究院历史语言研究所。

周俊勋，2009，《中古汉语词汇研究纲要》，成都：巴蜀书社。

周守晋，2005，《出土战国文献语法研究》，北京：北京大学出版社。

朱德熙，1982，《语法讲义》，北京：商务印书馆。

朱德熙，1985，《语法答问》，北京：商务印书馆。

（三）期刊论文：

曹金芳，2006，《现代汉语形容词重叠研究概述》，《现代语文》，第 12 期，第 58-59 页。

曹先擢，1980，《〈诗经〉叠字》，《语言学论丛》（第六辑），北京：商务印书馆，第 16-26 页。

陈光，1997，《现代汉语双音动词和形容词的特别重叠式——兼论基本重叠式的类化作用与功能渗透》，《汉语学习》，第 3 期，第 54-58 页。

陈光，2008，《对现代汉语形容词重叠表轻微程度的重新审视》，《语言教学与研究》，第 1 期，第 35-41 页。

陈珺、李向农，2005，《祈使句中状态形容词的句法语义分析》，《汉语学报》，第 3 期，第 85-91 页。

陈克炯，1979，《〈左传〉形容词简析》，《华中师院学报》（哲学社会科学版），第 4 期，第 99-106 页。

陈烁，2002，《〈儿女英雄传〉AXX 式状态词研究》，《西北成人教育学报》，第 2 期，第 29-32，24 页。

程湘清，1992，《先秦双音词研究》，程湘清主编《先秦汉语研究》，济南：山东教育出版社，第 45-113 页。

崔建新，1995，《可重叠为 AABB 式的形容词的范围》，《世界汉语教学》，第 4 期，第 14-22 页。

崔立斌，2002，《〈孟子〉的形容词》，宋绍年、张猛、邵永海、刘子渝编《汉语史论文集》，武汉：武汉出版社，第 33-55 页。

崔雪梅，2006，《〈型世言〉重叠形容词考察》，《成都大学学报》（社会科学版），第 3 期，第 91-93 页。

方琴，1994，《状态形容词的语法特征及相关问题》，《徐州师范学院学报》，第 2 期，第 119-123 页。

高兵、缑新华，2007，《现代汉语 ABB 式重叠构词的认知隐喻基础》，《河北大学学报》（哲学社会科学版），第 6 期，第 134-136 页。

高铭凯，1955，《关于汉语的词类分别》，中国语文杂志社编《汉语的词类问题》（第一集），北京：中华书局，第 43-52 页。

郭锡良，2000，《汉语的同源词和构词法》，《湖北大学学报》（哲学社会科学版），第 5 期，第 62-65 页。

郭锡良，2000，《先秦汉语名词、动词、形容词的发展》，《中国语文》，第 3 期，第 195-204 页。

郭小武，1993，《试论叠韵连绵字的统谐规律》，《中国语文》，第 3 期，第 206-209 页。

韩玉国，2004，《现代汉语形容词再分类》，胡明扬主编，《词类问题考察续集》，北京：北京语言大学出版社，第 100-153 页。

郝红艳，第 2006，《晋语的性质形容词和状态形容词》，《现代语文》，第 8 期，86-87 页。

洪成玉，2015，《音随义变 构成新词——兼及古音研究的方向》，《首都师范大学学报》（社会科学版），第 1 期，第 78-84 页。

侯精一，1992，《山西平遥方言的状态形容词》，《语文研究》，第 2 期，第 6-10 页。

胡斌彬，2005，《宋代的 ABB 式重叠现象管窥》，《贵阳金筑大学学报》，第 1 期，第 54-57 页。

胡明扬，1987，《北京话形容词的再分类》，胡明扬，《北京话初探》，北京：商务印书馆，第 120-139 页。

胡明扬，1992，《普通话书面语双音节形容词重叠后的语音模式》，《语文建设》，第 5 期，第 13 页。

胡明扬，2001，《形容词的再分类》，范开泰、齐沪扬主编，《面向二十一世纪语言问题再认识——庆祝张斌先生从教五十周年暨八十华诞》，上海：上海教育出版社，第 7-17 页。

胡孝斌，2006，《动词重叠 AABB 式的语法化》，《汉语学习》，第 4 期，第 18-25 页。

华玉明，2002，《短语重叠的状态形容词倾向》，《邵阳师范高等专科学校学报》，第 1 期，第 65-68 页。

华玉明 2003，《双音节动词重叠式 AABB 的状态形容词功能》，《唐都学刊》，第 2 期，121-124 页。

华玉明，第 2005，《功能变化型重叠式的状态形容词倾向》，《湖南师范大学社会科学学报》，第 3 期，124-128 页。

华玉明、夏群，2006，《单音节动词原调式重叠 AAy 及其状态形容词功能》，《湖南社会科学》，第 5 期，第 134-136 页。

黄斌，2001，《形容词的重叠形式 ABAB 式》，《武汉交通管理干部学院学报》，第 2 期，第 50-53 页。

黄佩文，1988，《ABC 式形容词的重叠式及其语法意义》，《语文研究》，第 1 期，第 25-26 页。

黄启庆、尹海良，2007，《现代汉语 AB 式双音节形容词重叠形式及其音变处理》，《安徽教育学院学报》，第 1 期，第 83-87 页。

黄晓雪、贺学贵，2006，《宿松方言的状态形容词后缀"着"》，《黄冈师范学院学报》，第 1 期，第 94-96 页。

简铭，1989，《关于动词、形容词重叠形式的词性》，《汉语学习》，第 2 期，第 16-17 页。

蒋协众，2006，《邵阳（南路）话状态形容词的结构类型》，《怀化学院学报》，第 7 期，第 110-113 页。

李崇兴，1983，《宜都话的两种状态形容词》，《方言》，第 3 期，第 222-230 页。

李大星，1989，《〈水浒传〉的重叠式形容词》，《吉林大学社会科学学报》，第 5 期，第 76-84 页。

李海霞，1991，《先秦的 ABB 式形容词组》，《古汉语研究》，第 4 期，第 43-45 页。

李劲荣、范开泰，2005，《状态形容词的可及性等级及连用顺序》，《南昌大学学报》（人文社会科学版），第 2005 年第 3 期，130-135 页。

李劲荣，2006a，《状态形容词的量级等级》，《广播电视大学学报》（哲学社会科学版），第 1 期，第 60-63 页。

李劲荣，2006b，《ABB 式状态形容词的量级表现及其成因》，《宁夏大学学报》（人文社会科学版），第 4 期，第 16-23 页。

李劲荣、范开泰，2006，《状态形容词的句法语义分类》，《宁夏大学学报》（人文社会科学版），第 1 期，第 5-9，29 页。

李平，2000，《试论汉语动词、形容词重叠的认知基础》，《黄山高等专科学校学报》，第 1 期，第 75-77 页。

李小梅，2001，《双音节形容词重叠音变的初步考察》，《语言教学与研究》，第 1 期，第 66-69 页。

李宇明，1996a，《非谓形容词的词类地位》，《中国语文》，第 1 期，第 1-9 页。

李宇明，1996b，《双音节性质形容词的 ABAB 式重叠》，《汉语学习》，第 4 期，第 24-27 页。

梁银峰，1998，《甲骨文形容词研究》，《重庆师专学报》，第 1 期，第 80-87，94 页。

蔺璜，2002，《状态形容词及其主要特征》，《语文研究》，第 2 期，第 13-16 页。

刘晓农，1992，《唐五代词叠音初探》，程湘清主编，《隋唐五代汉语研究》，济南：山东教育出版社，第 440-471 页。

龙泉，2007，《洪湖方言的状态形容词》，《湖北经济学院学报》（人文社会科学版），第 3 期，第 150-152 页。

卢卓群，2000，《形容词重叠式的历史发展》，《湖北大学学报》（哲学社会科学版），第 6 期，第 30-35 页。

陆俭明，1994，《关于词的兼类问题》，《中国语文》，第 1 期，第 28-34 页。

陆宗达，1955，《汉语的词的分类》，中国语文杂志社编，《汉语的词类问题》（第一集），北京：中华书局，第 31-37 页。

吕叔湘，1943，《论底、地之辨及底字的由来》，《吕叔湘全集》（第二卷），沈阳：辽宁教育出版社，2002 年，第 125 页。原载《金陵、齐鲁、华西人学中国文化汇刊》（第三卷），1943 年。

吕叔湘（吴之瀚），1965，《形容词使用情况的一个考察》，《吕叔湘全集》第二卷，沈阳：辽宁教育出版社，2002，第 290-313 页。原载《中国语文》，1965 年第 6 期。

吕叔湘，1966，《单音形容词用法研究》，《吕叔湘全集》第二卷，沈阳：辽宁教育出版社，2002，第 314-334 页。原载《中国语文》，1966 年第 2 期。

吕叔湘、饶长溶，1981，《试论非谓形容词》，《吕叔湘全集》第二卷，沈阳：辽宁教育出版社，2002，第 335-343 页。原载《中国语文》，1981 年第 2 期。

马云霞，1998，《元明戏曲中两种状态形容词结构浅探》，《山东教育学院学报》，第 1 期，第 52-54 页。

毛雄，2008，《状态形容词研究综述》，《湘潭师范学院学报》（社会科学版），第 4 期，第 163-165 页。

孟守介，1987，《诸暨话状态形容词的 ABB 式》，《苏州科技学院学报》（社会科学版），第 3 期，第 27-30，20 页。

潘攀，1997，《〈金瓶梅词话〉ABB、AABB 构词格》，《华中师范大学学报》（哲学社会科学版），第 4 期，第 108-113 页。

戚晓杰，2004，《形容词 AAAA 式重叠表达及其成因》，《修辞学习》，第 4 期，第 72 页。

齐沪扬，1993，《谈〈儿女英雄传〉中的形容词重叠》，《淮北煤师院学报》（社会科学版），第 2 期，第 89-95，101 页。

邱莉芹，2001，《现代汉语形容词重叠的形式特征》，《连云港师范高等专科学校学报》，第 2 期，第 34-37 页。

邱莉芹、徐伟，2004，《试析形容词重叠式语法功能的突破与限制》，《淮海工学院学报》（人文社会科学版），第 4 期，第 50-52 页。

任海波，2001，《现代汉语 AABB 重叠式词构成基础的统计分析》，《中国语文》，第 4 期，第 302-308 页。

单威，2005，《现代汉语形容词重叠研究综述》，《黑龙江教育学院学报》，第 6 期，第 27，37 页。

邵敬敏，1990，《ABB 式形容词动态研究》，《世界汉语教学》，第 1 期，第 19-26 页。

邵炳军，1999a，《现代汉语形容词二次划分中的本质分类——现代汉语形容词本质研究之二》，《社科纵横》，第 1 期，第 60-63 页。

邵炳军，1999b，《现代汉语形容词总界划分中的本质分类——现代汉语形容词的本质研究之一》，《西北师大学报》（社会科学版），第 6 期，第 70-73 页。

沈红宇，2004，《长沙方言状态形容词讨探》，《贵州教育学院学报》（社会科学），第 5 期，第 57-60 页。

沈怀兴，2008，《很难说唐代以前汉语形容词 AB 式没有重叠式》，

《语言研究》，第 2 期，第 108-110 页。

沈家煊，1995，《"有界"与"无界"》，《中国语文》，第 5 期，第 367-380 页。

盛银花，2007，《安陆方言的状态形容词》，《咸宁学院学报》，第 2 期，第 64-66 页。

石锓，2004a，《元曲四音状态词的构成》，《湖北师范学院学报》（哲学社会科学版），第 2 期，第 99-106 页。

石锓，2004b，《形容词 ABAB 式重叠的种类、形成时间及其他》，《广播电视大学学报》（哲学社会科学版），第 4 期，第 85-89 页。

石锓，2005a，《论"A 里 AB"重叠形式的历史来源》，《中国语文》，第 1 期，第 49-59 页。

石锓，2005b，《唐以前的 AABB 式形容词语》，《三峡大学学报》（人文社会科学版），第 2 期，第 57-61 页。

石锓，2005c，《ABB 式形容词语在宋代的演变》，《湖北师范学院学报》（哲学社会科学版），第 3 期，第 45-50 页。

石锓，2005d，《汉语形容词重叠研究概述》，《武汉理工大学学报》（社会科学版），第 4 期，第 618-622 页。

石锓，2007，《从叠加到重叠：汉语形容词 AABB 重叠形式的历时演变》，《语言研究》，第 2 期，第 99-105 页。

史有为，1984，《性质形容词和状态形容词琐议》，《汉语学习》，第 2 期，第 10-21 页。

孙玉文，1999，《论"食"的音变构词》，《古汉语研究》，第 4 期，第 30-34 页。

孙玉文，2002a，《先秦联绵词的声调研究》，林焘主编，《语言学论丛》（第二十六辑），北京：商务印书馆，第 12-43 页。

孙玉文，2002b，《论"朝"的变声构词》，《湛江师范学院学报》，第 4 期，第 1-9 页。

孙玉文，2003，《先秦联绵词的语音研究》，刘丽文、赵雪主编，《古代语言现象探索》，北京：北京广播学院出版社，第 34-81 页。

覃远雄，1990，《荔浦话里的两种状态形容词》，《广西民族学院学报》（哲学社会科学版），第 2 期，第 158-161 页。

谭景春，2001，《关于由名词转变成的形容词的释义问题》，《辞书研究》，第 1 期，第 21-29 页。

唐德正，2005，《〈庄子〉的状态形容词研究》，《广西社会科学》，第 8 期，第 164-166 页。

汪国胜，1994，《大冶话里的状态形容词》，《湖北师范学院学报》（哲学社会科学版），第 2 期，第 81-89，93 页。

王宝东，1998，《论汉语非谓形容词》，《北方论丛》，第 6 期，第 116-118，126 页。

王国栓，2004，《汉语形容词 AA 式重叠与量范畴》，《汉语学习》，第 4 期，第 24-27 页。

王红斌，2003，《状态形容词的小类与多重状态形容词的相对有序性》，《山西大学学报》（哲学社会科学版），第 5 期，第 79-82 页。

王红梅，2003，《形容词、动词 AABB 重叠式构成的语义条件——以"三言""二拍"为例》，《学术交流》，第 7 期，第 129-131 页。

王继红，2003，《重言式状态词的语法化考察》，《语言研究》，第 2 期，第 72-79 页。

王健，1999，《徐州方言中的"ABB 的"式状态形容词》，《徐州教育学院学报》，第 21 期，第 86-90 页。

王力，1955，《关于汉语有无词类的问题》，《王力语言学论文集》，北京：商务印书馆，2000，第 435-448 页。原载《北京大学学报》，1955年第 2 期。

王力，1956，《关于词类的划分》，《王力文集》第十六卷，济南：山东教育出版社，1990 年，第 308-320 页。原载《语法和语法教学》，北京：人民教育出版社，1956 年。

王力，1959，《汉语实词的分类》，《王力语言学论文集》，北京：商务印书馆，2000，第 449-468 页，原载《北京大学学报》（人文科学版），1959 年第 2 期。

王利涛，2008，《现代汉语形容词重叠研究综述》，《昭通师范高等专科学校学报》，第 3 期，第 46-49 页。

王素梅，1998，《双音节状态形容词的 ABAB 式重叠》，《汉语学习》，第 2 期，53-54 页。

王岩岩、钱多，2007，《汉语形容词重叠研究综述》，《和田师范专科学校学报》（汉文综合版），第 1 期，第 137-138 页。

王亦达，2000，《现代汉语形容词句法特征研究综述——现代汉语形容词研究五十年的历史回顾与分析之三》，《社科纵横》，第 2 期，第 78-80 页。

王月婷，2009，《古汉语变读构词中的本义与引申义》，《南阳师范学院学报》，第 8 期，第 51-52，58 页。

王月婷，2010，《〈经典释文〉同条又音原因分析》，《语言科学》，第 3 期，第 331-336 页。

王云路，2003，《中古汉语词汇研究综述》，《古汉语研究》，第 2 期，第 70-76 页。

翁颖萍，2006，《AA 式形容词状语在 "S+A+V+O" 中的语义指向分析》，《浙江树人大学学报》，第 6 期，第 112-115 页。

吴立红，2005，《状态形容词在使用过程中的程度磨损》，《修辞学习》，第 6 期，第 19-22 页。

吴仁，2006，《单音节形容词重叠式 "AA（的）" 功能探微》，《南开语言学刊》，第 1 期，第 82-92 页。

吴吟，2006，《汉语重叠研究综述》，《汉语学习》，第 3 期，第 28-33 页。

向熹，1980，《〈诗经〉里的复音词》，北京大学中文系《语言学论丛》编委会编，《语言学论丛》（第六辑），北京：商务印书馆，1980 年，第 27-54 页。

小门典夫，2002，《凉山彝语的性质形容词和状态形容词》，《民族语文》，第 4 期，第 32-38 页。

徐建华，1987，《汉语非谓形容词的几个特点》，《汉语学习》，第 4 期，第 6-7 页。

徐烈炯、邵敬敏，1997，《上海方言形容词重叠式研究》，《语言研究》，第 2 期，第 68-80 页。

许仰民，1991，《论〈金瓶梅词话〉的多音节状态形容词》，《信阳师范学院学报》（哲学社会科学版），第 4 期，第 94-99，66 页。

杨爱姣，2003，《名词作叠根的状态形容词探析》，《湖北师范学院学报》（哲学社会科学版），第 1 期，第 95-98 页。

杨逢彬，2001，《关于殷墟甲骨刻辞的形容词》，《古汉语研究》第 1 期，第 63-69 页。

杨建国，1979，《先秦汉语的状态形容词》，《中国语文》，第 6 期，第 426-436 页。

杨建国，1982，《元曲中的状态形容词》，北京大学中文系《语言学论丛》编委会编，《语言学论丛》（第九辑），北京：商务印书馆，第 149-168 页。

姚占龙，2006，《同根 ABB 式状态形容词及其量级考察》，《世界汉语教学》，第 3 期，第 72-79 页。

叶长荫，1984，《试论能谓形容词》，叶长荫、詹人凤、赵锐，《汉语论文集》，哈尔滨：黑龙江人民出版社，1987 年，第 106-121 页，原载《北方论丛》，1984 年第 3 期。

于红岩，2004a，《元曲中的状态形容词连用现象》，《修辞学习》，第 4 期，第 52 页。

于西忠，2000，《语法研究应避免绝对化——也谈双音节状态形容词的修饰和重叠兼与王素梅先生商榷》，《聊城师范学院学报》（哲学社会科学版），第 3 期，第 91-93 页。

禹和平，1998，《汉语双音节形容词 AABB 重叠式的语法功能考察》，《云南师范大学学报》（哲学社会科学版），第 4 期，第 124-128 页。

喻遂生，1982，《重庆话的附缀形容词》，北京大学中文系《语言学论丛》编委会编，《语言学论丛》（第九辑），北京：商务印书馆，第 122-148 页。

翟会锋，2006，《AA 式状态形容词作定语的考察》，《语文学刊》（高教版），第 9 期，第 123-125 页。

翟会锋，2007，《状态形容词的韵律特征》，《重庆职业技术学院学报》，第 3 期，第 95-97 页。

张丹，2005，《汉语中 ABB 型状态形容词的构成分析》，《沈阳农业大学学报》（社会科学版），第 1 期，第 124-126 页。

张国宪，1996，《形容词的记量》，《世界汉语教学》，第 4 期，第 33-42 页。

张国宪，2000，《现代汉语形容词的典型特征》，范开泰、齐沪扬主编，《面向 21 世纪语言问题再认识庆祝张斌先生从教五十周年暨八十华诞》，上海：上海教育出版社，2001，第 179-196 页，原载《中国语文》2000 年第 5 期。

张国宪，2006a，《性质形容词重论》，《世界汉语教学》，第 1 期，第 5-17 页。

张国宪，2006b，《性质、状态和变化》，《语言教学与研究》，第 3 期，第 1-11 页。

张国宪，2007，《状态形容词的界定和语法特征描述》，《语言科学》，第 1 期，第 3-14 页。

张军，2004，《关于"形容词"和"状态词"的思考》，《南京师范大学文学院学报》，第 1 期，第 172-177 页。

张敏，1997，《从类型学和认知语法的角度看汉语重叠现象》，《国外语言学》，第 2 期，第 37-45 页。

张兴旺、马德全，2002，《试论重叠式形容词的构成方式》，《阴山学刊》，第 4 期，第 35-37 页。

张忠堂，2014，《从音变构词到多音多义字——以"中""间"为例》，《浙江大学学报》（人文社会科学版），第 2 期，第 123-129 页。

赵建功，1982，《元杂剧中的重迭词试探》，《郑州大学学报》（哲学社会科学版），第 1 期，第 93-102 页。

赵金铭，1992，《〈诗经〉中的形容词研究》，程湘清主编，《先秦汉语研究》，济南：山东教育出版社，第 114-143 页。

钟如雄，1987，《先秦状态形容词后缀初探——兼论结构助词"地"的来源》，《西南民族学院学报》（哲学社会科学版），第 4 期，第 90-97，121 页。

周祖谟，1955，《划分词类的标准》，中国语文杂志社编，《汉语的词类问题》（第一集），北京：中华书局，第 38-42 页。

朱德熙，1956，《现代汉语形容词研究》，《朱德熙文集》（第二卷），北京：商务印书馆，第 1-37 页，原载《语言研究》，1956 年第 1 期。

朱德熙，1960，《关于划分词类的根据——在北京大学 1959 年"五四"科学讨论会上的发言》，《朱德熙文集》（第二卷），北京：商务印书馆，1999，第 59-63 页，原载《语言学论丛》（第四辑），1960。

朱德熙，1961，《说"的"》，《朱德熙文集》（第二卷），北京：商务印书馆，1999，第 95-130 页，原载《中国语文》，1961 年第 12 期。

朱德熙，1980，《北京话、广州话、文水话和福州话里的"的"字》，《朱德熙文集》（第二卷），北京：商务印书馆，1999，第 152-161 页，原载《方言》，1980 年第 3 期。

朱德熙，1993，《从方言和历史看状态形容词的名词化》，《方言》，第 2 期，第 81-100 页。

朱景松，2003，《形容词重叠式的语法意义》，《语文研究》，第 3 期，第 9-17 页。

祝敏彻，1982，《〈朱子语类〉中"地""底"的语法作用》，《祝敏彻汉语史论文集》，北京：中华书局，2007 年，第 88-97 页。原载《中国语文》，1982 年第 3 期。

A. E. Backhouse, 1984, *Have All the Adjectives Gone?*, *Lingua*, North-Holland, 62: 169-186.

John Hajek, 2004, Adjective Classes: What Can We Conclude? In R. M. W. Dixon and Alexandra Y.Aikhenvald, *Adjective Classes: A Cross-Linguistic Typology*, New York: Oxford University Press, 348-361.

R.M.W. Dixon, 2004, Adjective Classes in Typological Perspective, In R. M. W. Dixon and Alexandra Y.Aikhenvald, Adjective Classes: A Cross-Linguistic Typology, New York: Oxford University Press, 1-49.

（四）学位论文：

车艳妮，2005，《〈诗经〉中的形容词研究》，首都师范大学硕士学位论文。

李劲荣，2004，《现代汉语状态形容词的认知研究》，上海师范大学博士学位论文。

李利波,2006,《形容词 AA 式、AABB 式重叠现象历时研究》,苏州大学硕士学位论文。

李树春,2007,《〈楚辞〉形容词研究》,西南大学硕士学位论文。

林飞,2007,《汉赋联绵词研究》,山东大学硕士学位论文。

马彪,2007,《汉语状态词缀及其类型学特征——兼与其他民族语言比较》,中央民族大学博士学位论文。

马予超,2005,《〈世说新语〉形容词研究》,四川师范大学硕士学位论文。

时宏扬,2007,《〈文选〉叠字研究》,兰州大学硕士学位论文。

石锓,2004c,《汉语形容词重叠形式的历史发展》,中国社会科学院研究生院博士学位论文。

王秀玲,2006,《〈论衡〉形容词研究》,四川大学硕士学位论文。

王月婷,2007,《〈经典释文〉异读之音义规律探赜——以帮组和来母字为例》,浙江大学博士学位论文。

谢维维,2014,《汉语音变构词研究》,浙江大学博士学位论文。

许维维,2006,《汉语重叠式状态词范畴系统研究》,华东师范大学硕士学位论文。

于红岩,2004b,《〈元曲选〉状态形容词研究》,复旦大学博士学位论文。

余忠,2007,《〈论衡〉形容词研究》,湖北大学硕士学位论文。

翟会锋,2004,《状态形容词的主要特征及相关的几个问题》,山西大学硕士学位论文。

张力立,2001,《浅论 ABB 式形容词》,陕西师范大学硕士学位论文。

张悦,2006,《从〈三国志〉〈洛阳伽蓝记〉〈水经注〉看魏晋南北朝汉语双音合成词的发展及演变》,山东大学博士学位论文。

后 记

本书是在我博士学位论文的基础上修改而成的。2010 年 7 月，我于中国人民大学博士毕业，随后入职天津师范大学文学院。由于博士学位论文写作时间有限，疏漏之处在所难免，因此，毕业以来，结合学界新的研究成果和自己的思考，我又对文章做了多处修改，如对第四章"中古汉语状态形容词的语义特征研究"一节进行了改写，主要突出了描写性、主观性、程度性等量性特征的表述；在第五章"语音构词"这一部分中增加了"参"的音变构词研究内容；突出了双音节状态形容词与联绵词之间的联系，将此类词命名为"联绵式状态形容词"；此外，还调换了部分例句、修订了部分统计数据，等等。

回首本书的写作过程和多年的求学经历，离不开诸多师友的关心和帮助，我一直铭记于心，借这次出版的机会，对他们表示衷心的感谢。今后，我唯有以努力工作、刻苦钻研来报答他们的培养与教诲之恩。

首先我要感谢我的博士导师殷国光先生。这部书稿，从选题到成文，从谋篇到布局，从字词到标点，无不凝聚着先生的心血。先生渊博的学识、严谨的学风、不厌其烦的耳提面命和无微不至的亲切关怀是我能够顺利完成学业的强有力保障。读博以来，我的进步与成长均离不开先生的谆谆教导。

感谢我的硕士导师孙玉文先生。从撰写本科毕业论文开始，孙老师就一再鼓励我要有继续深造的理想与雄心，要有战胜困难的勇气与决心，没有他的言传身教，我也不可能考入中国人民大学深造。攻读硕士学位期间，在孙老师的帮助之下，我有幸进入北京大学旁听半年，聆听了多位先生的讲学，受益颇丰。攻读博士学位期间，我还经常向孙老师学习、请教。如今，孙老师仍一如既往地关心我的研究工作，时时将他最新的研究心得传授于我，激励我前行。

感谢我本科阶段的古代汉语老师宋亚云先生。宋老师专业功底深厚，讲课幽默风趣，于我亦师亦友，正是受他的影响，我才走上古代汉语的研究道路。宋老师调入北京大学之后仍经常指导我的学习，对我博士学位论文的选题也提出了许多宝贵的意见。

博士学位论文答辩时，张双棣先生、张联荣先生、赵大明先生、贺阳先生、赵彤先生均提出了针对文稿进一步修改完善的意见和建议，此次出版，也吸纳了老师们的观点，特此致谢。

入职天津师范大学文学院以来，赵利民院长、陈燕教授和古代汉语教研室的全体同仁对我多有指点和提携，让这本小书有了面世的可能。

南开大学出版社杨硕先生等编辑人员的专业严谨和尽心尽力，为本书增色不少，在此也一并谢过。

最后要感谢我的家人，正是有了他们多年以来的全力支持和默默奉献，我才能专心完成学业、走至今天。

由于本人才疏学浅，小书难免有不尽人意之处，诚恳期待得到批评指正。

余忠

2022 年 11 月

于天津师范大学